Lauro Trevisan
Autobiografia

Azaleias na janela

Minha vida
Meu pensamento
Minhas polêmicas

Editora da Mente, Santa Maria – Rs - Brasil

Azaleias na janela - Autobiografia Lauro Trevisan
Lançamento: agosto 2017
Editora da Mente
Capa: Andrey Lamberty

T814a Trevisan, Lauro
Azaleias na janela : minha vida, meu pensamento, minhas polêmicas / Lauro Trevisan. – 1.ed. – Santa Maria : Editora da Mente, 2017.
408 p.

ISBN 978-85-7151-084-5

1. Biografia 2. Literatura 3. Trevisan, Lauro 4. Autobiografia 5. Psicologia 6. Espiritualismo I. Título.

CDU 929:159.9

Ficha Catalográfica elaborada por Cristiane Silva Teixeira - CRB 10/1501

EDITORA DA mente

Editora e Distribuidora da Mente
Rua Tuiuti, 1677
Santa Maria, RS, Brasil
Fone: (0xx55)3223.0202
Fax: (0xx55) 32217184
E-mail: mente@editoradamente.com.br
Autor:laurotr@uol.com.br
Site da Editora:www.editoradamente.com.br
Facebook do autor: www.facebook.com/lauro.trevisan.35

****

Pois é...

Eu escrever sobre mim? Mas, vale a pena rebobinar a minha vida? De mais a mais, que importância teria eu, vivente dos confins do Brasil, morador dessa terra tão maravilhosa quanto desconhecida, chamada Santa Maria da Boca do Monte? Será que ainda não sou um desconhecido de mim mesmo? Como escreveu Oscar Wilde: "Sou a única pessoa no mundo que eu realmente queria conhecer".

Por certo, haverá muita gente, principalmente os plantões da autorraiva, acampados nas redes sociais, a meter o dedo na minha cara e a esbravejar: "Ei, está querendo subir ao palco para pedir palmas a si mesmo?!"

Mas, quem disse que escrever uma autobiografia autêntica significa apenas cantar em prosa e verso as coisas boas?

Minha autobiografia tem a ver com uma varredura dos acontecimentos significativos e interessantes relacionados a mim, sejam eles a meu favor ou em meu desabono. Só dizer as coisas boas não passa de autoincensação. É por essa razão que lhe digo, brincando, que essa é "minha autobiografia não autorizada", uma vez que devo escrever tudo o que concerne à minha caminhada, até mesmo o que eu não autorizaria.

Este meu trabalho - além de contar a minha história e o cenário de 1934 para cá - está impregnado de análises e interpretações pessoais sobre a vida, a morte, o tempo, a religião, a psicologia existencial, a felicidade, a matéria, o outro mundo, a política, o amor, o casamento, os hábitos e costumes, a literatura, as pessoas marcantes, Jesus Cristo, o sacerdócio, o celibato, a política, e outros assuntos até mesmo contundentes.

Confesso que, muitas vezes, tive vontade de desistir dessa empreitada porque, se contar a verdadeira história, muita gente seria citada por força das controvérsias que minha mensagem ia suscitando nas cidades por onde eu passava. Mas, imaginei que a verdade poderia ajudar a tornar-nos melhores. Afinal, o mundo gira rápido e quem não se equivoca em meio a essa acelerada balbúrdia?

Assim, você, meu amável leitor, minha querida leitora, poderá sentir, aprovar ou discordar livremente, a respeito dos meus conceitos.

Quer vir comigo?

Muito bem. Gosto de gente curiosa.

Então, comecemos a viajar juntos no tempo e no espaço.

Carinhosamente:

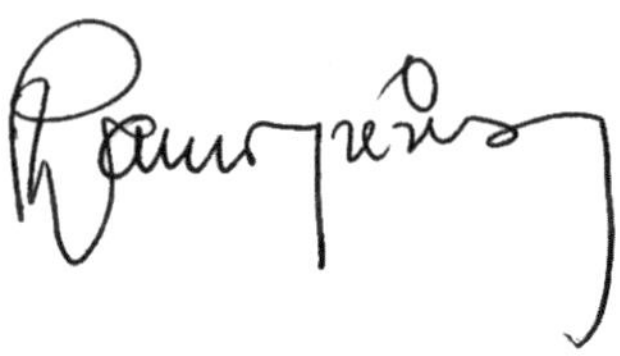

****

1934
Azaleias na janela

A luz suave do quarto se derramava pela janela, iluminando as azaleias floridas. Dona Rosa Kapp, a parteira, segurou o bebê por instantes, olhou pela janela, e disse: "Ele chegou no florir das azaleias". A mãe sorriu, contemplou as flores que espiavam pelo vidro da janela, agradeceu a Deus, e tomou a criança nos braços. Eram duas horas da madrugada.

Nasci no tempo das azaleias. Ainda hoje penso que elas são o símbolo da vida: no inverno, quando a natureza se recolhe, as azaleias sobem ao palco, dando alento ao espetáculo existencial. Frágeis e exuberantes como a existência, desandam perfumes e cores e flores, numa explosão feérica, para, em seguida, atapetar a terra com os derradeiros resquícios do seu vermelho-rosado. No entanto, mesmo depois dessa festa, comandada pela dança das abelhas e das mariposas, as azaleias continuam cheias de vigor, bordadas de verde, sempre abençoadas pela natureza. Mais contidas e humildes nas outras estações, mas não menos encantadoras, seu verde vigoroso oferece rasgos de paz e esperança aos olhos humanos.

Vida

Assim é a vida: flores na primavera, frutos no outono, azaleias no inverno, verde viçoso no verão.

Azaleias da vida. A vida é uma festa. Sempre.

A primavera juvenil transborda sonhos, amores, paixões e ímpetos heroicos. Já o verão existencial carrega a força da energia criadora.

Quando a vida entra na serenidade e paz do outono, imagino o ser humano sentado na varanda a contemplar a poesia do crepúsculo existencial. Com o andar do tempo, o frio gélido do inverno se anuncia, estendendo seu manto branco sobre os passos da última caminhada. Mas, o inverno não aceita ser pregoeiro do fim. Rejeita definitivamente qualquer sinônimo funéreo. Pelo contrário, se apresenta como arauto da florescência das azaleias. E o milagre acontece: as azaleias fazem a primavera do inverno. Talvez seja por isso que os franceses não falam em oitenta, mas em "quatro-vezes-vinte". Quatre-vingt. Que sabedoria!

Quando o inverno cumpre a missão de resguardar a vida nos seus recônditos, eis que surgem as azaleias, como irrefreáveis rebeldes, a avisar que a vida continua ousadamente florida também nessa quadra hibernal.

Quatro-vezes-vinte

E eu me quedo a pensar que o inverno da idade não é inóspito e nem sem vida. Muito menos sem porvir.

Para os que vivem de olhos abertos, as azaleias sempre florescem, em todos os tempos, nos jardins do coração. Os que acreditam na vida, como eu, festejam as azaleias do amor, esparzindo o colorido do encantamento e o perfume da felicidade durante o ano todo. Os ventos sopram, as folhas caem, os campos pintam-se de branco, e eis que despontam as azaleias, trazendo flores, perfume, sorrisos e sabores de juventude. Quatro-vezes-vinte.

Nunca fiz apologia da velhice, porque esta palavra costuma receber temperos de decrepitude. E porque velhice é uma abstração da mente. Apenas da mente. E da mente equivocada.

Seria o inverno a decadência do tempo? Como poderia ser? Não é ele que traz o encanto e o perfume das azaleias? Não é ele que inventa paisagens inesquecíveis de neve e multidões brincando de esquiar? Não é ele que celebra o aconchego das lareiras?

O ser humano é como as azaleias: depois da floração esplendorosa, linda, fértil, iluminada, colorida, aromatizada, a vida prossegue com a força do verde, a beleza dos ramos, a vitalidade da planta, o vigor da raiz e a presença bonita no espaço da natureza.

Enquanto o amor viceja no coração, pode alguém envelhecer?

Enquanto a alegria oxigena o sangue, é possível perder a vitalidade?

Enquanto a felicidade fortalece o sistema imunológico, pode a vida murchar?

Talvez eu seja o último dos moicanos a dizer que, quanto mais eu vivo, mais linda e mais jovem se torna a minha vida.

A ideia esdrúxula de que a gente nasce a caminho da morte é pessimista, macabra e inverídica. Que filosofia mais intragável e insossa essa de oferecer prognósticos de derrota enquanto a caminho do front! É viver desvivendo, algo como aquele homem que se metera dentro do seu caixão mortuário à espera do suspiro fatal. Quem dera conseguisse ele contemplar, com os olhos do coração, as azaleias florindo além do seu ataúde, a dois centímetros da sua janela! Mas, jamais faria ele isso, pelo medo de que o esplendor rosado das flores e o etéreo perfume excitante das pétalas pudessem cometer a heresia de levá-lo a estremecer em êxtase de felicidade. Infelizmente, eles, os pessimistas, proliferam como ervas daninhas nos jardins deste paraíso terrestre.

Há pessoas que desmaiam diante de uma azaleia, não pela flor em si, mas pela antevisão das pétalas caídas no chão, pisoteadas e varridas para o lixão da cidade. São as que detestam a vida pela previsão da velhice, aborrecem o dia porque a noite chegará, não compram carro porque amanhã perderá valor, evitam chocolate pelo horror da obesidade, não sorriem com medo de enrugar a face. Quanta pena lhes têm as azaleias!

Os prazeres da vida

Visualize uma taça de vinho. Uvas selecionadas, selo de qualidade. Você está sorvendo a essência do prazer. Enquanto a bebida dos deuses invade as papilas do seu paladar, como suave tsunami de sensações de gozo, as descrições vão surgindo com feitio de poema medieval: gosto amadeirado, sabor apessegado, aroma inebriante, força agreste, fundo volátil, vigor outonal, brilho vespertino, adstringência sutil, colorido desmaiando o roxo cardinalício sobre o manto líquido, ondulação de trigal na brisa da manhã, final apoteótico de sentimento orgástico. Mas, que dizer daqueles que deixam de tomar vinho porque a garrafa vai esvaziar? Adoram o vinho, encontram um altar para ele na prateleira de mogno, mas nunca o beberão. Seria o assassinato do sagrado.

O vinho é a vida, cantada em prosa e verso, rimando flavonoides com resveratrol, hoje engrandecido pela bênção definitiva da medicina.

Mas, vinho vencido, estragado, morto, apaga todos os arroubos de apologia e é jogado na rua da amargura. Como a vida. Tudo está em saber apreciar, aproveitar e manter a vitalidade perene. Vinho deteriorado evola o azedume da depressão, a acidez do ressentimento, a frieza da solidão, contrai as bactérias do desamparo. Que fazer com esse vinho?

O Mestre era apreciador do bom vinho e com essa bebida transcendental realizou seu primeiro e seu derradeiro milagre. Transformou água em vinho da melhor qualidade para a alegria daquela festa nupcial e transmutou o sacrifício da imolação em delícias do vinho sobre o altar. Na sua sabedoria metafísica, fez-se pão e vinho, quer dizer, fez-se prazer ascendente desde a sensibilidade gustativa às dimensões do sublime inenarrável.

E fez-se videira: "Eu sou a videira, vós sois os ramos". Ele se disse energia vital que permeia os ramos, faz-se uva, que se faz vinho, que se faz antioxidante para o rejuvenescimento do organismo. Ele, o revitalizador da alma.

Será que um dia se entenderá a essência do seu discurso e o enredo subjacente em suas atitudes?

Jesus a videira, eu um ramo. Quer dizer que ele está em mim e eu nele. Que incrível! Significaria que a sabedoria e o poder e o amor e a alegria e a felicidade e os sonhos dele existem em mim. E que a nossa vida, a dele e a minha, tornam-se vinho; não há mais as uvas, há o vinho, nos tornamos vinho prazeroso. Estou pensando nisso. Os ascetas logo pegam a videira e os ramos e fazem elucubrações místicas, irreais e transcendentais. Eu penso o que pensei. Sou mais humano.

O mundo nem sempre é via sábia: há humanos místicos que demitiram o vinho e proíbem que se volte a falar nele.

Há jardineiros que brandem a enxada quando se fala em azaleias.

Assim caminha a humanidade.

Idade

Estava falando em idade. Confesso que sou jovem há muito tempo. Sou daqueles que, quando a juventude quer fugir, pego-a pelo rabo e a trago de volta, que o seu lugar é no meu coração.

A juvenilidade também gosta de mim. Cantamos juntos, brincamos juntos, sonhamos juntos e vamos em frente juntos desde um bom tempo. Há muitos anos, falava-se em velhice. Mais tarde, a rigidez do termo foi amenizada para terceira idade; por fim, a adocicaram para melhor idade, e eu tratei de pôr a questão no seu devido lugar. Proclamo que só existe uma idade: a primeira idade continuada. A gente vai se fazendo cada dia. Um fazer-se que não termina nunca. Um texto sem ponto final. Simplesmente o texto. Uma viagem sem estação-terminal. A viagem que vai e vai e vai, oferecendo paisagens inesquecíveis, acontecimentos únicos, flores e passarinhos na primavera, calores de praia e cervejas geladas no verão; ventos polares e lareiras e vinhos no inverno; então, acontece nova primavera, a vida, o inusitado, a festa da natureza, o coração afogueado, a mente liberta e o rosto florindo sorrisos e brincadeiras. Uma roda viva sem fim. Um motu perpétuo fascinante. Primeira idade continuada.

Muitos confundem velhice com idade e transformam idade em velhice. Assumida essa crença, começam a fingir-se de velhos, passam a usar bengala, dizem-se propensos a resfriados, auscultam o dia todo as badaladas do coração, declaram-se impossibilitados de escalar montanhas, desmoralizam a memória, aposentam o trabalho e adotam a cadeira de balanço e o pijama.

Não renunciamos a vida porque ficamos velhos, ficamos velhos porque renunciamos a vida.

Para quem sabe viver e bem interpretar o seu espaço etário, a vida é sempre bonita, iluminada de vitalidade juvenil. Por sinal, dizem os entendidos que juventude é estado mental. Com razão.

Um detalhe: prolifera a crença arraigada de que a velhice é inexorável e não adianta esconder a cabeça na moita, como fazem os avestruzes. Essa mentalidade avisa que não tem cabimento retalhar a cara para parecer mais jovem. Anunciam os pregoeiros do fatalismo que velho é velho, dependente e limitado, tem que entregar as armas e ficar nas mãos do que Deus quiser. Que filosofia mais pessimista! Que jamais sobreviva! Espadaço nela!

Não estou bancando o avestruz e digo por quê: o ser humano é o que for sua mente e seu espírito. O espírito, por sua essência transcendental, é perene e imutavelmente jovem; e a mente, quando e enquanto fundida no espírito, permanecerá jovem. Significa que mente e espírito em união nupcial fazem a juventude humana.

O que depreda e maltrata o corpo são as crenças negativas, os impactos emocionais dolorosos e os hábitos nocivos - e estes são resultados da mente distanciada do espírito.

Sou jovem, graças a Deus. Um jovem de 82 anos. Pode rir! Não mudo minha crença. Para dizer a verdade, nem 82 anos eu tenho. Nem 20. Se você me der um ano de idade, não exagerou. Segundo a ciência, eu tenho um ano, pois, em um ano, todas as células e átomos do corpo se renovam. Mas, segundo a Psicologia, sequer um ano eu tenho: eu sou apenas este instante. Somente este instante. O antes não existe e o depois é ilusão.

Talvez, neste momento, você acredite que sua mente e seu coração sejam mais lindos do que seu corpo, e deseje fazer o corpo à altura da beleza interior. Maravilha. Os cirurgiões plásticos estão à sua disposição. Vá e faça. O contrário é que não dá certo, isto é, pretender melhorar a mente e o coração através do corpo é como trocar os pés pelas mãos.

Seu corpo está mais quebrado que os dez mandamentos? Rejuvenesça a mente e então pode tratar de amenizar as marcas do corpo. Você merece. Afinal, seu corpo é seu cartão de visita.

Viver com sabedoria é sentir-se leve, sem amarras, florido e perfumado, como as azaleias. Se você não quer compartilhar essa verdade, sinta-se à vontade.

Lugar do nascimento

Nasci em Santa Maria, a cinquenta metros da igreja das Dores, na antiga Rua Domingos de Almeida, Bairro Dores, numa época em que as ruas eram de chão batido, atormentando os moradores com poeira insuportável no verão e barro de atoladores no inverno. Nos dias quentes, a poeira fazia nuvens na rua e penetrava pelos poros das casas. Já no inverno chuvoso, as carretas de bois rangiam sofridamente no barro e os caminhões roncavam grosso tentando escapar do atolador. A maioria dos carros, nesse período, usava correntes em torno dos pneus para enfrentar os atoleiros. E, mesmo nos dias de sol e ruas patroladas, os caminhões encantavam os pedestres com a incrível velocidade de sessenta quilômetros por hora. Nos idos de 1934, sessenta quilômetros por hora era velocidade estonteante. Cuidado, lá vem um caminhão a sessenta quilômetros por hora! Cansei de ver dois carros em disputa gigantesca para ver quem passava na frente do outro a fim de não "comer poeira". Pé no fundo, pistões se estrebuchando, motor bufando fumaça pelo radiador e quase chegavam à incrível velocidade de sessenta quilômetros. Quem vencia festejava a façanha apoteótica.

Nem por isso as pessoas eram menos felizes. Havia muita solidariedade entre as famílias, a comunidade situava-se em torno da paróquia, as crenças católicas faziam parte do cotidiano, e o trabalho acompanhava o dia a dia com naturalidade.

Meu avô dizia que barco parado não ganha frete. Minha avó completava o provérbio com outra tirada: "De grão em grão a galinha enche o papo". E todos ganhavam o pão de cada dia com o suor do seu rosto.

Na rua, de vez em quando passavam vendedores de picolé, tocando corneta para avisar o povo. A certa hora, surgia o vendedor de pipoca, cantando: "Tá na hora da pipoca, vem passando o pipoqueiro, quem não gosta de pipoca é porque não tem dinheiro. Piiipoca!" Também percorria nossa rua o afiador de tesouras e facas, avisando sua passagem através de um assobio característico, com sonoridade de flautim. De manhã, apareciam carrocinhas oferecendo produtos de horticultura. O leiteiro, de madrugadinha, era pontual na entrega do leite encomendado. Os sapatos eram comprados nas lojas e depois recuperados nos sapateiros, até não poder mais. As roupas comuns eram geralmente feitas em casa de costureiras dedicadas a este mister. As fatiotas eram especialidades dos alfaiates. Aos poucos, foram surgindo lojas a oferecer roupas e vestidos com numerações adequadas aos tamanhos das pessoas.

No bairro, havia uma ferraria para artesanatos de ferro e, principalmente, para ferrar os cavalos. Cavalos sem ferraduras não tinham vez nas ruas de calçamento irregular. Trabalhava na ferraria um homem bom, folclórico, popular, que tinha algumas pancadinhas no cérebro. Saía pelas ruas imitando os carros; nas esquinas, ia e vinha várias vezes até fazer a curva apertada. Tinha um relógio sem ponteiros. Lembro de uma vez que perguntei a ele:

- Seu João, que horas são?

Ele olhou no seu relógio de bolso, que, naquele tempo era chamado de cebolão, e respondeu:

- Oito horas.

Tentei brincar:

- Como o senhor sabe que são oito horas, se o seu relógio nem tem ponteiros?

O homem se irritou:

- O que tem a ver o relógio com os ponteiros, seu besta!

Quando a banda da Brigada Militar desfilava, ele gostava de seguir na frente como glorioso maestro, marcando compassos com honra e glória. Mas, toda gente gostava do seu João Leitão.

Um dia, um homem chegou na casa dele, bateu, e perguntou:

- O sr é o seu Carneiro?

- Eu sou Leitão, seu burro!

No verão, as portas e janelas de frente para a rua ficavam fechadíssimas para conter a poeira, mas, à noite, trânsito quase zero, as famílias sentavam-se junto à calçada para longos entretenimentos, não raro com o chimarrão dando a volta.

Noi siam partiti dai nostri paese

Meus avós, paternos e maternos, vieram da Itália para fazer a América, como se dizia. Estabeleceram-se numa região central do Rio Grande do Sul, chamada Quarta Colônia: os Rorato, da minha mãe, em Vale Vêneto; os Trevisan, do meu pai, na Linha Base, a poucos quilômetros de Vale Vêneto.

Meu avô Alexandre Rorato nasceu em Chiarano, região do Vêneto, em 1879, e veio para o Brasil na década de 1880, estabelecendo-se em Vale Vêneto, povoado ocupado por imigrantes italianos, distante cerca de 38 quilômetros de Santa Maria.

Alexandre – chamado de Insándro pelos italianos da região - era um tipo empreendedor: tinha hotel, correio, telefonia, ferraria e linha de ônibus para Santa Maria. Lembro-me do telefone que ele administrava para o público: funcionava à manivela e, quando chamava, emitia o som das antigas campainhas de bicicleta. Na ferraria, ele, auxiliado por meu tio Artur, fazia foices, enxadas, rodas e eixos de carreta e carroça, gadanhas, ferraduras, estribos, e tudo o mais que permitia seu engenho e arte.

Nas férias de verão, nossa família costumava passar uns dias na casa grande do meu avô. Era um mundo diferente, rural, muitas árvores frutíferas, potreiro onde havia, em tempos remotos, o primeiro cemitério do vale. Tudo isso aguçava minhas fantasias de garoto urbano. Para mim, passar as férias com meus avós, naquele casarão, era viver num mundo encantado. No almoço e janta, meu avô nunca dispensava um bom "bichiero" de vinho, vindo diretamente da pipa, assentada no porão fresco da casa. Minha tia Gema tocava piano, mas eu, naquela idade, não me sentia atraído pelo som seco do teclado, que fazia reviver Chopin e algumas valsas de sabor brasileiro.

Diziam que meu avô Alexandre era um tanto impaciente, mas, para nós, crianças, era bonachão, amigo e brincalhão.

Minha avó Amábile era a bondade em pessoa. Fazia de tudo para nos agradar. Falava um português italianado, cujas palavras nos faziam rir. Quando dizia que ia lavar os "nirçóis", sabíamos que eram os lençóis. "Tosatéi" éramos nós, as crianças. "Poreto" era alguém que estava machucado: Coitadinho! Sopa de "Bundongo" era o gostoso mondongo, que preparava com mãos divinas. "Bruto lazaron" - era a xingação dela. "Ma varda que bel!" - era exclamação de admiração: Mas veja que bonito!

Os pioneiros levaram para aquela povoação de imigrantes alguns padres palotinos da Itália, em 1886, que deram assistência religiosa, criaram paróquia, construíram seminário e sedimentaram a fé católica. Com o tempo, aportaram no Vale também as Irmãs do Imaculado Coração de Maria, erigindo, aos poucos, grande colégio, com externato e internato, para a educação de meninos e meninas.

Nesse minúsculo universo nasceu e criou-se minha mãe, Maria Helena, primeira filha dos meus avós Alexandre e Amábile, evoluindo bonita, artista requisitada nas encenações do colégio das Irmãs do Coração de Maria. Era de índole pacata, generosa e submissa. Tinha o feitio de Vale Vêneto, uma região bucólica, situada entre os montes, onde a vida caminhava a passos lentos.

Meu avô por parte de pai chamava-se Domingos Trevisan. Como nasceu em Mason Vicentino, ao norte de Vicenza, capital do Vêneto, seu nome de origem era Domênico, que o povo simplificou para Mênego. Veio pequenino para o Brasil, trazido pelo pai, na segunda leva de imigrantes italianos. O barco os deixou em Itajaí, na ilha de Santa Cruz. A viagem continuou em barco até o porto da cidade de Rio Grande. Nova troca de embarcação e viagem até Porto Alegre e, da capital gaúcha, navegaram rumo a Cachoeira do Sul. Colocaram os pertences e as famílias em carretões puxados a bois e foram enfrentando atoladores, chuvas, mau tempo, a caminho do acampamento de Val de Buia, onde se estabeleceram provisoriamente em barracões precários, a espera das terras que lhes caberia. Mal acomodados, pouca ou nenhuma assistência, sofreram epidemias e muitas mortes. Feita finalmente a distribuição de terras, meu avô Domingos fixou-se na Linha Base, perto de Silveira Martins, a 32 quilômetros de Santa Maria.

Desde logo, se dedicou ao negócio de compra de produtos coloniais, para vendê-los em Santa Maria. Meu pai e seu irmão João percorriam a colônia comprando queijo, salame, ovos, batata-inglesa, frutas, galinha, porco, mel, feijão, arroz, o que os colonos produzissem; lotavam a carroça, puxada por três parelhas de cavalos, e rumavam para Santa Maria a fim de vender as mercadorias. No retorno, traziam ferramentas agrícolas, sal, açúcar, soda, breu, corantes, cerveja, e outros produtos encomendados.

Lembro este meu avô como um homem magro, elegante e calmo. Tinha um jeito nobre, com aquele relógio de bolso, fixado na calça por uma corrente dourada.

Depois de alguns anos de atividade, os filhos já crescidos, comprou um Ford 29 e foi morar em Silveira Martins, sede da quarta colônia, pondo seu veículo, talvez o primeiro da região, a serviço do pároco. Era de religião praticada com profundidade. Mais tarde, foi morar em Santa Maria, perto dos filhos que haviam se transferido para lá. Recordo, de pequeno, que, todas as tardes, ele ia tomar chá de mate na nossa casa, chá sempre preparado com esmero pela minha mãe.

Minha avó, Amália, era gordinha, de tamanho um tanto atarracado, altura de média para menos. Penteava os cabelos sempre do mesmo jeito, repartidos ao meio e um coque atrás. Era muito devota, tanto que teve três filhos padres e três filhas freiras.

Domingos e Amália tiveram onze filhos, dos quais meu pai era o quarto.

A vida colonial, naqueles primórdios, era difícil, sem recursos, rara assistência, em regiões recortadas pelas matas da cordilheira de São Martinho.

Comparada com a situação e as exigências dos sem-terra de hoje, esses querem viver num eldorado. São outros tempos.

Quando lembramos os antepassados, precisamos tirar o chapéu e erguer um brinde aos heróis que nos antecederam e deram a vida na construção de um Brasil melhor e mais próspero.

Meus pais

Meus pais – como já disse – nasceram na Quarta Colônia da imigração italiana e posteriormente se localizaram na então modesta cidade de Santa Maria, na época conhecida por seu entroncamento ferroviário, pelo contingente militar e pelo número de escolas. É cidade sempre de braços abertos para acolher imigrantes. Pelas portas de Santa Maria entraram imigrantes italianos, judeus, poloneses, alemães, africanos, portugueses e outras levas de menor quantidade.

Meu pai tinha 22 anos quando casou com a vale-venetense Maria Helena Rorato, minha mãe. Moraram dois anos na Linha Base e, na década de vinte, resolveram abrir um armazém de secos e molhados em Santa Maria, no Bairro Dores.

Tiveram 12 filhos, dos quais eu sou o sétimo. Pela ordem: Arlindo Antônio, falecido em 1926, com 13 meses, de meningite; (costumamos dizer que somos 11 porque ninguém conheceu este primeiro); Victor (padre); Ely, professora; Roque, comerciante, falecido; Gentil, comerciante; Irineu, padre, falecido; Lauro, padre; Lino, comerciante; Lourdes, comerciante; Irene, industrial; Pio, comerciante; Cezar, comerciante.

Nossas refeições tradicionais, em casa, eram, de manhã: café/leite com polenta; ao meio-dia: variava entre arroz, feijão, carne, bolinho de arroz, pastel, massa à moda italiana, chicória, (que chamavam de radicha), cenoura, repolho, vagem, nhoque, ovos fritos, bife na chapa bem passado ou à milanesa. Antes da refeição do meio-dia havia sempre uma reza. O início da refeição tinha infalivelmente sopa, que, às vezes, era de caldo de feijão, com arroz ou com massa, (meu pai acrescentava uma colherada de vinho), ou de legumes, ou canja de galinha. As sobremesas que mais lembro eram sagu e canjica. À noite, café com leite, pão, polenta, chimia, mel. Doces da época: pão-de-ló, bolacha caseira, bolo, grôstoli, cuca italiana, figo seco cristalizado, doce de polvilho, de batata doce e de abóbora. De tarde, era servido o tradicional chá de mate com pão e mel.

Eu, assim como todos meus irmãos, gostávamos muito da mãe. Seu nome, como você já leu, era Maria Helena. Uma mulher doce, calma, amorosa, sempre atenta a fazer tudo que meu pai pedia. Muito religiosa.

Certa vez, a família veraneava em Tramandaí, cidade praiana do Rio Grande do Sul. Era fevereiro de 1986. Ao caminhar pela praia, veio-me a inspiração de fazer um versinho para minha mãe e o dediquei a ela na hora do almoço:

"Minha mãe, quando te vejo,
No alto da tua idade,
Fluindo felicidade,
Nesta grandeza serena,
Penso que Deus, certo dia,
Deu-te um pouco de Maria
E muito de Santa Helena".

Meu pai

Era quase analfabeto, escrevia mal, mas lia bem e bastante. De temperamento um tanto nervoso, decidido, inteligente, de poucas palavras. Conduzia as rédeas do negócio com rara competência. Era apaixonado pelo trabalho. Até nos domingos, após as duas missas que assistia e nos fazia assistir, apreciava passear pelos corredores do armazém, imaginando os negócios da semana. Não trabalhava nesse dia, que trabalhar, para ele, no domingo, era pecado.

O armazém atendia o povo no varejo e no atacado. Seu método de ganhar dinheiro era vender muito pelo menor preço, ou seja, ganhar na quantidade. Com isso, abastecia muitos armazéns e bares e bodegas da cidade e do interior. Acostumou todos os filhos, inclusive a esposa, a trabalharem no armazém, com qualquer idade. Como guri, eu varria os corredores, empilhava os sacos vazios conforme a ordem de aproveitamento, retirava as batatas podres que havia no meio das boas, varria o pátio onde descansavam os cavalos, pesava mercadorias vendidas por quilo. Mas, meu prazer de garoto, era sair na carroça, puxada por dois cavalos, o Baio e o Tordilho, com o empregado, um preto amável, de bom coração e imensa singeleza, chamado seu Vieira, para a entrega dos "ranchos" a domicílio. "Rancho" significava o conjunto dos pedidos de uma família ou de um pequeno armazém.

Lembro outro preto muito alegre, sempre de bem consigo mesmo, analfabeto, chamado Salustiano. Só de brincadeira, perguntávamos a ele:

- Seu Salustiano, quantos filhos o senhor tem?

- Uma porção – era a resposta de sempre.

Não entendíamos se ele não conseguia contar ou não sabia mesmo quantos filhos tinha.

Recordo que, certa vez, vi na prateleira de exposição dos produtos à venda, uma garrafa de gasosa, refrigerante da época, feita à base de água, limão, açúcar e gás. Estava aberta. Esperei o momento certo que ninguém me visse e enfiei goela abaixo um gigantesco trago apressado para não ser apanhado em flagrante. Era gasolina. Fiquei arrotando gasolina por uma semana. Bem feito! Meu irmão se queixava:

- Puxa, você está cheirando a gasolina!

Para descontrair, contei-lhe a piada do cachorro que bebeu um litro de gasolina e saiu desesperado, a toda disparada, rua afora, até que estancou duro na beira da calçada.

- Morreu?! – perguntou meu irmão.

- Não, acabou a gasolina!

Naqueles idos, havia nas prateleiras do armazém cigarros marca Elmo, Odalisca, Tufuma, Belmonte, Hollywood, Continental e Arizona. O cigarro mais "vagabundo", como se dizia, era o Tufuma, que foi apelidado de "Mata-rato". Bebidas: cervejas marca Elefante, Becker, Continental, Serramalte, Polar; bitter Underberg; cachaça Sete Campos, Conhaque de Alcatrão São João da Barra, vinho Sangue de Boi, Melhoral para dor de cabeça, cujo anúncio dizia: "Melhoral, Melhoral, é melhor e não faz mal". O queijo parmesão era muito apreciado pelos colonos. O açúcar era vendido a granel: açúcar-usina vinha em pedrinhas, e açúcar-moído se chamava cristal. A gasolina era vendida em lata de 18 litros. O café tinha a marca Visita.

As lojas da cidade vendiam Glostora e Brilhantina, para o cabelo.

Popularizavam-se as camisas Volta ao Mundo, as calças de Brim Coringa e os vestidos de Ban-lon.

Os rádios eram Mende, Piloto, Telefunken, Continental, e outras marcas desaparecidas.

O primeiro aparelho de som que vi foi uma vitrola tocada a manivela. Pertencia a um padre de Restinga Seca, que fez demonstração para nós, durante uma festa naquele lugarejo de então, hoje município.

Caminhões ostentavam a marca Ford, Chevrolet, Studebacker, depois Alfa Romeu e Mercedes Benz. O Alfa Romeu diziam que era caminhão de chamar porco: tinha um ronco grosso e cavernoso, que parecia um grunhido de porco. Os automóveis eram importados: Ford de bigode, Ford 29, Chevrolet, DKW, Fuca, Gordini, Nash, Mercury, Mercedes, Austin, Opel, Porsche, Pontiac, e o jeep Willys, popularizado durante a Guerra Mundial.

Para a saúde, usavam-se popularmente Óleo de Fígado de Bacalhau, purgante Tiro Seguro, Xarope Biotônico Fontoura, Anapion, alcaseltzer, pomada Minâncora, Olina, Pílula de Vida do Dr Ross, Emulsão de Scott, Sal de fruta Eno, Cafiaspirina, Melhoral.

No serviço doméstico, minha mãe tinha uma máquina de costura Singer com funcionamento a pedal; um ferro a brasa para passar a roupa; fogão a lenha. Panos para lavar a casa eram feitos de sacos de farinha.

As doenças mais comuns eram catapora, varicela, coqueluche, sarampo, tersol, feridas inflamadas, furúnculo, febre, dor de barriga, dor de dente, pontada, tifo, tuberculose, câncer, sinusite, gripe, resfriado, ataque cardíaco. Estresse e depressão eram tidos como Nervosismo.

A vida corria tranquila, quando estourou a Segunda Guerra Mundial, em 1939. Eu tinha cinco anos. De um lado, o Eixo, composto pela Alemanha, estopim da guerra, a Itália do ditador fascista Benito Mussolini, e o Japão. Do outro lado, vários países aliados, buscando revidar as ameaças e invasões do Nazismo de Adolf Hitler. O Brasil de Getúlio Vargas, no auge da ditadura do Estado Novo, permaneceu por certo tempo neutro, até que foram afundados dois barcos brasileiros. Com a entrada do Brasil no grupo dos Aliados, contra Alemanha-Itália-Japão, houve exacerbação do espírito patriótico em nosso país, a ponto de serem cometidas perseguições aos imigrantes alemães, italianos e seus descendentes. Os alemães perseguidos eram chamados de "quinta-colunas" e os italianos de "gringos fascistas". Em agosto de 1942, tinha eu oito anos, houve "quebra-quebra" em Santa Maria contra indústrias e casas comerciais de imigrantes alemães e italianos. A população invadira a indústria de balas e bolachinhas Weissheimer & Irmãos, jogando tudo na rua. Entraram no armazém de João Cerezer e despejaram sacos de cereais na rua. Aconteceu em vários estabelecimentos. Os Hotéis Roma e Itália tiveram que mudar de nome.

O Armazém do meu pai e seus irmãos João e José situava-se a quinhentos metros da Brigada Militar. Correram a pedir proteção daquela corporação militar e saíram incólumes. Os exaltados imaginavam espionagens de "quintas-colunas" e "fascistas", coisas que não tinham pé nem cabeça. Por causa disso, meus pais deixaram de falar dialeto italiano com os filhos e os alemães não mais educaram seus filhos na língua alemã até a idade escolar, como era costume. O medo mudou hábitos. Graças a Deus, foi uma nuvem de chumbo que logo se dissipou.

A saga dos Trevisan

A história da família Trevisan no Brasil tem pouco mais de um século, mas a saga da família Trevisan se perde na poeira de um passado muito distante. Claro, não vou começar por Adão e Eva, afirmando que o paraíso foi nosso primeiro quintal. Nada disso. Mas, nos arquivos de Veneza consta que os Trevisan são originários de antiga família veneziana que se estabeleceu no Mestre, (nome dado à parte veneziana de terra firme), nos primeiros tempos da República, e enriqueceram com o comércio marítimo. Os Trevisan foram inscritos naquele patriciado por mérito, em 1381. Mandaram construir a igreja de S. Giorgio Maggiore e conquistaram mérito especial do Estado durante a Guerra de Chioggia. (Guerra de Chioggia foi a última guerra terrível entre genoveses e venezianos, entre 1378 e 1381, pelo domínio sobre os mares. Em Chioggia se desenvolveu a última fase da guerra: a cidade foi saqueada e destruída. Veneza, todavia, ressurgiu depois de derrotar definitivamente os genoveses).

Tiveram ilustres personalidades que se distinguiram na primeira fase da República e da Igreja de Veneza. Marc´Antonio, (1553), foi doge, (Chefe Máximo), da República. Girólamo foi nomeado bispo de Verona pelo Papa Pio IV e Francesco foi bispo de Ceneda, e depois de Verona, no século XVIII. Giovanni foi patriarca de Veneza, em 1560.

Foi confirmada na antiga nobreza do imperador da Áustria, em 28 de dezembro de 1818, e com R.D. de motu próprio de Vittorio Emanuelle III, rei da Itália, em 20 de abril e RR. LL. PP. de 15 de agosto de 1913. Paolo Pietro, da família de Giovanni Lauro, obteve a concessão do título de Conde, com sucessão masculina ad infinitum. Outro ramo é uma antiga e nobre família originária do Vêneto, da qual Girólamo R. tornou-se Procurador Geral junto à Corte de Apelação de Veneza.

A arma é um escudo de ouro e azul, com uma faixa em vermelho atravessada.

Bom, o que interessa é me situar nos tempos mais próximos, na minha história mais recente, mais palpável e mais mensurável.

Nascimento

Apareci neste planeta no dia 14 de agosto de 1934. Era o sétimo filho. Depois viriam mais cinco. Na véspera, minha mãe preparara a massa para, no dia seguinte, fazer pão, mas seu projeto ficou a meio caminho, pois, às duas horas da madrugada, me intrometi, e avisei que queria nascer. Seria por isso que gosto muito de pão? Concordo com os que garantem que o pão é a comida dos deuses. Gosto de pão com café, pão com comida, pão com chocolate, pão com vinho, e aprecio até pão com pão. Só refugo o pão que o diabo amassou. Até Jesus colaborou comigo me sugerindo que pedisse o pão de cada dia, no Pai Nosso. E, para completar, avisou à humanidade: "Eu sou o Pão da Vida".

Certa vez, perguntei à minha mãe:

- Por que a gente reza no Pai Nosso para que nos dê o pão de cada dia? Não é melhor pedir desde logo para o ano todo?

Minha mãe teve uma tirada inteligente:

- É que Deus quer que a gente coma pão fresco, recém-feito, saboroso, e não pão envelhecido. Por isso, ele manda pedir "o pão nosso de cada dia nos dai hoje".

Agosto, em Santa Maria, é inverno frio e chuvoso. Mas é, também, tempo em que as azaleias florescem.

Missão neste planeta

O famoso guru indiano Osho disse que o ser humano nasce com as mãos fechadas e morre com as mãos abertas. Com as mãos fechadas – penso eu - porque vem trazendo uma missão do Infinito, e morre com as mãos abertas porque nada levará deste mundo.

Se eu retornasse agora ao instante do nascimento, teria imensa curiosidade de saber o que portava na mão fechada: que missão, que ideal, que caminho a seguir, que projeto de vida estaria reservado para mim.

Sei que você está curioso para saber se fiz leitura correta da mensagem que Deus me colocou na mão e se andei pelos caminhos apontados pelo Infinito, ou me aventurei por outras bandas, como cigano de mim mesmo. Por certo, você gostaria de saber se acertei o caminho, se fiz alguma guinada de cento e oitenta graus, se desejaria retornar ao ponto de partida para acertar o rumo.

Na verdade, não há quem não se pergunte: "Quem sou eu? De onde vim? O que estou fazendo aqui? Para onde vou?"

Dessas questões existenciais, nasceram a filosofia, a teologia, a psicologia, a sociologia, a antropologia e outras mais. Apesar da ciência, cada um quer ter sua própria resposta e mandar para longe dúvidas e angústias. Cada cabeça, uma sentença, aprendi de pequeno. E cada cabeça, um rumo na vida. Têm aqueles que encurtam a conversa e, desde logo, encerram o assunto: "Vim do nada, sou nada e volto para o nada. E ponto final". Mas, quem nada é peixe – era nossa resposta de criança. Também não gosto da resposta bíblica: "És pó e em pó te hás de tornar". Por favor. Uma criatura, cuja origem é Deus, criada à imagem e semelhança divina, como avisou o Criador no Gênesis, como pode ser pó? Pó, imagine! A insignificância da terra. Conforma-se você com a ideia de ser poeira redemoinhando sem rumo ao sabor do vento? Pó, obedecendo aos caprichos do vento! E onde fica a revelação de Jesus de que o Pai habita o nosso secreto? Filhos de Deus, isso é que somos. E a Deus havemos de tornar. E deixe o pó para os ventos e para os espanadores.

Quando pequeno, toda vez que eu queria saber da minha mãe o que era isso, o que era aquilo, mais aquilo - lá pelas tantas, com alguma impaciência, ela respondia:

- É semente de curioso!

Será que dá para descobrir que semente é essa que contém o mistério das origens, ou a vida é uma caixa preta, que só será aberta quando o caixão for fechado?

Se eu me ponho a refletir sobre minha origem, desde logo me apercebo que transcendo este planeta. Não estou afirmando que eu seja um alienígena, um etê, um marciano. Nada disso.

Aprendi que a pátria é o país onde nasci, mas a primeira pátria não será o país de onde vim? Este país, na minha linguagem, chama-se Deus. Não me canso de enaltecer este lindo País do qual sou originário. Penso que vim de Deus, passeio um pouco por aqui, e volto para casa. Habitarei a morada do Pai – como revelou o Mestre!

Mas, neste planeta, o primeiro país em que aportei foi o seio de minha mãe, cujo território, chamado Útero, habitei por nove meses, para depois ser transferido para o país chamado Humanidade, do qual descendem minha mãe e meu pai. Minha pátria aqui, em última análise, é a humanidade. Daí que estou certo quando entendo que todos os habitantes deste mundo são meus irmãos e este planeta é nossa casa comum.

Acompanhei o tributo a Michael Jackson, no dia de seu sepultamento, em 7 de julho de 2009, e vi a humanidade chorando essa perda. Por quê? Simplesmente porque, quando alguém parte para o Além, cada ser humano sente que perdeu um pedaço emocional de si mesmo.

Assim, considero-me em casa, quer esteja na Europa, na África, junto aos esquimós, ou em qualquer recanto desse mundo. Mais ainda: ao olhar para o azul do céu, minha mente se espraia na imensidão do cosmo e sinto que sou minúscula parcela do Universo, irmão das estrelas, como diz o poeta. Se analisar meu corpo e se analisar a estrela mais distante, para minha surpresa e encantamento descobrirei que sou feito das mesmas partículas. O filósofo grego Sócrates, (469-399 AC), já dizia: "Quando você move um dedo está afetando a estrela mais distante do cosmo". E teria dito também: "Conhece-te a ti mesmo e conhecerás os deuses e o universo". Bom-dia, queridas estrelas, que brilham também no meu coração!

A dimensão do ser humano, a minha dimensão, a sua, a de todos os viventes, não se extingue nos limites do corpo. Nós somos o mundo, como diz a canção, nós somos o uno, de tal forma que minha luz é uma estrela no universo. Se estiver apagada, estarei pondo apenas sombra nas pessoas e em todos os seres existentes. Se eu abraçar alguém, a vibração desse amplexo será energia resplendente irradiada para todas as esferas do finito. Jesus entendia desse mistério, avisando que o bem e o mal vão e voltam em proporções maiores.

Em certa época, cheguei a pensar sobre a possível inutilidade das Irmãs Carmelitas, enclausuradas no seu minúsculo mundo, sem contato exterior, dedicadas exclusivamente à oração e ao trabalho interno. O mundo aqui fora necessitando do idealismo dessas Irmãs e elas lá dentro, fechadas em seu pequeno universo – pensava eu. Agora tenho consciência de que cada convento é um sol de irradiação de luz e amor para a humanidade, para o planeta e para o cosmo.

Falei anteriormente que Deus, de onde sou originário, é minha primeira pátria; o Útero de minha mãe a segunda pátria; e a Humanidade, a terceira pátria.

Agora, me reporto à quarta pátria.

O Brasil – quarta pátria - é o pátio abençoado que me abrigou, quando nasci, por isso tenho amor especial por essa terra. E Santa Maria, região central do Rio Grande do Sul, é o solo que me recebeu com carinho e até hoje me acolhe e me oferece as maravilhas do seu território e de sua gente.

Então,

voltando ao meu caso, que estou fazendo aqui? O que estava escrito na mensagem que trazia na mão fechada, ao nascer? Eu e você estamos acrescentando algo à humanidade e a esse planeta, ou apenas queremos dizer que passamos por aqui? Não pense que estou perguntando qual é o seu sacrifício e a sua imolação pelo bem da humanidade. Quero apenas dizer que um sorriso, uma palavra amorosa, um pensamento positivo, um gesto carinhoso, um murmúrio de perdão e de boa vontade, significam estupenda contribuição para um mundo melhor. Se eu e você formos assim, naquele dia poderemos escrever em letras de ouro: “Missão cumprida”.

Para onde vamos?

Mas, a pergunta que não quer calar é esta: Para onde vou? A morte será ponto final ou apenas um capítulo da jornada? Quando eu vestir paletó de madeira e jogarem terra sobre mim, estará tudo acabado? Existe o outro lado? Há vida além da vida? E, se existe, é consequência do que plantei nesta etapa? Haverá nova plantação e nova colheita?

Mesmo que nada existisse além dessa caminhada, ainda assim eu quero acreditar numa outra dimensão, porque todo meu ser clama por continuidade.

Se a vida é continuidade, soluciona alguma coisa o suicídio? Resolve algo uma pessoa querer escapar dessa situação se, virando a página, se encontrará novamente consigo mesmo já na página seguinte?

Li, certa vez, que a morte é uma ilusão entre duas dimensões da mesma vida. O bom senso quer que você, eu, qualquer pessoa, tratemos de resolver os problemas e sofrimentos aqui mesmo e aproveitemos ao máximo o presente de cada dia que nos é oferecido pela roda circulante do tempo.

O lado de Lá

Mas, o mistério
que mais me intriga é este: Como será o lado de Lá?

Li vários livros e romances que descrevem a outra vida de forma semelhante ao que acontece aqui, porém em escala ascendente para lugares cada vez mais iluminados e felizes.

O sonho de todo o ser humano é viver feliz, em perfeita saúde, com abundância de tudo que necessitar, amando e sendo amado sem ciúmes, separações, desentendimentos e violências. O paraíso jamais chegará ao ponto do tédio, da chatice e do "já sei tudo e quero muito mais, caso contrário me mandem de volta para a Terra!". Isso não existe no céu. Chatice celestial é coisa de mentes obtusas. Não existirá nada que possa roubar a paz e a plenitude. Também, não tem ponto final.

Meus devaneios: Cada segundo ultrapassará todas as nuances prazerosas e inundará o coração de fantásticas surpresas? Haverá locais lindos de turismo e encantamento? Haverá novidades abençoadas a cada dia? Mas, haverá dia? E banquetes? E restaurantes? E reuniões festivas, momentos de risos e mais risos? E canções de fazer chorar de emoção? E amizades? E esportes? E roupas de grife para qualquer escolha? E as pessoas poderão continuar a elevar ao máximo dos máximos os seus dons e capacidades artísticas? Tem rio e mar para quem gosta de navegar e pescar? Mas, existem bichos no céu? E, se existem, morrem para alimentar as pessoas e outros bichos? Ora, paraíso não é lugar de morte e sim de vida e vida em abundância. Então, como ficamos nessas elucubrações? E o sexo será sempre uma inundação de prazeres e endorfina e oxitocina, ou sexualidade será coisa ignorada e não sabida? Haverá família? Filhos? Cidades? Bosques? Céu estrelado? Noites de luar? Encontraremos nossos familiares?

Uma coisa é certa: no céu teremos sempre tudo o que porventura lá pudermos desejar. Se houvesse uma nesga de decepção, ou tristeza, ou carência, não seria céu. Nisso estamos todos de acordo. Qualquer filosofia, ou teologia transcendental, ou religião, chega a essa conclusão. É por isso que todos queremos ir para o céu. Mas, não temos nenhuma pressa. Muito menos eu.

A questão angustiante é esta: Todos iremos para o céu? Posso lhe dizer, apenas por minha conta, que todos nós, seres humanos, iremos para o céu, porque todos somos filhos de Deus e lugar de filho é junto do Pai. Alguns filhos malcriados terão que fazer uma caminhada mais longa para chegar lá. Não se sabe onde termina o Amor e começa a Justiça em se tratando de Deus, só sei que, em essência, Ele é amor e amor contém dois ingredientes inseparáveis: misericórdia e compaixão.

Uma coisa é certa: a outra dimensão é tudo que há de bom. Não me pergunte, porém, se lá tem chocolate, cerveja, vinho e churrasco. Ainda ninguém veio me contar. Jogos de futebol parece que não há, porque não chegaram a descobrir como fazer para que os dois times em campo ganhem a partida. Ahaa!

Deixando de brincadeira, cito aqui um texto que corre por aí, atribuído a Santo Agostinho:

"A morte não é nada. Eu somente passei para o outro lado do caminho. Eu sou eu, vocês são vocês. O que eu era para vocês, eu continuarei sendo. Deem-me o nome que sempre me deram. Vocês conti-

nuam vivendo no mundo das criaturas, eu estou vivendo no mundo do Criador. Não utilizem um tom solene ou triste; continuem a rir daquilo que nos fazia rir juntos. Rezem, sorriem, pensem em mim, rezem por mim. Que meu nome seja pronunciado como sempre foi, sem ênfase de nenhum tipo, sem nenhum traço de sombra. A vida significa tudo que ela sempre significou, o fio não foi cortado. Por que eu estaria fora de suas vistas? Eu não estou, apenas estou do outro lado do caminho".

Não sei se ele realmente escreveu a mensagem acima.

Então, como é o Além?

Se alguém souber, me avise.

Mas, é importante sonhar com o melhor, porque num Deus amoroso só existe o melhor.

Vivendo o hoje

Enquanto o desfecho não ocorre – e espero que seja num dia para lá de distante – o que importa é aproveitar bem cada momento, festejá-lo como se fosse o último, abraçar como se fosse a derradeira vez, sorrir como se fosse um epitáfio, caminhar como se fosse descobrir o lago da eterna juventude, e brincar como se fosse espantar o tempo.

Faço tudo como se não houvesse amanhã, mas acreditando no amanhã. Não me estresso. Não me deprimo, não deixo o prazer para outra vez, não espero para dizer que amo, não adio o telefonema do perdão, não aguardo momento especial para usar a roupa nova e nem a louça adquirida em Portugal e Manaus.

Eu acordo apaixonado pelo milagre do novo dia que surge. Amanheço com sol no coração. É verdade. Até fiz uma poesia com esse título: "Faz Sol no Meu Coração". Está no meu livro: *Poesias Para uma Vida Melhor.*

A você, sugiro:

"Levante-se de bem com a vida, disposto a colocar óculos coloridos para ver o arco-íris pintando esse mundo. Lave-se como se fosse um banho de felicidade, ponha as vestimentas como se fossem tecidos de alegria, calce o sapato como se fosse o barco do amor".

Sempre digo e repito que a vida é uma festa. Muitos torcem a cara, como se eu quisesse adoçar um copo de vinagre apenas com uma gota de mel. Melhorei a frase: "A vida é uma festa, aconteça o que acontecer". Agora a ideia é bem recebida. Mas, eu não proclamo que a vida é uma festa apenas da boca para fora: penso que é mesmo. Acredito que é mesmo. Até a bíblia concorda comigo ou eu concordo com ela, tanto faz. Basta citar apenas essa frase, colhida do livro dos Provérbios: "O coração contente tem um perpétuo banquete". (15,15). Incrível, mas verdadeiro. Quando derramo risadas, piadas, versos histriônicos e brinco com as palavras, sinto os eflúvios de um banquete de muitas velas e iguarias na sala nobre do meu coração.

Os curtos de inteligência pensam que banquete é apenas mesa farta, e então comem até as fronteiras da obesidade. Pior ainda é a mente opaca dos que buscam o prazer do banquete nas drogas. Esses me parecem o gaúcho que caiu do cavalo em pleno desfile festivo, mas não se deu por vencido e exclamou: "Ué, cada um apeia do cavalo do jeito que gosta, tchê!" Apear da vida pela droga é de horrível mau gosto. Mas, tem gente para tudo, fazer o quê!

Jesus, aquele que muitos homens sisudos e reservados tomam como exemplo de austeridade, também afirmou que a vida é um banquete. Certa vez, o Mestre falava com tanto entusiasmo sobre as maravilhas do reino de Deus, durante um jantar, que um dos convivas exclamou, mal contendo sua exultação: "Feliz de quem se banquetear no reino de Deus!"(Lc 14,15). Aí está um argumento contra aqueles que anunciam uma religião de sacrifícios, renúncias, pobreza e severidade. Jesus não pregou masoquismos e nem sadismos. Ele sabia que a alegria é fonte de saúde e de aproximação entre as pessoas. Nada contagia mais todos os seres do que a alegria do coração. Desconfie das pessoas concentradas e de cara amarrada: Devem estar com dor de barriga.

Um dia, um senhor me disse que viver com essas ideias é alienação.

Respondi que alienação é o contrário, é viver triste, retraído, rígido, envergado sob o peso das próprias crenças e lamúrias, quando o mundo é um paraíso e o ser humano é filho de Deus, cuja essência é amor e felicidade.

No dia três de junho de 2014, escrevi no facebook:

"O escritor José Saramago teve a ideia de escrever "Ensaios sobre a Cegueira" porque, certa vez, veio-lhe este pensamento: "E se fôssemos todos cegos?" Diz ele que, depois de refletir por dois ou três segundos, respondeu a si mesmo: "Mas, nós somos todos cegos". Ele tem razão de pensar assim? Hoje de manhã passei a olhar detalhadamente tudo que aparecia diante de mim: o sol lindo do amanhecer, o azul do céu, um pássaro que passou batendo asas de felicidade, uma plantinha valente querendo sobreviver no meio do calçamento, uma senhora que me deu bom-dia, as quatro cachorrinhas que vieram correndo me

saudar quando cheguei ao escritório, as flores de uma orquídea que me deram de presente, uma garrafa de vinho em cima da minha escrivaninha, brinde do meu amigo de Portugal, os e-mails lindos que recebo de um casal de Caldas da Rainha, as pessoas queridas que curtiram e comentaram minha mensagem de ontem.... meu Deus, quantos presentes a vida está me oferecendo! Escrevi isso porque gostaria que você também festejasse tantas maravilhas que o mundo lhe oferece de graça".

Minha essência festiva

Desde que me conheço como gente, tenho alma festiva. É verdade. Na infância, na adolescência, na juventude, e pela vida em fora, jamais senti a vida pesada, dura e amarga. Tinha um amigo que dizia que a vida é osso duro de roer. Eu não concordava.

Um professor de religião me avisou, certa vez, que o mundo é mau. Respondi-lhe: "Então o senhor desembarcou no mundo errado, o meu mundo é a maravilha do Criador". Nos primeiros anos, jogava bola com a criançada, soltava pandorga, ia caçar de bodoque no mato, inventava coisas para brincar com os primos. Ainda conservo, como minha essência, espírito leve e aberto.

Uma vez, quando criança, estava sentado na soleira da porta da minha casa, comendo banana. Tinha duas na mão. Passou o padre

Rômulo Zanchi e me pediu:

- Me dá uma banana.

Anos mais tarde, contava-me ele, sorridente, que descasquei rapidamente uma banana, coloquei-a na boca e mostrei a outra para o padre, engrolando:

- Está podre!

Até hoje não sei se eu era esganado mesmo ou se achava indigno ver aquele padre comer banana na rua.

Quando eu estava no Noviciado... sabe você o que é noviciado? Casa onde o seminarista permanece por um ou dois anos, estudando e vivenciando espiritualidade, além de conhecer o ideal da Instituição. É o tempo do "ora et labora". Mais adiante falarei do meu período de Noviciado. Pois, nessa época, um colega ficou doente e foi internado no hospital. Antes de terminar o efeito da anestesia, os estudantes perguntavam ao doente a opinião sobre cada colega. De mim, ele disse: "O Lauro vai pro céu sem fazer força". Eu era brincalhão mesmo, tinha 16 anos. E continuo com esse espírito festivo. Há poucos anos, o bispo de Santa Maria, Dom Ivo Lorscheiter, já falecido, ao contestar o Poder da Mente, disse: "O Lauro faz tudo fácil". Pois, eis aí um sintoma da minha alma: "Viver é fácil. A vida é uma festa". Talvez seja uma inspiração de Jesus, que disse: "Se não vos tornardes como as crianças não entrareis no reino dos céus!" E garantiu que "o reino dos céus está dentro de vós mesmos".

Nos dez congressos internacionais que organizei durante a década de noventa, criei o Festival Festinvita, para mostrar às pessoas que a vida não é sofrimento, nem renúncia, nem desgraça necessária, mas uma festa de cada dia.

No outro dia, li, na vida de Santa Terezinha de Lisieux, que, durante os seis primeiros anos de convento, ela queria imitar os santos tradicionais, que se dedicavam a Deus pelo sacrifício, disciplina e mortificação, mas seus esforços eram frustrados. Um padre, então, sugeriu que fizesse a Pequena Via, que nada mais era que se entregar ao amor de Deus. Tornou-se a santa que prometeu fazer cair uma chuva de rosas sobre o mundo.

A vida é fácil. Garanto que é fácil e de graça. Não sei por que muitos têm a mania de complicá-la, tornando-a difícil. Tudo que vem de Deus só pode ser fácil. Difícil é a mentalidade humana, que complica, atrapalha, agride a ordem natural, carrega-se de maus sentimentos, tenta caminhos pedregosos.

O caminho de Deus é fácil. Se não fosse fácil, não seria obra de Deus, ou Deus não seria suficientemente sábio.

Até o seu organismo foi feito pelo Criador para trabalhar por você de graça, sem parar, sem necessitar de suas ordens para respirar, para circular o sangue, para bater o coração e para os órgãos se portarem bem, sem falhas.

Naquele tempo

Quando se contam histórias do passado, geralmente começam assim: *"Naquele tempo..."* Então, fica claro que não se trata das pregações que iniciavam invariavelmente desta maneira: *"Naquele tempo, disse Jesus a seus discípulos..."*

O meu *Naquele tempo* se refere às lembranças de uma época imprecisa, fluida, no meu caso variando entre mil novecentos e trinta e mil novecentos e setenta, por aí.

Naquele tempo... as músicas de carnaval eram: *Oh Jardineira por que estás tão triste - Pirata da Perna de Pau - Colombina – Você Pensa que Cachaça é Água - Maracangalha - Chiquita Bacana lá da Martinica se veste como a casca de banana nanica - Máscara Negra - Oh Tirolesa - Mamãe eu quero...mamar - Boêmio de verdade - A água lava tudo, só não lava a língua dessa gente.*

Naquele tempo... as músicas gerais que lembro: *Nega do Cabelo duro - Luar do Sertão - Pombo Correio - Ave-maria no Morro - Sempre no Meu Coração - Adeus Mariana - Atire a Primeira Pedra - O Cordão dos Puxa-saco - Saudades de Matão - Patinadores - Porta Aberta – O Ébrio - Canção da criança - Chico Mineiro - Casinha Pequenina - Lampião de gás - Beijinho Doce - Asa Branca - Chalana - Jambalaya - Maringá - Aquarela do Brasil - Meu primeiro amor - Violetas Imperiais - Diana - La Paloma - A Noiva - Il Mondo – Help - Tema de Lara - É o "amore" - Dio come te amo - Al di la - La vie en rose - La Violetera - Volare - Vaya com Dios - Amapola - Caminito - Arrivederci Roma - La Donna é mobile - Sukiyaki - Não se vá - Pai - Tarde em Itapoã - Imagine - Conceição - Gostava tanto de você - Tiau, Amore Tiau -* e tantas outras canções do Grupo *Abba*, de *Nicola Paone*, dos *Beatles*, da *Jovem Guarda*, principalmente Roberto Carlos, com *Detalhes, Emoções, Jesus Cristo, Jesus Salvador, A Montanha, Canzone per Te.* Recordo Altemar Dutra, com *Que queres tu de Mim* e *Sentimental Demais*; lembro os conjuntos da Jovem Guarda, por exemplo, *Renato e seus Blue Caps, The Golden Boys, Os incríveis.* Dentre as minhas canções inesquecíveis, cito: *Não Posso Te Esquecer e Cavaleiros do Céu,* de Carlos Gonzaga.

Também ficaram na minha memória *Leva Eu Sodade* e *Uirapuru*, de *Nilo Amaro e seus Cantores de Ébano.* Impossível citar tanta gente que fazia sucesso... *naquele tempo.*

Naquele tempo... os filmes eram em preto e branco, tendo como atração os seriados de luta entre os Bandoleiros e o Mocinho, cenas do Velho Oeste. Começaram, então, a surgir lançamentos épicos, como *O Manto Sagrado, Os Dez Mandamentos, O Gladiador, O Máscara de Ferro, O Conde de Monte Cristo, A Ponte do Rio Kwai, Marcelino Pão e Vinho, Papillon...* Mais tarde, apareceram *O Tubarão, Titanic, E.T. – O Extraterrestre,* e outros.

Naquele tempo... a garotada lia o *Gibi* e os adultos se deleitavam com as revistas *Cruzeiro, Manchete, Fatos e Fotos, Realidade, Seleções.* Durante a Segunda Guerra Mundial, a atração era a revista *Em Guarda.*

Naquele tempo... meus livros de guri eram Morris West, em *As Sandálias do Pescador, O Cardeal,* e *Advogado do Diabo.* Karl May me fascinava com *Winnetou* e *Nos Desfiladeiros dos Balcãs.* Emilio Salgari empolgava-me em *O Fantasma de Sandokan* e *O Corsário Negro.* Li também o novelista argentino Hugo Wast: *De Olhos Vendados e Flor de Pessegueiro.*

Naquele tempo de seminário menor... também li obras de cunho religioso, por exemplo, Thiamer Toth em *O Jovem de Caráter* e *O Brilho da Mocidade.* Lembro também do livro *Memórias de um Repórter dos Tempos de Cristo,* de C. M. Herédia.

Naquele tempo... as músicas clássicas e afins da minha preferência eram: O Coro dos Ferreiros, La Donna é Móbile, Vá Pensiero, de Verdi; *Allelluia e o Largo,* de Haendel; *Hino da Alegria,* de Beethoven; *Ave-maria* de Schubert, Gounod e tambem de Mascagni; as valsas da família Strauss; *Panis Angélicus,* de César Franck; *Quem Sabe* e *Abertura de O Guarani*, de Carlos Gomes; *O Poeta e o Camponês*, assim como *A Cavalaria Ligeira*, de Von Suppé; *Clair de Lune*, de Debussy; *Meditação*, de Massenet; *Peer Gynt* e *Amanhecer*, de Edward Grieg; *Pompa e Circunstância*, de Elgar; e algumas obras de Rossini, Mozart, Wagner e por aí afora.

Naquele tempo... estavam em voga famosos tenores líricos, como Tito Schipa (1888-1965), Enrico Caruso (1873-1921) e Beniamino Gigli (1890-1957). Tito Schipa, para mim, era o mais popular e Caruso o mais grandioso.

Naquele tempo... os cantos religiosos mais comuns eram: Queremos Deus, homens ingratos; *Louvando Maria; Hoje Senhor* aqui vês reunidos; *Hino à Medianeira; Bendita e louvada seja* no céu a divina Luz; *Eu te adoro Hóstia Divina; Noite Feliz; Graças vos damos, Senhora; Lenta e calma sobre a terra, desce a noite e foge a luz; Nós vos saudamos em cada dia; Ó anjos celestes; Ó minha Mãe e Senhora; Levantai-vos soldados de Cristo; Nome Dulcíssimo...*

Nas bênçãos solenes se cantava sempre o *Tantum Ergo*, que as crianças acompanhavam no rumo, dizendo Tanto mergo.

Naquele tempo de guri... aprendi muitas expressões típicas da época, por exemplo: *Quem manda melhor faz - Quando um burro fala o outro murcha as orelhas - Deve uma vela para cada santo - Promessas não pagam dívidas - Lágrimas de crocodilo - Quem avisa amigo é - Cara feia é fome - Se faz de louco pra passar bem - Quando a promessa é demais o santo desconfia - Cavalo dado não se olha os dentes - Deus não joga mas fiscaliza - O bom cabrito não berra - Diploma não encurta as orelhas - Quem brinca com fogo é pra se queimar – Mais parado que água de poço – Entrou pelo cano – A quem Deus tira os dentes aumenta a goela - Se grito resolvesse porco não morreria - Procurar sarna para se coçar - Comer pela boca dos outros*

- Muito riso, pouco siso - Quem pode mais chora menos - Nada como um dia depois do outro - Cachorro mordido de cobra até de linguiça tem medo - cor de burro quando foge - sujeito de pavio curto - voz de taquara rachada - santo do pau oco - fala pelos cotovelos...

Naquele tempo... de garoto, os brinquedos eram bolinha de gude (bolitas), pião, pandorga, futebol (jogar bola), bilboquê, baralho (bisca e três-sete), polícia e ladrão, barra, peteca, ping-pong, pular corda.

Naquele tempo... muitos dizem que a vida era melhor, as pessoas mais amáveis e respeitosas, vivia-se a simplicidade da casa, e o cultivo da roça era feito com juntas de bois e instrumentos rudimentares, enfim tudo era mais intimista e natural. O mundo era menor para os olhos e a mente simples das pessoas. Conheci um colono que disse: "Depois que inventaram a máquina de debulhar milho, nada mais há para se inventar".

Hoje, a vida não funciona dessa maneira. Cada época tem sua forma de viver mais adequada, com suas coisas boas e ruins. Ficar no passado é dormir no saudosismo, já que a vida é um fluxo evolutivo contínuo. Um fluxo. Um rio que flui aqui com as águas que vêm lá de trás. Assim, o progresso. Assim, a medicina. Assim, a religião. Assim, a ciência. Assim, a tecnologia. É equívoco quebrar o tempo e a história. Romper o fio que liga o passado ao presente faria concluir que o mundo de hoje será o ponto final da história, o que é inaceitável. Assim como é mau sinal querer manter-se no passado, da mesma forma é mau sinal querer afirmar que estamos no ponto final da evolução. Somos apenas mais alguns degraus da longa e fantástica escadaria da escalada humana. A humanidade continua sempre subindo.

Por outro lado, afirmar que a história se repete é conceituação pessimista, é garantir que a evolução tem fases de retrocesso, o que seria dizer que vivemos em círculo. Se alguém prestar atenção ao processo histórico, perceberá que uma época informa dados para outra época. Descobertas acenam para novas descobertas. Hoje, esse processo anda cada vez mais rápido.

Naquele tempo... uma invenção levava trinta anos para entrar no mercado. Hoje estamos falando em meses, se tanto.

Naquele tempo... não muito distante, fui combatido porque ensinava o Poder da Mente.

Naquele tempo... principalmente as elites religiosas pregavam a pequenez humana, as limitações inerentes aos seres dominados pelo pecado original, daí a ascese da aceitação, da resignação e da recompensa na outra vida. Este pensar nada mais significa que estacionar nos conhecimentos dos livros ascéticos da Idade Média, em que se pregava que a criatura humana é nada, pecado, miséria, pó da terra, verme rastejante. Assim se consideravam os santos. Será que não sabiam que somos filhos de Deus, da espécie divina, imagem e semelhança do Criador? Será que nunca leram o evangelho em que Jesus diz: "Vós sois deuses"? Será que desconheciam que Jesus revelou que o Pai habita o secreto de cada um? E, se o Pai habita o coração humano, seria até heresia acreditar que somos nada e pecado, pois tal afirmação implicaria incluir nessa miséria o próprio Pai Celestial. Mas, eram crenças comuns da época, assumidas como arroubos de humildade, espiritualidade e santidade.

Cachorros

Nos tempos de minha infância nossa família só teve um cachorro, que foi morto a tiro, porque tinha enlouquecido. Por falar nisso, havia, na época, a crença de que agosto era o mês dos cachorros loucos. Não sei por quê.

A morte do nosso cachorro causou um trauma na família, de tal forma que ninguém mais gostou de cachorro. Só eu. Ia brincar com o cachorrinho Rolí, do Irmão cozinheiro da igreja das Dores, chamado Fradiácomo. O Fradiácomo era um gordo bonachão, imigrante da Itália. Pois o Rolí dava bom-dia às pessoas estendendo a patinha. Pura verdade.

Eu gosto de cachorro. Gosto muito. No Palácio da Mente temos 4 cachorrinhas, duas yorkshire e duas bichón-frisé. São a alegria da casa. Adoram passear, mas o prazer delas é ficar junto das pessoas. Eu tinha também um bichón-frisé de nome Help. Era o veterano da casa. Sempre atencioso, humilde, só atendia quando o chamava pela segunda vez, talvez com medo de ser intrometido. Até lancei um livro, em 2014, sobre o Help. Título do livro: *"Eu e o Meu Cachorro"*. O prazer dele era sair a passear pelas ruas sempre que encontrasse o portão aberto.

No Parque Oásis, um parque que eu possuía, em Itaara, a onze quilômetros de Santa Maria, havia vários cachorros, esses só para policiar o ambiente. Eram do caseiro.

Vivia lá um cachorrão violento, predador, vozeirão de trovoada, feroz como ele só, chamado Bocanegra. Quando rompia a corrente, era um deus nos acuda! Já tinha matado ovelhas, emas, cabritos, outros cães e o que aparecesse diante de seus dentes arreganhados. Toda vez que me via, e era bastante frequente, corria a toda pelo fio de arame que o mantinha preso e pulava mais de metro, furioso, doidinho para me abocanhar. Não sei por quê, já que eu não era gordo e nem tinha formato de bife. Mas, quem sabe, nas suas elucubrações caninas, me considerasse mesmo um belo bife de primeira. Num belo dia, ia eu chegando ao Parque, quando a cachorra Luna, uma vira-lata mansa e amiga, veio correndo ao meu encontro, pulando sobre mim desajeitadamente. Eu gostava muito dela. Divertia-me jogando paus na água só para vê-la lançar-se no lago e trazer o troféu entre os dentes. O outro cachorro, chamado Charuto, amarrado perto do Bocanegra, berrava para mim desatinadamente. Fui até ele e pedi para se acalmar. Procurei pelo Bocanegra e não o vi ao longo do arame. Supus que estivesse deitado, coisa que não era do seu feitio. De repente, vejo o Boca – assim chamado por nós - se aproximar de mim, solto, a cinco metros, com aquela enorme dentuça alinhada para o ataque. Foi chegando silencioso, arrogante, como pelotão de emboscada. Meu sangue subiu de chofre à cara. Olhei ao redor à procura de alguma árvore salvadora. Nada. Não tinha por onde escapar. Eu e a fera. Tudo ao feitio de uma luta de box. Lembrei-me de uma frase atribuída a Getúlio Vargas: "Se não podes vencer teu inimigo, alia-te a ele". Foi o que fiz. Tomei as reservas de coragem que me sobravam e me aproximei decidida e festivamente do Bocanegra, irradiando fingida alegria e dizendo palavras carinhosas, até chegar com as mãos na sua cabeçorra para acariciá-la. Abracei-o como velhos amigos. Por incrível que pareça, ele ficou silencioso, quieto, e aceitou o meu carinho. Só então vi que arrastava a corrente. Tinha se desprendido. Várias vezes acontecera de desfazer-se da corrente, tamanha sua força esquizofrênica. Meti a mão na corrente, segurei-

-a perto do pescoço do animal, e fui indo com ele até a porta da casa, elogiando sua força, conversando amorosamente, e o cachorro me seguindo como se fosse uma ovelha. Chegando à porta, disse para ele: "Agora, meu amigo, você fica aqui fora que eu vou entrar". Finalmente livre. Ufa! Depois me dei conta de que os outros dois cães, apavorados com a minha presença, e o Boca solto, queriam me avisar e me impedir de me aproximar do lugar onde estava o cachorrão. Mundo lindo dos animais! Certa vez, fiz um poema que é uma verdadeira apologia ao cachorro. Chamei-o de santo dos animais, anjo do quintal, amigo e confidente inseparável. No final dos meus versos, concluo assim:

"Se um dia, que Deus me livre,
A morte botar-me o véu,
Fico na porta do céu,
De lá não saio nem corro
Até que Pedro decida
Que eu entre feliz da vida
Levando junto o cachorro".

Quando lancei o livro *Eu e o Meu Cachorro,* em 2014, publiquei essa poesia e mais outra como homenagem a todos os cachorros. Título*: "O Vira-lata"*. Termina assim:

"Naquela noite estrelada
O Vira-lata morreu
No abandono em que viveu
Como ovelha sem aprisco
Mas morreu num sonho lindo
Que subia ao céu sorrindo
Levado por São Francisco".

Tenho carinho muito especial pelos cachorros. Li, outro dia, na internet, esta frase: "Se os cães vão para o céu, quando morrer quero ir para onde eles estão".

Ben Williams escreveu esta preciosidade: "Não há melhor psiquiatra na terra do que um cão lambendo o teu rosto". Por sinal, quando falo sobre depressão e estresse, sugiro, entre as várias formas de superar essa situação, que a pessoa adote um cão.

Também colhi, na internet, não dizia o autor: *"Minha meta na vida é ser uma pessoa tão boa quanto meu cão acredita que eu seja"*.

Aprenda com os cães: "A razão de os cães terem muitos amigos é que movem a cauda mais que suas línguas". Descobri que os cães têm duas linguagens de alegria festiva: movendo a cauda ou movendo a língua para lamber a gente.

Cheguei a pensar que seria ótimo se os cães falassem. Depois, compreendi que, assim como são, é melhor para ambos: ele e eu, ele e você.

Já que estamos falando de cachorros, não posso deixar de anotar aqui os *Dez Pedidos de um Cão*, texto escrito por Ulrich Klever, zoólogo, em *The Complete Book Of Dog Care:*

1) Minha vida dura apenas uma parte da sua vida; qualquer separação de você significa sofrimento para mim. Pense muito nisso antes de me adotar.

2) Tenha paciência e me dê tempo para que eu possa compreender o que você espera de mim. Você também nem sempre entende imediatamente as coisas.

3) Deposite sua confiança em mim, pois eu vivo disso e vou compensá-lo por isso mais do que ninguém.

4) Nunca guarde rancor de mim se eu aprontar alguma, e não me prenda "de castigo". Você tem outros amigos além de mim, tem trabalho e lazer, mas eu só tenho você.

5) Converse comigo. Eu não entendo todas as palavras, mas me

faz bem ouvir sua voz falando só para mim.

6) Pense bem como você, seus amigos e visitas, me tratam. Eu jamais esqueço.

7) Também pense, quando você quiser me bater, que eu poderia quebrar os ossos da mão que me machuca, mas eu não lanço mão desse recurso.

8) Se alguma vez você não estiver satisfeito comigo porque eu estou de mau humor, preguiçoso ou desobediente, imagine que talvez minha comida não esteja me fazendo bem, ou que tenho estado muito exposto ao sol, ou que meu coração já esteja um pouco cansado e fraco.

9) Por favor, tenha compreensão comigo quando eu envelhecer. Não pense logo em me abandonar para adotar um cãozinho novo e bonito. Você também envelhece.

10) E quando chegar meu último e mais difícil momento, fique comigo. Não diga: "Não posso ver isso". Com sua presença, tudo fica mais fácil para mim. A fidelidade de toda minha vida deveria compensar este momento de dor.

Belos mandamentos caninos.

Fiquei impressionado com o que escreveu Leonardo Da Vinci: "Chegará o dia em que os homens conhecerão o íntimo dos animais. A partir desse dia, todo crime contra um animal será considerado crime contra a humanidade". Amei esta mensagem, Leonardo.

Adoro bicharada. Pelas árvores e fruteiras do meu sítio, aparecem jacus, tucanos, canários-da-terra, João-de-barro, bem-te-vis, pardais, pintassilgos, pombas, rabos-de-palha, e outras aves que não conheço. Rondando as águas, se veem garças, saracuras e biguás. Nos gramados, perambulam os quero-queros, sentinelas dos pampas. Todos têm vida livre. Proibido matar. Recebem alimentos em comedouros abertos.

Coisas do dinheiro da época

No meu tempo de garoto, o dinheiro era tostão, cem réis, duzentos réis, quinhentos réis, um mil réis, dez mil réis, um conto de réis. Quem chegasse ao milhão de réis, era milionário. Os milionários se contavam nos dedos e sentavam-se no pedestal da glória.

A maneira como era manipulado o dinheiro no armazém do meu pai, até hoje me impressiona: o cofre ficava todo dia escancarado e os que atendiam no balcão lá depositavam o dinheiro, retiravam o troco, tudo na base da honestidade, sem fiscalização de ninguém. Se fosse hoje...

Os sócios podiam apanhar qualquer produto do armazém para os gastos da família, bastando que cada um anotasse o produto no seu cadernão de despesas familiares. Ao término do balanço anual, cada sócio descontava dos lucros os gastos feitos no armazém. Tudo normalmente. Essa conduta de extrema honestidade calou fundo no meu coração. Por sinal, se há algo que todos nós, os onze irmãos, recebemos com intensa profundidade, foi o valor da honestidade. Não sou capaz sequer de retirar uma laranja do quintal vizinho.

Meu pai era muito econômico. Dava à família o necessário e o resto reinvestia no armazém e em construções. Mas, para a igreja, para as casas religiosas necessitadas e para as instituições filantrópicas, desfazia-se em prodigalidades. Quando os filhos pediam dinheiro ou sugeriam a compra de um carro, respondia: "Agora temos que poupar, temos que trabalhar de "upa-em-upa", não podemos gastar!" Eu achava que ele podia ser mais pródigo com os filhos.

Quando os filhos assumiam idade para estudar à noite, determinava que trabalhassem de dia e fossem à aula noturna. E trabalhavam sem remuneração.

Uma vez formados, passaram a fazer parte da sociedade do armazém, mas não lhes deu de graça a quota participativa: emprestou-lhes o valor da parceria, valor este que deviam devolver ao longo do tempo. Sem colher de chá. Assim, todos se criaram valorizando o trabalho e o dinheiro.

Certa vez, já padre, estava presidindo uma festa no interior de Santa Maria, quando um lavoureiro se aproximou de mim e relatou-me que meu pai, anos atrás, tinha emprestado dinheiro para ele plantar arroz e a colheita fora um fracasso. Constrangido, o homem foi explicar a situação ao meu pai. "Veja só - contou-me o agricultor – seu pai não só não exigiu devolução do empréstimo como me emprestou dinheiro para plantar novamente! Assim, na nova colheita pude pagar-lhe a dívida toda, graças a Deus".

Nas famílias mais liberais, havia o costume de os filhos irem ao cinema, nos domingos à tarde, que sempre passava na telona seriados de faroeste, contando histórias de bandidos e mocinhos. Tudo em preto e branco. Na nossa família não havia esse hábito, até porque cinema não era visto com bons olhos.

Bailes eram condenados pela religião, assim como o carnaval, mas meus irmãos, ao subirem de idade, davam um jeito.

Jogar bola, fosse de couro, de borracha, ou feita de meias com enchimento de pano, era nosso divertimento. Futebol era o prazer número um de toda a garotada e da juventude. Qualquer pedaço de terreno baldio de dez metros quadrados era Maracanã para nós. As goleiras eram feitas na hora com duas pedras delimitando a largura do espaço. A altura da trave era imaginária. Quando alguém cometia falta no jogo, bastava o adversário gritar "Falta", que o jogo era interrompido para o chute de bola parada.

Nos jogos oficiais, ainda eram usados termos de origem inglesa. Vou citar como eram pronunciadas as palavras, não como os termos são em inglês: goleiro: golquíper; defesa: baques; meio-campo: center alfes; centroavante: center forwar. Escanteio: córner; penalidade máxima: pênalti. Juiz de futebol: refer.

Também jogávamos bolita, umas bolinhas de gude colorido do tamanho de um grão de uva, que, por impulso do dedo polegar, deviam atingir as bolitas adversárias e fazê-las caírem num buraco, chamado boco. Às vezes, conseguíamos comprar picolé e algumas balas de marca *Baiana, Café com Leite*, e outras mais comuns.

O divertimento das menininhas era jogar *cinco-marias* com cinco pedrinhas, pular corda, brincar de *gata cega*, inventar histórias para bonecas, coisas assim.

Religião

A religião era tradição pétrea na família. A vida, a educação, as crenças, a conduta, tudo girava em torno da igreja católica. Todas as noites, costumava-se ir à igreja para a reza do terço e bênção do Santíssimo. Quando o padre Caetano Pagliuca, um dos grandes nomes da Santa Maria dos meus tempos de criança, presidia essa cerimônia, sempre fazia um pequeno sermão que, invariavelmente, iniciava assim: "Conta a Sagrada Escritura...." Ele sofria muito de varizes, por isso sentava numa cadeira e na outra colocava as pernas horizontalmente. Nós, crianças, achávamos a pregação dele a coisa mais chata do mundo. O padre estava nas sagradas escrituras e nós pensando na cama, que o sono estava demais.

Nos domingos, nossa família dava-se a uma obrigação de assistir a duas missas e comungar sempre, sem esquecer a confissão de sábado. Em dias de temporal, rezava-se o terço em casa, à noite, de joelhos, e eu quase caindo de sono. Estou falando das décadas de trinta, quarenta, por aí. O tempo mudou tudo.

Minha família era uma ilha cercada de padres e freiras por todos os lados: três irmãos padres, três tios padres, três tias freiras, três primos padres, duas primas freiras. Eu brincava dizendo que os Trevisan faziam metade da Igreja Católica. Nesse meio, imagine-se o tamanho do enraizamento cristão. Todas as tradições e costumes católicos eram concebidos como se tivessem sido ditados diretamente pelo Criador.

As mulheres, na minha época de meninice, entravam na igreja de véu na cabeça e, normalmente, de terço e livro de reza na mão. A maior parte das pessoas possuía um livrinho de reza de título: *"Rezai Bem"*. O livro de cantos tinha esse título de capa: *"Louvemos ao Senhor"*.

A comunhão era possível mediante observância de jejum a partir da meia-noite. A confissão era um ritual necessário para comungar. Para mim, confessar era uma chatice, digo a verdade.

Bailes e carnaval, como já disse, eram abominados pelos sacerdotes, os namoros obedeciam a vigilância dos pais, e o aprendizado da religião em aulas de catecismo, aos domingos de tarde, se constituía em programa indispensável.

Os altares eram montados contra a parede do templo e o padre rezava a missa em latim, de costas para o povo, enquanto os fiéis liam orações em português, rezavam o terço ou cantavam, alheios ao que o padre dizia e fazia no altar. A não ser na hora da consagração, que esse era o momento mais importante da missa. A Consagração era avisada pelo toque das campainhas. Nas partes da cerimônia em que se fazia necessário chamar a atenção dos fieis, os coroinhas tocavam a campainha. Hoje, a campainha está nos depósitos, mas pouca gente sabe que o som da campainha, assim como o incenso do ritual, ativam certa região do cérebro, chamada de região mística. Quando foi permitida a missa em português e o padre passou a orar de frente para os participantes, foi um avanço e tanto.

Os sermões dominicais se alinhavam com base na doutrina tradicional e na moral católica. A partir da Reforma, a Igreja foi deixando de lado a Bíblia, porque Martinho Lutero incentivava todas as pessoas a lerem a Escritura, ao passo que a Igreja Católica entendia que apenas o Magistério Eclesiástico podia ensinar, já que o povo, na sua ignorância, poderia interpretar mal o livro sagrado. Diante disso, para não aguçar o interesse pela leitura bíblica, as pregações carregavam mais no moralismo. Qualquer texto do evangelho servia de pretexto para corrigir hábitos, melhorar comportamentos, evitar o mal. Havia pregadores que usavam preciosos espaços da prédica para desandar o verbo contra atitudes indevidas. Contam que havia um padre que, depois de escrever breves frases sobre o evangelho, anotava: "Agora se xinga". Sabe lá se é verdade ou piada. Eu tinha um tio padre, chamado Fioravante. Eu gostava dele, porque era um tipo alegre e agradável. Começava o sermão assim: *"Como disse Nosso Senhor Jesus Cristo..."* e citava o Mestre. Um dia, ele iniciou: *"Como disse Nosso Senhor Jesus Cristo*", mas, de repente, ficou em dúvida se Jesus tinha dito mesmo, então lascou solenemente: "*Bem, se ele não disse, digo eu*". E deu o seu recado. Na época, havia grandes pregadores, pois a oratória era cultivada.

Para nós, crianças, assistir missa e ouvir sermões era sacrifício supremo. Ou quase. Mas, os pais faziam questão de honra de nos levar à igreja, já que era assim que nos introduziam nos costumes religiosos. Os homens ocupavam a linha direita dos bancos e as mulheres o lado esquerdo. O que mais me encantava na igreja era o grande presépio feito no período de Natal.

Os cargos principais da igreja, assim como do governo, da política, dos clubes e das Instituições, pertenciam aos homens; as mulheres se encarregavam de atividades secundárias e eram muito dedicadas. Aliás, essa desconsideração para com a mulher vem de tempos imemoriais, muito antes do cristianismo. Jesus foi, por certo, um inovador ao conceder espaços especiais às mulheres: várias delas o acompanhavam nas suas jornadas. Há uma tese de que Madalena era integrante ativa do grupo, inclusive teria participado da última ceia do Mestre. Existe até um *Evangelho de Madalena,* apócrifo, claro. Provavelmente, havia também outras mulheres na celebração da última ceia. O Nazareno foi um grande libertário da mulher. Mas, durante muito tempo predominou a mentalidade de que a mulher era um ser desimportante e menor, tanto em cargos religiosos quanto na política e na vida social, artística e cultural. No Brasil, por exemplo, a mulher alcançou o direito de votar somente em 24 de fevereiro de 1932, ainda assim era concessão restrita às viúvas, às solteiras com renda própria, e a mulheres casadas, desde que autorizadas pelo marido.

As festas de igreja, dedicadas aos padroeiros, movimentavam a cidade. Três noites antes do evento celebrava-se a cerimônia religiosa do Tríduo, com festejos populares após o ato espiritual. O domingo da festa tinha como ponto alto a missa solene, cantada em latim e com bastante incenso, cuja fumaça perfumava o templo e emitia sensação agradável. Um coroinha portava o incenso num recipiente chamado naveta, enquanto outro sacudia o turíbulo, um aparato cheio de brasas, segurado e movimentado através de correntinhas que mantinham as mãos afastadas das brasas. E o perfume do incenso evolava em forma de fumaça, propiciando sensação aprazível. Nessas missas especiais, tinha destaque o coral da igreja, dirigido pela dona Odete Lenz. Após a missa, procissão por algumas ruas vizinhas, carregando o santo padroeiro, em andor decorado. Não sei por quê, nunca me senti confortável numa procissão. Talvez até saiba: sinto-me mais à vontade numa prece silenciosa, sem aparatos exteriores. Não estou condenando as procissões, que são demonstrações públicas de fé, de alegria, de devoção, de louvor e agradecimento.

Concluída a programação religiosa, por volta do meio-dia, o povo se alinhava para o lado do churrasco com risoto e maionese, não faltando galinha assada, vinho, cerveja e refrigerantes.

Nas noites de tríduo e durante o domingo festivo, havia diversões, como pesca de peixes feitos de lata escondidos na areia, que davam prêmios; o jogo do aviãozinho, que premiava o box onde estacionava a minúscula aeronave após aterrissar; o jogo do coelho, que rendia alguma soma de dinheiro para o apostador do número da casinha onde ele entraria; sem faltar a arte premiada de jogar argolas nas garrafas alinhadas à distância. Era apreciado também o jogo de vira-latas: colocavam cerca de dez latas de azeite vazias empilhadas e quem derrubasse todas, com três lances de bola de pano, era premiado. Em algumas festas, havia o tiro ao alvo.

No fim da tarde, acontecia a tão esperada "tômbola", conhecida mais tarde como víspora, ou bingo, que premiava a "quaderna", a "cinquina" e a cartela completa, gritada como "Tômbola pagábile", cujos números eram assinalados com grãos de feijão ou perfurados com um palito. A juventude namoradeira mandava bilhetes da tômbola, com um recado no verso, à pessoa escolhida para um relacionamento amoroso. Se aceito, estaria dado o primeiro passo para o namoro. É verdade, as festas eram aproveitadas para a conquista de namorado, razão porque os jovens e as jovens costumavam vestir trajes novos.

Nas paróquias provincianas, pessoas de outras crenças eram vistas como fora da salvação.

Acreditava-se no inferno como castigo dos condenados, e no limbo para onde iriam os não-batizados; temia-se o diabo, como o grande tentador, sempre querendo meter sua colherada nos bons propósitos. Havia a lista de pecados mortais e veniais. Meu problema, e de muitos garotos, era encontrar pecados para confessar. No fim das contas, se dizia quase sempre a mesma coisa: menti, desobedeci, falei alto na igreja, disse nomes feios...

Ajoelhar-se na igreja e manter silêncio era tão imperioso quanto obedecer aos dez mandamentos.

Deus o livre uma mulher querer comungar sem véu na cabeça ou com vestido decotado, seria impedida. Nem vestido sem manga, por pior que fosse o verão, era permitido na igreja. A solução era colocar um xale nos ombros caindo pelos braços para ocultá-los. Pode rir.

Casal que se divorciasse, e padre que deixasse de sê-lo, eram evitados como se fossem morféticos. Os suicidas não tinham lugar em cemitérios católicos, muito menos seriam dignos de cerimônias fúnebres.

O coral da igreja das Dores, minha paróquia, cantava grandiosos hinos sacros, acompanhados no harmônio, a várias vozes, dirigido, como já relatei, por dona Odete Lenz. Tudo muito lindo.

Os batizados eram momento familiar importante. Naquele tempo havia a ideia de que o sal era portador de inteligência, por isso os adultos diziam, brincando: "Bota bastante sal pra essa criança ter juízo".

Feito o batizado, sempre um almoço especial para comemorar.

Padrinhos e afilhados mantinham vínculo de respeito e mutua consideração pela vida em fora.

Os casamentos sempre se revestiam de solenidade grandiosa e emocionante. A noiva, de longo vestido branco, véu e grinalda. E virgindade. Isso, na época, era ponto pacífico. O tabu da virgindade era rigoroso. Para os rapazes, havia mais liberalidade, mas as meninas, as jovens e solteiras, sofriam custódia firme, tanto dos pais como dos irmãos.

A relação sexual antes do casamento era descartada, principalmente para as jovens de "boa família", como se dizia. Muitos jovens não aceitavam casar com quem não fosse virgem, discriminação fruto do puritanismo religioso e do desejo inconsciente ou consciente de querer ser proprietário único do corpo da esposa. Hoje, isso é rematado preconceito e pieguice. O filho, sim, podia e até devia transar antes do casamento, inclusive para aprender sobre essas coisas, mas a filha jamais. Filha que transasse era mal falada. Por essa razão, os irmãos faziam um cerco fechado em torno da mana.

Meu pensamento: Nada pior na vida do que um casamento entre dois desconhecidos. A experiência permite o conhecimento mútuo, mostra a realidade de ambos, os tabus, a existência ou não de química sexual entre os dois, as tendências e exigências sexuais. No modelo puritano, a parte sexual era loteria. A mulher sofria intensamente a pregação do valor da virgindade, a tal ponto que muitas entravam na lua de mel e no casamento traumatizadas e com medo da relação carnal. A inibição, segundo a psicologia, era tentáculo da frigidez. Então, sobrava a obrigação de ceder à exigência sexual do marido. E o início da vida a dois podia trazer surpresas desagradáveis e irremediáveis, já que os cristãos obedeciam a lei da indissolubilidade.

Continuando sobre o costume da época: na cerimônia do casamento, o noivo, de terno novo, usualmente preto, se tornava alvo das atenções. Mas a noiva era a personagem central, a rainha do momento, com seu longo vestido branco arrastando seus rendados pelo chão, como uma deusa. E a Marcha Nupcial, da Ópera Lohengrin, de Richard Wagner, anunciava o grande momento de a noiva desfilar, sorridente e emocionada, pelo corredor central da igreja até seu bem-amado, que a esperava diante do altar. Durante a cerimônia, a tradicional *Ave-maria* de Gounod ou de Schubert, nunca faltava.

Os convidados trajavam o que tinham de melhor. E a festa era suntuosa. Às vezes, a noiva, ou um familiar, percorria as mesas com o sapatinho da noiva na mão, para quem quisesse colaborar nas despesas da festa.

Com toda essa vivência religiosa, a conduta do dia a dia beirava o puritanismo.

O padre, o prefeito e o médico representavam as personalidades mais respeitadas da comunidade. A presença do bispo e do governador só ocorria em eventos grandiosos.

Um dos pontos benéficos da religião dos meus tempos de guri era a força espiritual capaz de estabilizar os casamentos, superar desgraças, confortar momentos de morte e evitar situações de depressão e angústia.

Meu pensamento sobre religião

Hoje, fechado o capítulo do passado, a religião continua a ser ponto-chave da minha vida. Mas, não a mesma religião, não a religião nos moldes antigos, mais montada em cima de obrigações do que de verdades.

Amadurecido na vida e nos estudos, tenho outra visão sobre religião. Simplificando, ensino que religião é Deus na vertical e amor na horizontal. E ponto. O que muitos pregam como religião são códigos de conduta, mandamentos, regras, determinações, obrigações. As estruturas territoriais de dioceses e paróquias a mim se configuram guetos espirituais, departamentos, ou concessões eclesiásticas para uso dos sacramentos. Religião, em sua essência, não tem muros nem fronteiras, não é delimitada, não tem proprietários. Religião é como o sol, ninguém é dono do sol, mas todos se beneficiam dele assim que o desejarem. Religião é o Infinito abraçando o finito e o finito conduzido ao Infinito. É o uno no Todo e o Todo no Um.

Vou explicar: No princípio, não havia religião, por ser desnecessária. Nada havia que religar. Criador e criatura eram o uno no Um, fusão entre o Incriado e o criado. No início, era Deus e a criatura em comunhão. Ligação perfeita.

Mas, com o tempo, houve ruptura. E a humanidade despencou. Entrou por descaminhos, perdeu a identidade, buscou a religação através de deuses materiais, crenças obscuras, imposições, e chegou a ponto de imaginar que aplacaria a ira do seu deus através de sacrifícios humanos. O desconhecimento da Origem semeou guerras, mortes, suplícios, desamparos e desgraças sem fim.

Era preciso religar, reatar o nó, reaproximar o distanciamento. Trazer as ovelhas ao redil. Assim não podia continuar. O clamor dos sofrimentos bradava aos céus.

O basta aconteceu há cerca de dois mil anos, quando o Criador enviou seu Filho para ensinar o Caminho, a Verdade e a Vida. Era finalmente a Luz sobre as trevas.

E Jesus falou sobre o Pai celestial, mostrou que Deus é transcendente e imanente, fez o reencontro do ser humano consigo mesmo, com a humanidade, e com Deus. E disse que a religação tinha um nome: amor. Sim, esclareceu que a ligação com o Pai era manifestação de amor e não obrigação imposta por leis, sacrifícios de vítimas, ameaças, medos e culpas. "O amor é tudo – ensinava Ele – é a síntese da Lei e os Profetas". E informou que "os verdadeiros adoradores que o Pai procura são os que o adoram em espírito e verdade". E Paulo completou dizendo: "Sois templos do Altíssimo que em vós habita".

Resumindo, a verdadeira religião é a que faz a unidade entre o humano e o Divino e reconhece que todos os seres humanos temos a mesma origem e por isso somos todos irmãos, vivendo na mesma casa, que é este planeta.

É isso o que penso sobre religião, sobre a minha religião, sobre Jesus Cristo, sobre a Igreja. Mas, você pode divergir, obviamente.

Doenças e morte

Há cinquenta anos, estresse, depressão, angústia e ansiedade, recebiam geralmente uma única denominação: nervosismo.

Nas horas de doenças graves, a solidariedade era uma constante.

Meu avô Domingos, já morando em Santa Maria, perto da igreja das Dores, morreu vinte dias após o falecimento de seu filho e meu padrinho Francisco, chamado por nós de Tio Chico. Diziam que meu avô morrera de sentimento.

Os velórios eram feitos na casa do falecido, frequentado por muita gente, que não parava de rezar. A jaculatória mais repetida era essa: "Dai-lhe, Senhor, o descanso eterno, e a luz perpetua o alumie. Descanse em paz, amém!" Hoje, não vejo lógica nem verdade nessa oração. Primeira consideração: a morte não existe, a própria jaculatória o afirma. Se pede para descansar em paz, está entendendo que a pessoa continua viva. Se descansa, vive. Quem morre é o corpo, não o espírito, imortal por sua própria natureza. E, se imortal, não adoece, não cansa e nem descansa.

O ser humano é a Vida, na sua plenitude. A vida vivificada pela Vida, desculpe o pleonasmo. Mesmo que alguém esteja nas últimas, sem forças, o corpo desmanchando-se, a dor avassaladora, sem energia para mais um batimento cardíaco - após o último suspiro apenas o corpo morre. Este não descansa, se desintegra. Ou, melhor, transforma-se em outro tipo de energia. Como afirmava o cientista francês Antoine Lavoisier, (1743-1794), considerado o pai da Química: "Na natureza nada se cria, nada se perde, tudo se transforma".

Segunda constatação: A essência do ser humano é a sua mente, e a mente, que vive no espírito e do espírito, não morre nem descansa, irrompe de uma situação para outra, livre do peso material.

Quando eu partir para a outra dimensão, aviso desde já que não quero descanso eterno. Quero vida eterna. E feliz. A jaculatória que recomendo é essa: "Dai-lhe, Senhor, a felicidade eterna, amém". Dita essa jaculatória e feita a bênção de boa viagem rumo ao Infinito, sugiro aos meus familiares e amigos que compartilhem minha aventura, saboreando um gostoso coquetel com brindes ao Lauro, embora ele tenha partido muito contra sua vontade, mas satisfeito com o tempo que lhe fora concedido nesse planeta. Para completar a brincadeira, afirmo-lhe que não tenho medo da morte, só quero estar noutro lugar quando isso acontecer. (*Que piada sem graça!*)

Desfrutando a vida

Nosso destino, depois dessa maratona terrena, como já disse, é a felicidade eterna, o gozo supremo, a alegria incomensurável na morada preparada para todos nós, que somos filhos do Pai Celestial. Assim sendo, a expectativa há de ser emocionante. Enquanto não acontece, pretendo desfrutar cada dia como se fosse o último. Um dia, eu acerto.

E você?

Talvez queira reservar seus maiores prazeres para gozá-los quando chegar a aposentadoria. E se não chegar lá? E se uma veia tiver o mau gosto de sacanear seu coração? E se você não conseguir dobrar aquela esquina, justamente quando ia depositar dinheiro no banco para a sonhada aposentadoria prazenteira? E se o avião se despencar, como pássaro abatido, logo na viagem da lua de mel? E se lhe acontecer como a Michael Jackson, que queria viver 150 anos e morreu com 50? Bem, chega de brincadeiras macabras. Por via das dúvidas, viva o dia de hoje. Vá para a vida e curta esse presente lindo que Deus lhe deu.

Um dia, eu li uma história atribuída a Alexandre, o Grande, da Macedônia, que viveu de 356 a 323 antes de Cristo. Foi o mais célebre conquistador do mundo antigo. Quando jovem, teve como preceptor o grande filósofo Aristóteles. Muito inteligente, respeitava os derrotados e permitia às cidades dominadas a manutenção de seus governantes, religião, língua e costumes. Além disso, fez de Alexandria o maior centro cultural, científico e econômico da Antiguidade, fama que perdurou por mais de 300 anos, até ser substituída por Roma. Dizem que, quando à beira da morte, o Conquistador reuniu seus generais e seu escriba para transmitir-lhes seus três últimos desejos: Primeiro, que seu caixão fosse transportado pelas mãos dos mais reputados médicos da época; segundo, que seu caixão e o caminho do sepultamento fossem abarrotados de seus tesouros conquistados: ouro, prata, pedras preciosas, troféus, lauréis; terceiro, que suas mãos fossem deixadas balançando no ar, do lado de fora do caixão. Diante da estranheza dos seus pedidos, explicou: Primeiro, quero que os mais eminentes médicos carreguem meu caixão para mostrar que eles não têm poder de cura nenhuma perante a morte; segundo, quero que o chão esteja coberto pelos meus tesouros para que todos saibam que os bens materiais aqui conquistados, aqui permanecem; terceiro, quero que minhas mãos balancem ao vento para que as pessoas possam ver que de mãos vazias viemos, de mãos vazias partimos.

Pode não ter acontecido, mas a história encerra uma interessante lição.

Rebelde, eu?

Diante de toda essa carga religiosa, talvez você me imagine um indivíduo severo no cumprimento dos preceitos religiosos e ovelhinha obediente aos ensinamentos morais das pregações. Não sei explicar a razão, mas sempre fui uma pessoa capaz de pensar por mim mesmo. Tudo, ou quase tudo, que abalasse minhas verdades pessoais, queria saber por que tinha que ser assim. Se não houvesse um "porquê", minha mente se recusava a aceitar. E o assunto ficava aí num recanto qualquer do meu cérebro, a espera de comprovação ou de uma razão plausível. Com esse instinto existencial, desenvolvi espírito crítico e autonomia de pensamento e comportamento. Isso me tem feito um ser livre, desinibido, autorresponsável, com ímpetos de pesquisar o que não batesse com minhas convicções. Nesse meu moedor racional se desfaziam preconceitos, hábitos ultrapassados, crenças sem sentido, obrigações sem fundamento e atitudes desinteligentes. E continuo assim. Esse modo de ser fez os fundamentalistas me considerarem uma espécie de ovelha negra, aquela ovelha diferente do rebanho. Mas não há nada mais saudável e abençoado do que ser diferente. Que seria da humanidade se prevalecesse a mesmice? Se ninguém contestasse os tabus, estaríamos vivendo na Idade Média com roupas do terceiro milênio. Aliás, é essa contradição que deixa grande parte dos jovens desinteressados pelos cultos religiosos de hoje.

Sou apaixonado pela verdade. Quando um sermão, uma determinação, um livro, uma imposição, uma teoria ou tese, não fecham com minha verdade, se o assunto for importante guardo-o na região das dúvidas, e logo me ponho a pesquisar para ver quem tem razão. Nunca fui engole-tudo. O que me convence é o argumento e não a obediência ou a veste da autoridade.

Carrego comigo uma caixinha mental de pontos de interrogação para os casos de dúvida. Gosto da dúvida, acho-a útil. A dúvida leva à pesquisa, a pesquisa leva ao conhecimento, o conhecimento leva à ciência, a ciência leva à sabedoria e a sabedoria leva à verdade.

E, como ensinou Jesus, a verdade leva à liberdade. Penso assim. Por sinal, Francis Bacon dizia: "A dúvida é a escola da verdade". Bacon, (1561-1626), foi filósofo inglês.

Só existe um ser que em si mesmo é autoridade: Deus. A procura de Deus é a procura da Verdade. Quanto mais longe da Verdade, mais longe de Deus. Não de qualquer deus ideológico. Falo do Próprio.

Uma pessoa pode estar investida de autoridade, mas não é por isso que estará investida da Verdade.

A verdade não é feita, é encontrada.

A Verdade não busca a autoridade, deve ser buscada pela autoridade.

A autoridade pode ser dependente de outra autoridade, a Verdade é independente e soberana.

A autoridade morre, a Verdade subsiste.

A autoridade é concedida, a Verdade existe por si.

A autoridade pode errar, a Verdade não.

A autoridade pode ceder, a Verdade jamais.

A autoridade se faz, a Verdade é.

A autoridade pode ser demitida, a Verdade nunca.

Autoridade e Verdade não formam fusão, mas podem fazer comunhão.

A autoridade exige, a Verdade transige.

A autoridade é ciosa de si, a Verdade não se vangloria.

Não sou rebelde, sou um obstinado escalador da Verdade. O cume é o meu destino.

A chegada do progresso

Meu pai teve o primeiro rádio do bairro, marca Mende. Ainda funciona. Está comigo. Era a grande novidade da época e motivo de espanto: como podia uma caixinha daquelas emitir sons e conversas vindas de lugares distantes?! Familiares e amigos se reuniam, na casa do meu pai, para ouvir rádio. Já alguns padres passaram a condenar o rádio pelo perigo, segundo eles, de contaminar as famílias: a casa seria invadida por vozes estranhas, com ideologias que poderiam ser antirreligiosas e mundanas. Isso por volta da década de trinta. Mas, nada evitou o rádio nas casas.

O padre cientista e inventor Roberto Landell de Moura, gaúcho, foi o primeiro a transmitir a voz humana por rádio, com sucesso. E, em 1901, conseguiu patentear seu invento no Brasil e depois nos EUA.

A primeira estação de rádio no Brasil chamava-se Rádio Sociedade do Rio de Janeiro. Fundada por Roquete Pinto, a emissora foi doada ao governo em 1936 e existe até hoje, com o nome de Rádio MEC. Já dei entrevista a essa emissora.

Em santa Maria, lembro dos inícios da Rádio Imembuí, chamada A Pioneira, na década de quarenta. Situava-se na esquina entre Rua do Acampamento e Dr Bozano. Consegui assistir um programa ao vivo de cantores. Faziam nome na programação o Fredy Germano, o Petronius Cabral, a Mercedes de Alencar e outros radialistas cujo nome não recordo.

Quando chegou a televisão, outra onda de medos assolou as comunidades católicas: poderia ocorrer a deterioração da família.

Essa mentalidade espichou o outro lado da corda e muita gente acusa a Igreja de repressora do progresso.

Nos meus primeiros tempos de interno no seminário, durante décadas não se ouvia rádio. Não era próprio de seminarista ouvir rádio. O rádio seria antieducativo ou de conteúdos duvidosos para as boas famílias, mais ainda para um seminarista. Pois é!

Já como padre, nas décadas de sessenta, setenta, não era de bom tom o sacerdote possuir carro. Seria, por assim dizer, atentado contra a pobreza. Lá pelas tantas, ganhei um jeep do meu irmão Gentil. Uma maravilha. Mas, fui criticado. Ostentação de riqueza.

Ter carro, na época, era sinal de riqueza e a riqueza era açoitada nos sermões moralistas. Eu argumentava que, de carro, podia multiplicar minha atividade. Conheci um padre maravilhoso, que trabalhou muitos anos na igreja das Dores, em Santa Maria. Chamava-se Gabriel Bolzan. De manhã, todos os dias, ele lia. À tarde, saía, a pé, rumo aos bairros por ele atendidos. Uma caminhada e tanto. Se fosse de carro, não poderia dedicar mais tempo às almas?

Nos setores religiosos, que conheci, antigamente as novidades do progresso entravam devagar. Logo que pude, coloquei rádio, tevê e telefone, no meu quarto de dormir. Isso era modernismo inaceitável. Atualmente, é comum. Por sinal, quem, neste momento da história, não carrega celular no bolso ou na bolsa?

Ainda hoje, certas evoluções da ciência são recebidas primeiramente com um "não-duvidoso", para, depois, se for o caso, serem aceitas. Em muitos pontos, os cristãos estão bem mais à frente do que a Igreja tradicional. Não há contradição no que afirmei. Por cristãos, aqui entendo o povo católico e dou nome de Igreja, neste raciocínio, às autoridades eclesiásticas. Existe alguma mulher que deixe de usar anticoncepcional? Algum homem que tenha escrúpulos de usar camisinha? Poderia me citar quantas pessoas deixam de se divorciar e casar novamente porque a Igreja não aceita? E as antigas leis de jejum e abstinência – conhece alguém que as pratica hoje em dia? Desobediência? Nada disso, apenas evolução, capacidade de discernimento.

1945
Indo para o seminário

Na nossa família, a educação obedecia a um roteiro definitivo: o curso primário era feito no Colégio Coração de Maria, das Irmãs do Imaculado Coração de Maria; e o Ginásio, Científico e Contabilidade, no Colégio Santa Maria, dos Irmãos Maristas.

Quando completei o primário, aos 11 anos, meu pai chegou do armazém, por volta do meio-dia, e me disse:

- Vai ao Colégio Santa Maria se inscrever para o exame de admissão.

Naquele tempo, havia exame de admissão para o ingresso no curso ginasial. Hoje ninguém sabe o que é isso.

Meio sem jeito, respondi:

- Eu quero ir para o seminário.

Meu pai subiu a escada sem dizer palavra. Sei que ficou contente, pois, para as famílias católicas daquela época, ter um filho padre era um privilégio incomensurável. Meu pai costumava guardar suas emoções e sentimentos só para si. Dono de si mesmo, sequer aceitava ir ao médico, em caso de doença. Mandava minha mãe consultar para ele. Era diabético, mas, quando podia, driblava os cuidados de minha mãe e deliciava-se com doces de figo seco.

Conta minha mana mais velha, Ely, que, certa vez, meu pai adoeceu e não quis de forma alguma ir ao médico. Foi piorando, mas nada de médico. Minha mãe, meus avós e tios, insistiam que fosse consultar e ele renitente e conformado. Achava que ia morrer. Chamou essa mana, então com 12 anos, disse que ia morrer e pediu que ajudasse a mãe a criar os irmãos, cerca de meia dúzia. A muito custo, conseguiu-se que se tratasse e, assim, restabeleceu-se. Coisas da vida de antanho. Lembro que os médicos daquele tempo mais conhecidos e ligados à família eram os doutores Francisco da Rocha, Valentim Fernandes, Riograndino Denardin, Romeu Beltrão, Amauri Lenz, José Mariano da Rocha, Carlos Mena Barreto, Celso Teixeira, Aristeu Dreon, Rinaldo Cataldi, Romeu e Gilmore Frasseto, Teodorico Camilotti, Armindo Rossi, e outros que foram chegando, fizeram nome e pertencem à elite médica da região. Por sinal, a Medicina, em Santa Maria, é uma das mais adiantadas do país. Há nomes de repercussão internacional, como Potiguara da Costa, Valdir Veiga Pereira e seu irmão Darlei, Norval Spessato, Cirilo Zadra, Denizar Souza, Ronald Bossemeyer, José Farret, Eduardo Rolim. Lembro, ainda, os doutores Sevi Viero, Francisco Alvares Pereira, Arthur Marques Pfeiffer, Miguel Meirelles. Bem, seria impossível lembrar todos. Já lá vão muitos anos.

1945
Seminário

Pois bem, feitos os preparativos, lá fui eu, com onze anos de idade, para o seminário Rainha dos Apóstolos, dos padres palotinos, em Vale Vêneto, no dia 11 de fevereiro de 1945, embarcado no ônibus Chevrolet do meu tio Aldo. Era um ônibus caseiro, construído em Vale Vêneto, na marcenaria dos Iop, sob os olhares do meu tio. Devido ao esburacamento das estradas e às pedras dos cerros, a carroceria se desconjuntava com frequência, principalmente no teto. Em dias de chuva, os passageiros se queixavam que estavam se molhando e meu tio os acalmava: "Não se preocupem, isso acontece só quando chove!"

Em 1945, a população brasileira chegava à marca de 45.300.000 habitantes.

Meu ingresso no seminário ocorreu poucos meses antes de terminar a II Guerra Mundial. A carestia tinha chegado ao colégio. O lanche da tarde era apenas uma fatia de pão, lambuzada levemente com algo parecido com mel. Minha adaptação ao internato foi quase imediata, tanto que poucos pensavam que eu era novato. Havia muitos garotos e jovens naquele seminário, cerca de 120, a maioria absoluta vinda do interior, quase todos de famílias de imigrantes italianos. Rolava um dialeto italiano que era de ver! Os alunos eram separados em duas divisões incomunicáveis, a não ser em dia de festa. Cinco aulas diárias, três de manhã e duas à tarde, 45 minutos cada. Duas matérias essenciais: português e latim. Fora esses idiomas, aprendíamos italiano, grego e francês.

Gostava muito de participar dos grupos teatrais, em Vale Vêneto. Certa feita, representei um negrinho de nome *Meianoite.* Foi o que bastou para receber esse apelido. Mais tarde, quando cursava filosofia, escrevi dezenas de peças dramáticas, comédias e trovas, para atender encomendas de grupos teatrais da região. Talvez ainda existam algumas dessas produções jogadas no baú do tempo.

Uma vez por mês, éramos brindados com um passeio de dia inteiro, chamado de Passeio Grande, geralmente na casa de um colono ou à beira de rio. As pescarias de rede, no rio Soturno, que corria entre São João do Polêsine e Faxinal do Soturno, traziam para a panela muitos lambaris, grumatãs e cascudos, vários jundiás e raras traíras. E uma queimada nas costas de deixar a gente ardendo que nem brasa.

Meu prazer, nesses passeios, era escalar cerros e descobrir cascatas. Num certo passeio à Gruta de Nossa Senhora de Lourdes, localizada no sopé de um morro de Vale Vêneto, convidei um grupo aventureiro e fizemos uma caminhada de vários quilômetros até a então Vila de Silveira Martins, onde havia uma igreja com torre redonda, bem alta, a única igreja do Brasil com torre em forma de chaminé caprichado. Duvidaram-me subir ao topo da torre. Era complicado mesmo. No último lance, havia apenas uma escadinha de ferro, por fora da construção, que conduzia a um globo de bronze encimado por uma cruz. Pois, ganhei a aposta e dei várias pancadas naquele globo oco, cujo som ecoou até onde estavam meus companheiros. Coisas da vida. Mais tarde, por volta de 1952, esse gosto me levou a escalar o Pico do Marumbi, na Serra do Mar. Esse fato foi assim narrado por mim no livro "Faça Sua Vida Dar Certo":

"Num certo verão da minha juventude, veraneava na Ilha do

Mel, perto de Paranaguá, no estado do Paraná. Já tinha visitado a Gruta das Encantadas, o Farol, o Forte e outros locais bonitos.

Certa manhã, um senhor me falou sobre o Pico do Marumbi, de cerca de dois mil metros de altura, situado em meio à Serra do Mar, entre Curitiba e Paranaguá. O homem atiçou meu espírito aventureiro. Consegui, a duras penas, convencer dois colegas, o Clementino e o Ernesto, a me acompanharem na façanha da escalada do famoso pico.

Nunca esqueço aquele anoitecer chuvoso, quando descemos do trem na bucólica Estação de Marumbi. Pedimos para dormir num espaço qualquer da estação ferroviária e, cedo da manhã, solicitamos ao guarda informações sobre a subida que pretendíamos iniciar. O guarda franziu os sobrolhos, nos olhou com ar penalizado e tentou nos dissuadir, avisando que era empreitada extremamente difícil e perigosa, principalmente devido à nossa total inexperiência. Para carregar mais as tintas, contou episódios de desatinados aventureiros que se perderam na cordilheira, sofrendo o diabo até serem resgatados. Só o que tínhamos a dizer ao cauteloso guarda era que estávamos lá para escalar o pico e não iríamos desistir. Atravessamos o riacho e nos embrenhamos na mata, rumo ao mais alto pico da Serra do Mar. No meio da manhã, chegamos ao cume do Pico do Facão. Lá no alto, as pequenas placas de sinalização estavam caídas. Andamos para cá e para lá, tentando descobrir a trilha do pico. Nesse vaivém, passei a dois palmos de uma vigorosa cascavel, que dormia ao sol, enrolada numa moita. O susto foi grande. Um ataque da cobra e eu estaria frito. Chocalhou o guizo com autoridade e eu tratei de bater em retirada. Enveredamos por um declive acentuado. Foi um erro, pois, quando percebemos, estávamos novamente em baixo, exatamente no ponto de partida. Não perdemos o humor e nem a coragem. Voltamos a subir, dessa vez pela chamada trilha Frontal, a mais difícil, só enfrentada pelos experientes marum-

binistas de Curitiba. Sofremos, enfrentamos momentos de perder o fôlego, nos agarramos a correntões fixados em pontos inacessíveis e, por fim, chegamos ao topo. Foi a glória".

O regime de seminário menor, que abrangia primário, ginásio e científico, obedecia a uma trindade: oração, estudo e trabalho. Claro, entremeados por recreios e passeios. Todos os passos obedeciam à disciplina da fila silenciosa, por ordem de altura. Acordávamos cedo, sempre na melhor hora do sono, nos lavávamos, e íamos para a missa. Nessa cerimônia matinal, usávamos batina, fosse qual fosse a idade de cada um. Após a missa, guardar a batina, tomar café, recreio, quinze minutos de estudo, e então começava a maratona das aulas, com as lições tomadas oralmente ou por escrito. Não se podia facilitar nos estudos e deveres, pois o aluno corria risco de ser questionado oralmente, a qualquer momento, assim como as lições podiam ser exigidas por escrito, de surpresa, e valiam nota para o cômputo geral. Por sorte, eu tinha muita facilidade nos estudos e alcançava os primeiros lugares, sem muito empenho. Havia um colega de aula que era imbatível nas notas escolares. Chamava-se João Quaini. Foi mandado para a Universidade Gregoriana, de Roma, a fim de lá completar os estudos e ordenar-se sacerdote.

A matéria que eu mais apreciava era História Universal. Como eu gostava de saber sobre os acontecimentos que marcaram a caminhada humana! Um dos professores era o Padre Jorge Zanchi, apaixonado por contar as histórias da História. Mas, mais apaixonado ainda era ele por música. Compositor de fama internacional, suas missas polifônicas retumbavam solenes nas naves das igrejas. Muitos cantos religiosos se devem a ele, inclusive o hino de Nossa Senhora Medianeira, padroeira do Rio Grande do Sul. Compôs um oratório clássico, chamado Rainha Branca.

O coral do seminário menor, composto por vozes brancas e adultas, interpretava cantos de Jorge Zanchi, e de outros compositores, nas missas e bênçãos solenes. Canções a três vozes, acompanhadas pela eloquência do harmônio, como *"Salve, Salve Piedosa Maria"*, *"Nome Dulcíssimo"*, *"Pie Pelicane, Jesu Dómine"*, *"Lauda Sion Salvatorem"*, *"Avezinha que vagueias pelos campos, pelos prados"*, e outras, me deixavam extasiado. Eram vozes celestiais.

No meu modo de ver, infelizmente acabou-se a era dos corais polifônicos nas grandes solenidades. Vozes grandiloquentes, mescladas com o prazeroso perfume do incenso, o órgão inundando de sons maviosos o templo, mais a mística da igreja, com inúmeras velas refletindo seus pingos de luz como estrelas do céu, que espetáculo inesquecível!

Por que será que o incenso e a campainha foram sendo abandonados nos rituais? Penso que seja pelo desconhecimento de sua razão de ser. A bem da verdade, o incenso ainda hoje é usado em certas cerimônias como ritual de louvor a Deus. Mas, talvez seja desconhecido o efeito produzido no cérebro, liberando o hormônio da endorfina, que causa sensação prazerosa e estimula a pessoa a entrar em nível alfa, facilitando a concentração e a contemplação. O incenso tem poder inebriante e cria agradável estado de paz e oração.

Quando estive em Santiago de Compostela, felizmente entrei na imensa catedral em momento de missa e, ao final, oito pessoas, vestidas ao estilo de monges, com trajes marrons, começaram a movimentar o gigantesco Fumeiro, também chamado Botafumero, uma espécie de turíbulo, de 1,60 metro de altura, pesando oitenta quilos, carregado de brasas com grande dose de incenso sobre elas. As brasas e o incenso pesam 13 quilos. O Fumeiro, suspenso no teto por correntes com as pontas fixadas a mais de vinte metros de altura, vai pendulando de uma nave a outra, até alcançar a velocidade de 70 quilômetros por hora. Na sua evolução pelos ares esparze o agradável odor perfumado do incenso por toda a catedral, enquanto o grandioso órgão desata melodias solenes e emocionantes. Uma cena inesquecível. Pude sentir isso. Historicamente, a finalidade inicial do Fumeiro era depurar o ambiente da catedral impregnado com o odor desagradável emitido pela sujeira das roupas e suor dos peregrinos, que tinham feito a pé mais de oitocentos quilômetros.

Sou capaz de dizer que a Igreja já não sabe por que na antiguidade, até cem anos atrás, se construíam grandes templos com cúpulas erguidas para os céus e torres que apontavam para o infinito. Você sabe? Será que alguém sabe? Pelo que vejo, hoje significaria desperdício de dinheiro e ufanismo. Nada disso. Para você entender melhor, as torres e cúpulas apontavam para os céus, assim como as pirâmides, para captar energias do Alto. Ainda que mal comparando, seriam para-raios que atraem as energias do cosmo. Entre numa igreja daquele tempo e entre numa igreja-pavilhão de hoje e sentirá a diferença. Aquela permanece impregnada de energia espiritual e mística, esta só mantém energias sublimes apenas enquanto é praticado o ato religioso.

Ainda no seminário de Vale Vêneto

No seminário menor, o comportamento era medido por pontos. Conforme a falta, a gente perdia um ou dois pontos. Cada três pontos, baixava um no boletim. Certa vez, meu boletim acusou comportamento nota 8, o que era um escândalo. Para complicar mais, meu pai só olhava, no boletim de final de ano, minha nota de comportamento. Não me restou outra alternativa senão usar engenho e arte para transformar o oito em zero e colocar o número um na frente. Passou tranquilamente por nota dez. Ninguém morreu por isso e tudo bem.

Havia o costume, no seminário de Vale Vêneto, de se fazer as refeições em silêncio, ouvindo um narrador que, sentado numa espécie de tribuna, no centro do refeitório, lia um livro. Eu fui um desses leitores. Lembro-me do livro *Kon-Tiki.* Escrito pelo explorador norueguês Thor Heyerdahl, (1914-2002), o livro relata uma expedição feita por ele, no seu barco Kon-tiki, pelo Oceano Pacífico, partindo da América do Sul em direção à Polinésia, em 1947, procurando demonstrar que a colonização da Polinésia poderia ter sido realizada, através de via marítima, por indígenas (ou nativos) da América do Sul. A embarcação era propositadamente precária, com os meios que seriam usados pelos primeiros navegadores. Era uma história fascinante, com muitos episódios pitorescos.

Também eram lidas histórias de santos e até livros leves, bem-humorados.

O espírito divertido dessa idade adolescente não perdia ocasião para pregar peças aos colegas. O dormitório era um pavilhão com camas separadas por um bidê, hoje chamado de mesinha de cabeceira.

Todos tinham que deitar e levantar na mesma hora. Uma vez, fizemos a brincadeira de dar um nó numa perna das calças de vários colegas. De manhã, quando o chefe tocou a campainha para levantar, ficamos na espreita: era divertido ver os colegas enfiarem às pressas os pés nas calças e saírem pulando que nem saci pererê. Foi mesmo de rir. Mas quase deu castigo.

Educação antissexual no seminário menor

Um ponto de intolerância máxima, no seminário menor de Vale Vêneto, era o que se referia a sexo. O rigor beirava à paranoia. Qualquer deslize e o estudante devia pegar o ônibus do meu tio e voltar para casa. Este valor era supremo e incondicional, mais exigido que amor, justiça, disciplina e oração. A religião era muito repressora, quanto ao sexo, para todas as pessoas, imagine então o que pesava sobre o seminarista. Conversar com uma mulher, caminhar na rua com uma jovem, sorrir para o sexo feminino, era motivo de espanto e apreensão. Essa mentalidade criava temores até de beijar a mãe ou a irmã em público. Para manter o seminarista ilibado, criaram-se os internatos, as férias curtas em casa, o menosprezo velado ao sexo feminino. Havia livros que horrorizavam o ato sexual, principalmente masturbação, que causaria variadas enfermidades físicas e mentais. Isso na década de quarenta, note bem. Já lá vão mais de setenta anos.

O tabu era tão forte, que se criou a mentalidade de que a pureza – a não-prática sexual - era o dom maior do cristianismo. Para Jesus, no entanto, o supremo dom sempre fora o amor. Deus é amor, o ser humano é amor, a vida é amor, a natureza é amor, o universo é amor. Amor – essência de tudo. O Mestre falou em amor trinitário: amor a si mesmo, a Deus e ao próximo. E avisou que o amor vale mais que todas as vítimas e holocaustos. E que o amor perdoa todos os pecados. E que o amor é a síntese da Lei e os Profetas.

Paulo, o apóstolo, faz uma belíssima apologia do amor: *"Ainda que eu falasse línguas, as dos homens e as dos anjos, se eu não tivesse amor seria como bronze que soa ou como címbalo que tine. Ainda que eu tivesse o dom da profecia, o conhecimento de todos os mistérios e de toda a ciência; ainda que eu tivesse toda a fé, a ponto de transportar os montes, se não tivesse amor eu nada seria; ainda que eu distribuísse todos meus bens aos famintos; ainda que eu entregasse meu corpo às chamas, se não tivesse amor, isso de nada me adiantaria"*.

Ao final da sua apologia, Paulo completa: *"O amor jamais passará"*.

Meu primeiro romance tem título semelhante: "Só o Amor é Infinito", lançado em 1988, hoje na 15ª edição. É uma obra que enreda conflitos entre um padre jovem, uma moça universitária, seu namorado e autoridades eclesiásticas.

Segundo Paulo, qualidades importantes, cultura, conhecimento de línguas, estudos científicos, dom da profecia, poder da fé e do milagre, generosidade filantrópica, capacidade suprema de sacrifícios e martírios - sem amor isso de nada valeria. Amor é ouro puro, de milhões de quilates. Mas, de vez em quando, certos ouropéis derrubam a cotação do amor.

Tudo que existe tem a mesma origem: amor.

Dante Alighieri, célebre poeta italiano da Idade Média, escreveu: "L´amore que muove el sole e l´altre stelle". O amor que move o sol e todas as estrelas.

O amor é a energia originária de tudo. Ódio e seus derivados são a bomba atômica do universo.

Sabendo da necessidade imperiosa dessa compreensão, Jesus fez do amor a essência da sua mensagem. Alguns pensadores, que se elevaram acima da planície, conseguiram chegar ao âmago dessa verdade.

O filósofo e psicólogo Ralph Waldo Emerson disse: "O amor é onipresente na natureza como motivo e recompensa. O amor é a mais elevada palavra que possuímos e é sinônimo de Deus".

Lembro, neste momento, uma frase de Osho, aquele filósofo místico indiano: "O amor é qualidade inerente ao celestial. Quando você ama é feliz e sua felicidade mostra que você está amando". Numa única frase, ele colocou três lindos sinônimos: amor, felicidade e celestialidade.

Com meus olhos de escritor e jornalista, notava a dicotomia que, não raro, ocorria entre a pregação do amor e a vida do cristão. Amor tinha significado dentro da igreja. Fora do templo, a vida era outra coisa: guerras, concorrência desleal, desentendimentos, autoritarismos, broncas, inimizades, desprezos, corrupção. Acontece ainda hoje. Com certeza, mais do que outrora. Como se pode entender que quase cem por cento da humanidade tenha religião e, contudo, haja tanto descalabro? Como se explica que, em nome de Deus e da religião, se façam guerras, terrorismo, e se semeiem torturas e mortes, não raro em pessoas inocentes? A síndrome de Caim continua ensanguentando o planeta.

Que dizer dos fanatismos religiosos?

Fanático é quem acredita que só existe o Deus dele.

Fanático é o que sustenta que diante de seus argumentos não valem os fatos.

Fanático é o que divide a humanidade em duas classes: os a favor da sua crença e os contra.

Fanático é o que aceita todas as religiões, desde que sejam iguais à sua.

Fanático é o que concorda que o outro tem razão, mas sua crença o impede de mudar.

Fanático é o que não come ovo porque a galinha pertence a um herege.

Fanático é o que não suporta opiniões contrárias.

Fanático é o que não teme praticar atrocidades em nome da sua verdade.

Fanático é o que confunde verdade com ideologia.

Fanático é o que respeita só uma verdade: a dele.

Fanático é o que prega que todas as demais crenças são perniciosas e devem ser destruídas.

Fanático é o que avisa que fora do seu reduto não há salvação.

Fanático é o que jamais admite a possibilidade de estar equivocado.

Fanático é quem mata em nome de Deus e sente-se santificado após o crime.

Fanático é quem confunde fundamentalismo com fé.

Fanático é quem sabe que está errado, mas se escuda na crença de que os resultados são benéficos.

Escrevi, certa vez, esta crônica, que cabe muito bem aqui:

"Um Deus Contra o Outro.

Há muito tempo que Deus está perplexo. Os homens o meteram numa enrascada daquelas. De um lado, um grupo diz que Deus é deles, só deles, cem por cento deles; ninguém mais possui sequer um fiapinho de Javé. Outro grupo contesta, dizendo que esses aí de cima não estão com nada. Não chegaram nem mesmo ao porão da Divindade. Tudo que falam sobre Deus é enganação. O Deus legítimo é o deles. O resto é bijuteria divina. Para não haver equívoco, criaram um carimbo forte e passam o tempo todo assentando em tudo a marca e a grife divina, que lhes pertence.

Há os mais transigentes que, embora se digam proprietários de Deus, num surto de boa vontade cedem um pedacinho dele aos outros. Mas só um pedacinho.

Também não faltam os que se proclamam donos de Deus e mantêm escritório aberto para alugá-lo. Estes estão em conflito com outro grupo, que se arroga o direito de ter inventado Deus, de possuir registro no Instituto de Marcas e Patentes, e oferecem franquias, com kits prontos para merchandising. O processo entre esses dois grupos está correndo no Judiciário e, segundo consta, há oito oficiais de justiça à procura de Deus para obrigá-lo a depor e esclarecer a sua verdade perante os juízes do Fórum.

Existe, ainda, um clã muito radical que se apropriou de Deus, o esconde em montanhas inóspitas, e proíbe a qualquer estranho ter contato com Ele.

E há, inclusive, os que juram por Deus que Deus não existe. Afirmam categoricamente que, graças a Deus, são ateus.

Mas, o que mais atordoa a Bondade Divina é decidir a quem atenderá quando os contrários o puxam cada um para seu lado. Uma solução aventada pelo Anjo Secretário de Estado é Sua Excelência Divina mandar Gabriel avisar que estão interrompidas todas as ligações para o céu, devido ao apagão de bom senso que ocorre na humanidade.

Já o anjo Miguel, Ministro da Defesa Celestial, informou que seu exército está pronto para restaurar a Ordem e a Verdade Divina. Deus, porém, mandou-o embainhar a espada, que o caso não era assunto de guerra, mas programa humorístico.

O Chefe dos Anjos da Guarda ponderou que muitos homens estão matando em nome de Deus, outros se transformam em bomba em nome do Todo-poderoso e que os seus Anjos de Guarda não conseguem inspirar outras ideias na cabeça desses malucos, como, por exemplo, que é muito melhor jogarem uma pelada de futebol ou comer um cabrito assado.

Depois de curto silêncio, concluiu o Chefe dos Anjos da Guarda:

- E que parem de fazer clonagem humana, porque, se cuidar de um homem é demais, pior ainda será cuidar de dois iguais.

Em vista disso, Deus reuniu a Corte Celestial e baixou o seguinte decreto: "Que se aumente a massa encefálica dos terráqueos a fim de que criem juízo".

Sexo ainda

Ao longo dos meus primeiros anos de padre, quando os críticos raivosos queriam me jogar contra a parede, inventavam histórias de sexo a meu respeito.

Certa vez, alguém viu uma camionete rural, semelhante a que

eu tinha, estacionada diante de uma casa noturna, e logo soltou a língua anunciando que eu estava lá. Ainda hoje, quando querem me atingir, inventam que tenho mulher, que casei, que tenho filho, e por aí afora. Se com isso pretendem me perturbar, aviso que o tiro sai pela culatra, pois isso me diverte. E como me diverte! Só falta dizerem que sou pai da humanidade. Uma vez, estava conversando com minha irmã, na Praça Saldanha Marinho, de Santa Maria, e já correram boatos de que me viram namorando. Lindo de morrer! Humorismo à solta.

Mas, os tempos mudam. E mudaram. As mentalidades também. Hoje, pelo andar da carruagem, vejo que tudo é diferente. Até mesmo nas pregações percebe-se uma nova visão, um reconhecimento óbvio de que Jesus nunca se postou contra o sexo, nunca fora puritano e nem moralista. E chegou a dizer que "publicanos e meretrizes entrarão no reino de Deus antes que vós".(Mt 21,28-32).

Li, há pouco, uma frase do escritor russo Dostoievski:
"Os moralistas são sempre indivíduos amargurados".

Eu acrescentaria que são pessoas frustradas. Não desfrutam e querem impedir que os outros desfrutem as maravilhas da natureza prazerosa criada por Deus. E o método usado é tão velho quanto o mundo: incutir sentimentos de culpa, carregada de ameaças, repúdios, medos e obrigações.

Sexo é um presente do Pai Celestial. Sexo reflete a bondade imensa do Criador, tão imensa que criou a felicidade na mente, o amor no coração e o prazer no corpo. Palmas ao Criador. Não me falem em Deus do temor, dos raios e trovões e castigos, falem-me de um Pai amoroso, solícito, que se deu ao trabalho de imaginar e criar tudo que pudesse tornar agradável a caminhada humana nesse planeta tão lindo.

Muitos colocam em posições contrárias sexo e coisas santas.

Esta dicotomia é uma ofensa a Javé para quem tudo que foi criado é bom e santo, consequência do amor divino e dos desejos do Infinito. Só a maldade põe maldade onde esta não existe. Para quem é caolho, tudo enviesado lhe parece. Diz a bíblia, no Gênesis, que Deus olhou a obra da sua Criação e viu que "tudo era bom". Então, apareceram os moralistas para contestar o Criador: "Nem Tudo!"

O livro bíblico Cântico dos Cânticos é um poema de amor erótico e sexual. O primeiro versículo do primeiro capítulo já começa assim:

"Beija-me com os beijos de tua boca; porque melhor é o teu amor do que o vinho." (Cânticos 1:1).

Pois bem, é isso que penso sobre sexo. Ser contra sexo é ser contra banquete, pois ambos oferecem prazer. Não se faz banquete todos os dias, nem sexo. São momentos tão lindos e importantes que pedem ambiente especial, ritual à altura do momento, e condições que liberem hormônios prazerosos. Nada a ver com pecado, essa invenção obtusa que pretende corrigir o Criador.

Só posso estar do lado da ciência, que aponta inúmeros efeitos benéficos resultantes do exercício sexual: Fortalece os ossos, previne contra câncer de próstata, cuida do coração, melhora a circulação sanguínea, protege contra doenças cardíacas, regulariza a pressão sanguínea, evita resfriados, fortalece o sistema imunológico, estimula a produção do chamado bom colesterol, (HDL), ajuda a eliminar o mau colesterol, (LDL), combate a incontinência urinária feminina, melhora o olfato, aumenta a fertilidade masculina. Além disso, é excelente exercício aeróbico, equivalente a nadar e pedalar. Emagrece, assim como alivia o estresse e derruba a depressão pela oxitocina e endorfina liberadas.

Também cabe ressaltar que sexo é excelente sedativo natural.

Como libera endorfinas, se constitui em bom analgésico e relaxante. Para se ter uma ideia: o orgasmo masculino é equivalente a uma dose de 2 e 3 mg de diazepam, (princípio do válium), que funciona como relaxante muscular. Isso explica porque os homens costumam entrar em sonolência depois da atividade sexual. Quanto às mulheres, ao liberar serotonina, o sexo pode ajudar a combater sintomas de depressão, como escrevi acima.

Há, ainda, efeitos mentais: estimula a mente, melhora a autoestima, gera sentimentos de bem-estar, de alegria, de autossatisfação, e faz a pessoa bem-humorada.

Em suma: a atividade sexual rejuvenesce, aumenta a expectativa de vida e abre caminho para a longevidade.

Conhecendo todos esses benefícios, como poderia eu compartilhar certas crenças antissexuais?

Quem sabe, até poderia ser interessante citar aqui o guru e filósofo místico indiano Osho:

"Esqueça todos os preconceitos com que foi educado – todos esses condicionamentos contra o sexo o tornam mais sexual, e então você pensa que a sexualidade é um problema para você. A energia do sexo não é o problema. É a mente antissexual que cria a perversão". (Maturidade, pg 177).

Se sexo é bom, celibato é o quê?

Diante de tudo isso, como explico o sacerdócio celibatário?

Muitos me dizem que o sacerdócio está na contramão de Deus, porque o padre não pode casar nem dar-se à maravilha do prazer sexual, tão benéfico à saúde física e mental. Pois bem, o sacerdócio não é contra, posta-se à margem do sexo. Ou busca sublimá-lo. Não é só o exercício sexual que libera hormônios prazerosos. Existem várias maneiras de desencadear oxitocinas, endorfinas, feniletilaminas, serotonina, dopamina e opiamina. De mais a mais, felicidade é estado mental, isso já está mais do que comprovado.

A história do celibato

O celibato passou a vigorar depois de várias tentativas de alguns papas vindos da vida conventual. Forçaram a imposição do regime celibatário a toda hierarquia da Igreja Ocidental. Isso por várias razões, menos para a ascensão a níveis mais altos de santidade. Celibato não faz ninguém mais santo nem menos santo. Trata-se de uma disciplina imposta a ferro e fogo, como se diz na gíria.

No meu livro *O Último Papa* - premiado com *o Primo Premio Assoluto*, pela *Academia Internacional Il Convívio*, da Itália - em meio à discussão sobre o celibato está colocado na boca de um dignitário da Igreja:

"Vários apóstolos eram casados e Jesus não os eliminou do grupo e nem os proibiu de compartilharem a vida conjugal. Muitos discípulos eram casados; os primeiros seguidores dos apóstolos eram casados; os primeiros

Papas eram casados, com poucas exceções. A proibição do casamento entre o clero foi um processo lento e polêmico dentro da Igreja.

Alguns Papas, depois do primeiro milênio, mais especificamente os provindos dos monges reclusos, que se impunham vida celibatária e piedosa, foram apertando o cerco contra o casamento do clero, até que Hildebrando, monge que sequer era sacerdote, foi eleito Papa, com o nome de Gregório VII, 1073–1085, num canetaço, determinou o celibato obrigatório para todos os sacerdotes seculares e religiosos, alegando ser a solução contra a perversão sexual. No Sínodo Quaresmal, organizado em Roma, em 1075, Gregório destituiu todos os padres casados, porém enfrentou forte resistência na Alemanha, França e Inglaterra. Apesar de tudo, o Primeiro Concílio de Latrão, ocorrido em 1.123, aprovou definitivamente a obrigatoriedade do celibato a todos os membros do clero, nos cânones 3 e 21: "Proibimos absolutamente a sacerdotes, diáconos, subdiáconos e monges, a que vivam em concubinato ou matrimônio. Decretamos, conforme as definições do Direito Canônico, que dissolvam os matrimônios contraídos por essas pessoas". Pois bem, essas regras disciplinares só vigoraram e vigoram na Igreja Ocidental. Resumindo, o que se depreende disso é que as regras disciplinares, que foram criadas, podem ser abolidas ou modificadas. Não se trata de doutrina de fé.

Alguns ponderaram - continua o livro - que poderiam ser criadas novas instituições de padres casados. As ordens e congregações religiosas vigentes teriam liberdade de tomarem suas próprias decisões: abrirem as portas para casados ou não.

Dom Johanes Vest, bispo de pensamento mais tradicional, observou:

- Não discuto a validade, mas a oportunidade de tais medidas. Estaria o catolicismo maduro para receber esse impacto? Necessita a Igreja abrir de par em par as portas para padres casados a fim de ampliar os

serviços pastorais ou os leigos estão preenchendo os espaços? Fala-se tanto em desclericalizar a Igreja para que os leigos tenham voz e vez e agora se pretende clericalizá-la mais ainda!

- Num exército – interveio a teóloga Ilena – há comandantes, generais, oficiais e soldados, e todos estão voltados para a mesma causa. Quanto mais soldados, mais a necessidade de oficiais. Isso para usar uma comparação claudicante.

Houve grupos que sugeriram conceder aos bispos a liberdade de aceitarem ou não ex-padres e padres casados. Acima de tudo, ficou bem claro que o celibato não é determinação de Jesus e nem da Igreja universal, como Igreja, pois somente a Igreja Latina tem esse dispositivo.

Não faltaram participantes que se empenharam em clarificar a mística e a grandeza do celibato e da virgindade, como estados de elevada sublimação espiritual. Para esses, o celibato é a mais bela primícia oferecida a Deus, guindando seres comuns à dignidade angelical". (P.187-188).

*Re*lembro que esse texto acima entre aspas está num livro meu de ficção, de ficção, embora a historicidade do assunto seja verdadeira nos anais da Igreja Católica. É preciso ressaltar que o ser humano não é anjo e quanto mais pretender imitar os anjos, mais longe de si mesmo estará.

Como estou escrevendo minha biografia, a pergunta que fica é como vejo minha situação de sacerdote.

Resposta: Adoto as determinações da Igreja Ocidental. Não sou forçado a nada, já que existe ampla liberdade para qualquer padre abandonar o ministério quando quiser e casar. Sacerdócio não é presídio eclesiástico. Não existe pressão, nem ameaças a nenhum padre na Igreja de hoje. Quem quiser ir embora, tem as portas abertas. E não será malvisto, como ocorria antigamente, quando muitas portas se fechavam. Hoje, muitos ex-padres são professores em escolas católicas, ajudam na liturgia, enfim continuam a vida como cristãos que são.

Não sou condicionado a tabus e gosto de convivências agradáveis, sejam de que sexo forem. Não tenho preconceitos. Se quiserem deitar falação, isso não é da minha conta. Há sacerdotes que se escondem, se apequenam, e são, às vezes, até grosseiros com as mulheres, porque têm medo das más-línguas. Uma pena. A melhor atitude é seguir em frente e deixar os cães ladrarem à lua, como diz o poeta.

Batina, um retrocesso?

Já que estou percorrendo o universo sacerdotal, aproveito para discorrer sobre um assunto estranho na atualidade: o retorno da batina. Não sei o que se passa na cabeça de certa juventude e de vários setores eclesiásticos. Ao invés de olharem para frente e puxar o comboio da humanidade para melhores dias, ficam voltados para trás, sonhando com as cebolas do Egito, como se dizia no meu tempo de seminário. Querer reviver o passado é como aquele presidente que pretendeu ressuscitar o fuca de saudosa memória. Juventude é esperança, é olhares no horizonte, é expectativa de novos tempos. Assim sou eu, na minha perene juventude. Sou jovem com esta idade e olho a vida que vai acontecendo e que precisa acontecer para tornar o mundo melhor. O tempo não para, ninguém conseguirá segurá-lo. O mundo também não para, continua evoluindo. A humanidade não para, segue avançando. A Igreja, por ser gente, não pode parar no tempo e no espaço.

Por incrível que pareça, está surgindo uma onda de padres jovens e seminaristas teólogos que fazem questão de se esconderem sob o hábito religioso. Querem ressuscitar a batina. Que proveito traz isso para a humanidade?

Não se usa mais essa longa veste, preta ou branca, por ser costume desatualizado, mas surgem aqui e acolá os que prestam culto à batina, como se o hábito fizesse o monge. Eu olho as tevês católicas e fico abismado: Com raras exceções, todos os padres, de qualquer idade, que lá se apresentam, já estão usando batina. Jesus usou traje especial? Os apóstolos vestiram traje especial? Paulo, Timóteo, Barnabé, Silas, trajavam alguma batina?

Os que querem se sobressair dos demais cidadãos, usando roupas atípicas, fora de tempo, a meu ver, pretendem retornar ao mundo dos fariseus, casta religiosa que surgiu duzentos anos antes de Cristo. Eram os rigorosos cumpridores da Lei. Até se consideravam os únicos. Fariseu significa "separado", "santo", "apartado", o que forma a "verdadeira comunidade de Israel". Foram os precursores do judaísmo rabínico, criadores das sinagogas. Conheciam e queriam que todos praticassem as mais de 600 leis minuciosas. Desprezavam os que não praticassem essas leis. Eram ligados mais ao outro mundo do que à realidade.

Jesus não via com bons olhos esses "separados".

Disse ele:

"Tudo o que fazem é para serem vistos pelos homens. Eles fazem seus filactérios bem largos e as franjas de suas vestes bem longas; gostam do lugar de honra nos banquetes e dos assentos mais importantes nas sinagogas, de serem saudados nas praças e de serem chamados 'rabis'. Mas, vocês não devem ser chamados 'rabis'; um só é o Mestre de vocês, e todos vocês são irmãos. A ninguém na terra chamem 'pai', porque vocês só têm um Pai, aquele que está nos céus. Tampouco devem ser chamados 'chefes',

porquanto vocês têm um só Chefe, o Cristo. O maior entre vocês deverá ser servo. Pois todo aquele que a si mesmo se exaltar será humilhado, e todo aquele que a si mesmo se humilhar será exaltado". (Mt 23,5-12).

Em Marcos, diz ele:

"Cuidado com os escribas, que se comprazem em andar por aí em amplas roupagens, querem ser cumprimentados nas praças e gostam de ocupar os primeiros assentos nas sinagogas e lugar de honra nos banquetes".(12,38-40).

Diante das palavras do Cristo, talvez se possa dizer que o retorno da batina se ampara em qualquer desses motivos, quem sabe, até inconscientemente: 1. Querer se mostrar como "separado" ou "santo". 2. Querer avisar que é mais do que o comum dos mortais. 3. Pretender cadeira de honra na comunidade. 4. Insegurança ou medo de "perder a vocação". 5. Exibicionismo. 6. Exigir respeito e privilégios. 7. Avisar que é assexual.

Bem, Jesus tem a resposta. É só ler aquele pequeno trecho do Mestre: *"vestes largas", "assentos mais importantes nas sinagogas", "um só é vosso Mestre e vosso chefe", "serem vistos", "serem chamados de rabis". "Pois todo aquele que a si mesmo se exaltar será humilhado".*

Analise esta fala de Jesus:

"Então Jesus chamou os discípulos e explicou:

"Sabeis que os governadores dos povos os dominam e que são as pessoas importantes que exercem poder sobre as nações. Não será assim entre vós. Ao contrário, quem desejar ser importante entre vós será esse o que deva servir aos demais. E quem quiser ser o primeiro entre vós que se torne vosso escravo". Mt,20, 25-27.

Será que o escravo, ou o servo, usa vestes especiais dignitárias? A batina significa: *"Eu sou eu, vocês são os demais".* Não vem ao caso o papa, que, pela veste individual, é reconhecido e identificado em sua elevada dignidade, desde remota antiguidade.

Aprecio muito a sabedoria do escritor, filósofo e pensador alemão Johann Wolfgang von Goethe, (1749-1832). Disse ele, certa vez:

"Todos estamos nus por baixo da nossa roupa". Realmente, não é o traje e nem as insígnias que nos fazem grandes ou pequenos, pois todos estamos nus por baixo da nossa roupa. Somos o que pensamos e sabemos. Somos da dimensão do nosso caráter. Temos a estatura da nossa grandeza espiritual e psicológica.

Bem, cada um use e vista o que quiser. Só, por favor, que a Igreja, como tal, não cometa a maluquice de obrigar ou recomendar o uso da batina. O Papa Francisco quer abertura, identificação com o povo, ser comunhão e não separação. Os "separados" do tempo de Jesus foram chamados por ele de hipócritas e sepulcros caiados.

Talvez caiba aqui a mensagem que escrevi no facebook, em abril de 2017:

"O retorno dos fracassados. Querer voltar a viver no passado significa decretar a falência da vida atual e aceitar a covardia. Só se refugiam no passado os que desistiram de criar novas perspectivas, os que têm medo do futuro, os que perderam a fé na vida, e os que pretendem se refugiar num mundo que não existe mais. Seja forte. Seja decidido. Tenha fé em Deus e em si. E acredite que pode".

Elucubrações sobre casamentos e divórcios

Já que estou falando nisso, quero dizer meu pensamento pessoal a respeito de separados e divorciados, que são proibidos, pelas Leis da Igreja, de casarem novamente e de receberem a eucaristia. O Papa Francisco está revendo essas teses que se tornaram tabus intocáveis ao longo dos séculos.

Primeiro, muitos casamentos naufragaram porque tinham que naufragar, tornaram-se insustentáveis, já que um ou outro era vítima de violências, esquizofrenia, ciúmes doentios, drogas, ameaças de morte, ou, enfim, outras situações que tornam inviável a vida a dois. Então, serão condenados a lutarem sozinhos, não raro com filhos pequenos, dificuldades financeiras e falta de assistência? O homem foi feito para a lei ou a lei foi feita para o homem? Qual foi a resposta de Jesus? Não será permitido a essas pessoas serem felizes? Buscarem novo relacionamento? Como pode uma Igreja de Jesus, o compassivo, o misericordioso, ser insensível e intolerante, quando o próprio Mestre ensina que se deve perdoar sempre, não apenas sete vezes, mas setenta vezes sete? (Mt18,21-22). E o que significa quando o Cristo falou: "Vinde a mim todos que andais aflitos e sobrecarregados e eu vos aliviarei"? (Mt,11.28) E quando ele disse: "Misericórdia é que eu quero, e não sacrifício"? (Mt,9,13). Até o Judiciário avisa: "summum jus, summa injuria".

Segundo, certos teólogos firmam o pé na indissolubilidade do casamento baseados nesta frase de Jesus: *"Não separe o homem o que Deus uniu"*. (Mc19,6). Mas, é de se observar que Jesus disse "não separe o homem **o que** Deus uniu" e não **"a quem** Deus uniu". A diferença é frontal. O que Deus uniu no casamento? Uniu o amor. Se não há amor, falta a substância do casamento. Ele falou da essência do casamento, que é o amor, e não das pessoas. Onde há amor há união. É o amor que une as pessoas. E o amor é dom de Deus. Conclui-se que se não há amor não há casamento. Pode haver um contrato, uma fórmula de compromisso, o acerto de uma sociedade participativa, mas não casamento. Há amor quando um dos dois é violento, ameaçador, viciado, desrespeitoso, agressivo, alcoólico, drogado? Se há amor, um bom tratamento e assistência religiosa pode resolver o problema.

1950
Noviciado

Feitas as digressões acima, vamos em frente. Estamos na década de cinquenta.

Concluído meu período de primário, ginásio e científico, em Vale Vêneto, no Seminário, fui destinado ao Noviciado Santo Alberto, em Doutor Pestana, também chamado Cadeado, um povoado alemão, cuja terra vermelha impregnava até os ossos.

A comunicação entre o povo era feita por uma mistura de dialeto alemão e português. Bom-dia, que na língua germânica é Guten Morgen, lá abreviavam para simplesmente "Mói". Eu brincava, respondendo: "Não sou moinho!" O que mais nos intrigava era o nome que se dava à vaca na língua alemã. E quando falavam em "quatro xícaras de manteiga", em alemão, para nós soava como nome feio.

Noviciado, como já escrevi, é o período de um ou dois anos em que o estudante se volta exclusivamente à espiritualidade, ao conhecimento da Instituição e ao trabalho. No meu estágio de noviciado, havia muita reza, muito estudo e muito trabalho, por sinal, mais trabalho que reza e estudo. Uma carroça puxada por dois burrinhos fazia sucesso na nossa lavoura e nas ruas do povoado.

O Mestre de Noviços era muito econômico. De manhã cedo, íamos à capela para a parte religiosa: meditação e missa. Na hora da meditação, o mestre determinara que se apagassem as luzes, por economia. Nem lhe conto, era a hora do segundo sono para muita gente. Para mim também. Certa vez, o encarregado da meditação golpeou três vezes na madeira do banco da capela para avisar que acabara a meditação, e um colega acordou na hora e, pensando que estava no quarto, avisou: "Entre!" Até Jesus Cristo deve ter caído na risada geral.

Como todos sabem, alemão e chope se fundem indissoluvelmente. Pois, naquele povoado havia duas fábricas de cerveja. Lembro o nome de uma: "Krombauer". Nossa santidade também se arrogava o direito de beber um bom chope do Krombauer, pois ninguém é de ferro.

O meu segundo ano de Noviciado foi fundido no primeiro de Filosofia. Estudávamos Lógica. Havia uns castelhanos conosco. Certo dia, o professor pediu ao colega Antonio Diaz, uruguaio, que lhe desse um exemplo de argumento quadrúpede. O Antonio não teve dúvidas: "El burrico, padre!" Se Aristóteles, Platão, Descartes e Santo Tomás de Aquino tivessem ouvido, enfartavam na hora.

1952
Cursos superiores

São João do Polêsine, hoje município, era um povoado de imigrantes italianos, em que alguns se destacavam como plantadores de arroz, às margens do rio Soturno. As várzeas se cobriam de arrozais, lindamente embalados pelo vento do entardecer, como um baile de valsas vienenses. Quase no centro da vila de outrora se situava o Seminário Maior, onde eram cursados os três anos de Filosofia e Psicologia e os quatro anos de Teologia, Liturgia, Oratória, Exegese, Ascese e outras disciplinas do currículo.

Os estudos superiores abrangiam sete anos, três de Filosofia e seus derivados e quatro de Teologia. Talvez seja por isso que muitos jovens desistiam de seguir o caminho sacerdotal: estrada muito longa. Hoje, também acho que não há necessidade de percurso tão avantajado. Até porque cada dia é e deve ser um contínuo aprendizado.

Com dois ou três anos de estudo maciço e exaustivo dos Evangelhos, mais a Psicologia no mesmo plano de importância, acrescido do exercício da Comunicação, creio que seria o bastante para um eficiente sacerdócio.

Há muita falta de padres. Muita mesmo. Surgem prédios cuja quantidade de apartamentos tem o tamanho de uma paróquia. E o que é que as pessoas esperam do padre? O suprassumo da Sabedoria Universal? Não. Esperam bondade, dedicação, amor, conhecimento profundo de Jesus Cristo, e sólida base de Psicologia. Tudo o mais o padre iria estudando e aperfeiçoando ao longo da caminhada, através de livros, cursos, encontros, retiros, seminários. Será que tenho razão? Posso lhe dizer que não tenho comigo nenhum dos livros que fizeram parte do currículo de estudos para o sacerdócio. Mas, tenho duas belas bibliotecas que vão sendo acrescidas continuamente e continuam me ensinando e orientando. Por exemplo, adquiri, há pouco, na Europa, uma obra de pesquisa de dois jornalistas que se dedicaram ao estudo da *Biografia histórica de Jesus,* abstraindo dos aspectos espirituais e divinos. Também comprei uma *Biografia da Maria Madalena.* Agora estou lendo vários livros: "*Superação*" - "*O Novo Negócio dos Negócios*" - "*Além do Sucesso*" - "*Vida de Santo Agostinho*" - " *O Poder*" - "*Filósofos*" - " *Não Basta ser Bom é Preciso Querer Ser Bom*" - "*Sim, É Possível*". Estão aqui do meu lado. Fora os livros de pesquisas. É a escola de cada dia. Sem falar das grandes reportagens dos veículos de comunicação que ensinam, acrescentam ou ilustram meu saber. Esse acervo de conhecimentos, mais a experiência de cada dia, me propiciaram a possibilidade de ter escrito, até meados de 2017, 92 livros.

O que é que as pessoas buscam na religião e no sacerdote? O mistério da Santíssima Trindade? A hierarquia dos anjos? Dogmas? Regras e leis eclesiásticas? No correr dos meus cinquenta e oito anos de padre, pude perceber que as pessoas querem solução para seus problemas, libertação dos seus males, apoio nas suas indecisões e incertezas, luz para sua escuridão interior, consolo nas horas lúgubres, força quando estão pra baixo, fé num Ser Superior capaz de resolver tudo através do milagre e do amor. Buscam paz de espírito, felicidade e prosperidade. Além disso, querem saber de um Deus com o nome de Pai, e Jesus Cristo como ser de misericórdia e compaixão, como amigo, presença, força e poder que move montanhas e tudo alcança. Para tanto, o Mestre se apresentou: "*Eu sou o Caminho, a Verdade e a Vida*". Se Ele é o Caminho, a Verdade e a Vida – aí está a plena formação sacerdotal. É preciso ir descobrindo que os evangelhos não são um código de regras e de moral, mas a revelação do caminho que conduz a humanidade ao estabelecimento de um reino de amor e o indivíduo a viver o reino dos céus aqui na terra.

Filosofia

Pois bem, o estudo de Filosofia era bastante puxado, além de ser em latim, como já disse. Sim, nossos livros eram em língua latina, os professores ensinavam em latim, os alunos deviam falar na aula e responder por escrito em latim.

Estudar e falar em latim era coisa que não me parecia de bom senso:

- Por que estamos aprendendo em latim se vamos ensinar em português?

Eu brincava com os colegas, dizendo: "Filosofia é uma ciência que ensina tudo aquilo que a gente já sabe com palavras que não se entende". Outra frase minha pitoresca era essa: "Filosofia é uma ciência tal sem a qual o mundo fica tal e qual". Na verdade, a filosofia organiza o pensamento e nos leva à profundidade das análises e dos conceitos. Brincadeiras à parte, eu me defendia gloriosamente no estudo filosófico, tanto que fui convidado, certa vez, a proferir uma aula magna apresentando a teoria de Platão, sem deixar de falar, é claro, sobre a alegoria da caverna.

Juntamente com as matérias de Filosofia, Psicologia, e afins, havia aulas de Física e Química.

Embora o curso de Filosofia não ficasse nada a dever em relação ao currículo das Universidades, não era reconhecido pelo Ministério da Cultura. Anos mais tarde, resolvi essa questão refazendo a filosofia e a psicologia nas Universidades Federais de Passo Fundo e Florianópolis. E fiquei com diploma oficial. Posteriormente, fiz o pós-graduação na Universidade Federal de Santa Maria. Então, montei a cavalo dos grandes mestres filósofos. Hoje, não sou adepto de nenhuma corrente filosófica, a não ser a minha própria. Talvez seja um pouco de cada corrente de pensamento. Uns dizem que sigo Platão, outros que tenho algo de Parmênides e de Heráclito de Éfeso. Há quem me encoste em Aristóteles, com alguma proximidade de Spinoza. E eu penso que me situo em mim mesmo. Coisa do meu jeito de praticar espírito crítico e autonomia.

Ao lado dos estudos de Filosofia, em São João do Polêsine, entre 1951 e 1954, tratei de reerguer a Banda de Música, cujos instrumentos estavam pendurados na parede de um prédio anexo, chamado, pelos estudantes, de República. Procurei, ainda, fomentar o futebol, já que o vôlei era o forte dos seminaristas.

Escrevi várias peças teatrais para os grupos da vizinhança. Na época, o teatro nas vilas e povoados era o grande acontecimento. Cada lugar queria fazer apresentações teatrais e me pediam para escrever um programa teatral de duas horas, que constasse de uma parte humorística - comédia e trova - e um drama de empolgação e movimento. Lembro-me de alguns dramas: *"Guerra do Paraguai"*, *"Na Caverna do Rei da Morte"*, *"O Ladrão Inocente"*; e das comédias *"Os Três Recrutas"*, *"Rádio Patati Patatá"* e *"Radio Vaiabreca Com Farofa"*. Não sei se ainda existem cópias por aí.

Devo confessar que eu não era um modelo clássico de seminarista, devido ao meu espírito aberto, brincalhão, esportivo, sempre presente nas encenações engraçadas que aconteciam em aniversários e festas da nossa comunidade. Naquele tempo, padrão adequado para o sacerdócio era o jovem de boa família, ponderado, concentrado, contido, rezador, obediente aos regulamentos.

Certa vez, recebi um bolo da casa da minha mãe e convidei alguns colegas para nos deliciarmos com ele à noite, no campo de futebol, existente a alguma distância do casarão. Saímos à surdina, para não sermos apanhados em horário que deveríamos estar na cama. Um dos colegas levou vinho e a festa foi divertida. O acontecimento vazou, os superiores vieram a saber, assumi a responsabilidade, e o resultado foi que me suspenderam por um ano a renovação das promessas de pertença à Instituição. Conforme as regras da nossa Instituição, renova-se o pertencimento anualmente, durante três anos, e então faz-se a introdução como membro definitivo da Sociedade do Apostolado Católico. A isso chama-se Profissão Perpétua. Aquele fato ficou na história e hoje é motivo de brincadeiras.

O Seminário Maior, de São João do Polêsine, era um velho casarão, com rachaduras de assustar. Quando não mais resistiria ao tempo, foi derrubado. Então, edificou-se o Colégio Máximo Palotino, em Santa Maria, no centro do Rio Grande do Sul. Fui um dos que inauguraram a nova escola de estudos superiores. Mas, eu gostava do seminário de Polêsine: havia belas avenidas de taquaras, de cinamomos e de lídias, ideais para caminhar, ler, dialogar, meditar. Além disso, a proximidade do Rio Soturno era boa pedida para banhos e pescarias. Várias vezes mergulhei da ponte do Rio Soturno, ponte existente entre Polêsine e Faxinal do Soturno, ponte de ferro e madeira, cujo piso se situava a uns bons metros acima da água.

Ao final do período dos três anos de filosofia, éramos enviados a fazer um ano de experiência em colégio ou paróquia. Fui destinado a lecionar num Pensionato da nossa Instituição em Faxinal do Soturno. Havia uns cem garotos internos. Promovi o futebol com a garotada e criei um grupo teatral com a juventude do povoado. Na época, não era município. Usávamos a indústria de trilhadeiras marca Tigre, do sr Ângelo Bozzeto, para fazer os apetrechos usados no palco. Um dia, estávamos fazendo um canhão antigo de madeira, imitando os usados na Guerra do Paraguai, e de repente apareceu o seu Ângelo, mascando tradicional charuto.

Perguntou:

- O que vocês estão fazendo?

- Um canhão para o teatro.

- Parece um caixão de defunto – sorriu ele.

Com essa, tratamos de melhorar a fisionomia do tal de canhão, que mais parecia ataúde.

1954
Teologia

Concluída essa etapa, ingressei no estudo de Teologia. Também era lecionada em latim.

Neste período, os seminaristas saíam, aos domingos, para dar catecismo nos povoados circunvizinhos. Ribeirão era um povoado a cerca de cinco ou seis quilômetros de Polêsine, e fui incumbido, certo ano, a dar catecismo para aquela gente simples da colônia italiana. Meu colega, que era padre, ia montado garbosamente num cavalo elegante e eu, mero estudante, numa mula um tanto desengonçada. E o pior de tudo: era minha primeira experiência em montaria. Uma vez, diante da igreja de Ribeirão, pulei com tanta força sobre o animal que fui cair do outro lado. E o povo a rir do valente cavaleiro. Ou muleiro. Por falar nisso, num domingo em que retornávamos ao seminário de Polêsine, após o catecismo, a mula tropeçou nas pedras da estrada colonial e caiu ajoelhada. Eu, desprevenido que estava, voei por sobre a cabeça do animal e fui dar com os costados naquele pedregulho torturador. Ali, havia uma casa onde várias mulheres conversavam animadamente. Quando viram aquela batina voando direto ao chão, uma delas exclamou assustada: "Mária Sánta, el préte se côpa!" (Maria Santa, o padre se mata!). Respondi que a mula era muito católica e queria se ajoelhar em lugar indevido. Cavacos do ofício, como se dizia antigamente.

Posteriormente, nomearam-me para dar catecismo dominical no povoado de Santos Anjos. Lá, íamos de automóvel, gentileza do povo daquela localidade. Nunca esqueço as missas cantadas naquela igreja. Quase todas as colônias italianas, em dias de festa religiosa, cantavam a *Missa Imaculada*, ou a *Missa de São José*, ambas compostas por um Frei idoso, gordinho, chamado Exupério, da Ordem dos Capuchinhos. A música dessas missas, executada por coral a três vozes e tendo como instrumental o harmônio, um clarinete e um pistão, eram inebriantes e festivas. Conheci o Frei Exupério, já de idade, bonachão, no Convento de Ijuí. Contaram-me, não sei se é verdade, que o Frei chegava a dançar com uma vassoura ao compor as melodias dessas missas. Realmente, o kyrie eleison, o glória, o credo, o sanctus e o benedictus, eram e são empolgantes.

Os anos de Teologia foram se sucedendo sem novidades, em Santa Maria. Eu apreciava mais ler os conteúdos das aulas no livro didático do que ouvir o professor. Minha memória é mais visual do que auditiva.

Havia muita oração na vida de seminário. Isso me deixava intrigado. Principalmente a oração repetitiva.

Veja o que eu pensava: Prece é conversa com Deus, conversa inteligente com o Ser de Suprema Sabedoria, então não via cabimento ficar repetindo e repetindo e repetindo a Deus a mesma coisa. Deus não é mouco para eu ficar repetindo. Jesus já havia recomendado: "Seja o vosso sim, sim e o vosso não, não". Noutra ocasião, ele avisou: "Nem faleis muito quando orais, como fazem os que cuidam ser atendidos por causa do muito palavreado". (Mt6,5-15).

Nos diálogos que compartilho na vida do dia a dia, só ocorrem repetições quando alguém não ouviu bem ou não entendeu a ideia colocada. Será que Deus é duro de ouvido ou de inteligência precária? Concordo que há orações cuja repetição reforça a fé do orante. Concordo. Do orante, note bem. Pois, essas preces repetitivas têm a ver com quem está rezando e não com Deus. Deus ausculta até o pensamento mais íntimo e reservado. Foi o que ensinou Jesus: "Vosso Pai sabe o que haveis mister antes mesmo de lho pedirdes". (Mt 5,15).

Veja, em síntese, a oração que Jesus fez ao Pai, pouco antes de partir deste planeta:

"Pai, é chegada a minha hora.
Eu te glorifiquei,
manifestei teu nome na terra

e terminei a obra que me deste para fazer.
Agora, glorifica teu Filho.
E dá a vida eterna a todos aqueles que lhe entregaste. A vida eterna consiste em que conheçam a ti, um só Deus verdadeiro, e a mim como teu enviado.
Agora eu vou para junto de ti.
Pai santo, guarda-os em teu nome, a fim de que sejam um como nós". (Jo,17,1-11).

Exemplo de oração direta, simples, amorosa, carregada de sentimento.

São Cipriano, já ouviu falar de São Cipriano? Dizem que durante certo tempo da sua vida era um famoso feiticeiro, dedicado ao estudo das ciências ocultas. Um dia, encontrou-se com a jovem Justina e, por meio dela, converteu-se ao cristianismo. Foi martirizado e canonizado. Sua popularidade cresceu devido ao famoso *Livro de São Cipriano*, um compilado de rituais de magia, também chamado *Livro de São Cipriano da Capa Preta.* Contei tudo isso apenas para citar uma frase dele, que aqui vem ao caso: *"Deus não ouve a voz, mas o coração".*

Linda frase. Proclamações ruidosas, longas orações, intermináveis preces comunitárias, só terão significado quando nascerem no coração, porque Deus - ensinou São Cipriano - só ouve o coração. Ouvir o coração é sintonizar o sentimento e a verdade interior. Sentimento significa 'coração', verdade interior, e a mente tem a ver com o conhecimento. Quando estiverem os dois harmonizados, aí estarei eu – teria dito Jesus.

Lembro também que o grande escritor e pensador Santo Agostinho disse, certa vez:

"Com o coração se pede. Com o coração se procura. Com o

coração se bate; e é com o coração que a porta se abre".

A oração da Fé é aquela pela qual você crê firmemente naquilo que está dizendo.

A oração da fé explicita a sua verdade interior.

A oração da fé expressa seu sentimento mais íntimo.

A oração da fé sobe ao Alto em linha direta, sem desvios, sem retornos, sem hesitações, sem dúvidas.

A oração da fé faz a fusão da mente, do coração e do espírito.

Durante o período de Teologia, tínhamos um time de futebol consistente. Faltava o uniforme esportivo. Consegui, de um padre amigo, dinheiro para comprarmos camisetas, meias, chuteiras, calções e bola. Mas, o superior da casa não permitiu o uso de calções e camisetas esportivas, alegando que isso chamaria a atenção do povo, que poderia se escandalizar. Essa era a mentalidade. Respondi que mais atenção chamaria verem aquele grupo esquisito jogar futebol de calça comprida e camisa variada. Não adiantou. Só um ou dois anos depois, o uniforme futebolístico foi liberado pela direção da casa.

Falo desses episódios para que você veja que muitas coisas que, em certa época, eram mantidas com intransigência dogmática, tempos depois novos hábitos se encarregam de derrubar. Bem-aventurados os que alcançam a capacidade de discernimento.

Quando eu estava no Noviciado, fazíamos encontros com os capuchinhos de Ijuí e eles jogavam futebol contra nós de batina arregaçada. Era estranho.

Às vezes, penso que a Igreja, em alguns setores, têm bastante dificuldade de sentir os novos tempos e absorvê-los positiva e espiritualmente. Tudo que é novo e fora dos hábitos e costumes é tradicionalmente combatido, até que não seja mais possível. O medo de errar faz com que a novidade seja absorvida tardiamente, o que também é um erro. Um axioma antigo dizia que "é melhor errar na hora certa do que acertar na hora errada". Posso concordar, pois acertar na hora errada não traz o fato de volta e, por isso, não tem mais valor.

Nesse período de estudos superiores adotávamos a pedagogia e a ascese de Schoenstatt, sistema educacional e espiritual criado pelo Padre José Kentenich, sacerdote palotino, fundador do Movimento de Schoenstatt. Kentenich era padre alemão da nossa Instituição e entendia que seu Movimento completava a obra de nosso fundador São Vicente Pallotti, que teria falecido sem deixar completo o ideal do apostolado católico que propusera para sua Sociedade.

As duas ideias principais de Pallotti sequer foram aceitas pela Igreja da época: 1. *Que as constituições e regras de sua Sociedade fossem apenas o Evangelho.* Que ideia genial! Nada mais maravilhoso e fantástico do que ter o Evangelho como fundamento da vida religiosa e como regra de conduta. Mas não foi aceito pelo Vaticano, que exigia regras específicas e concretas. 2. *Que o nome Sociedade do Apostolado Católico não poderia ser usado, pois apostolado católico era a missão geral da Igreja e não apenas de uma Sociedade religiosa.* Pallotti respondeu que todos são apóstolos e não apenas a hierarquia e que até mesmo Nossa Senhora era chamada Rainha dos Apóstolos e nunca fora padre ou sacerdotisa.

Uma terceira ideia inovadora de Pallotti fora aceita: *Que sua Instituição não seria Ordem Religiosa, nem Congregação, mas apenas Sociedade.* E Kentenich, que seria considerado o segundo fundador da mesma Instituição, inovou mais ainda, classificando como apenas *Instituto.*

Kentenich, com seus jovens seminaristas, teria completado a obra de Pallotti. Mas, a ideia não vingou em toda a Sociedade. Apenas fora adotada por certo número de membros. Depois de muito conflito interno, a Santa Sé determinou a separação entre a Sociedade do Apostolado Católico e o Movimento de Schoenstatt. Os membros da Sociedade do Apostolado Católico que quisessem seguir Schoenstatt deveriam passar para o novo Instituto. Eu vivi essa fase. Dois irmãos meus sacerdotes transferiram-se para o Instituto de Schoenstatt e eu permaneci na Sociedade do Apostolado Católico. Mas, como você viu acima, tive formação schoenstateana.

1958
O ano que seria do sacerdócio

Aproximando-se a data da minha ordenação, uma das perguntas que muitas pessoas me faziam era esta:

- Você vai ficar padre? Já pensou que padre não pode casar? E você é tão bonitinho!

Respondo a você o que penso sobre o assunto:

Analisando a origem e a realidade intrínseca do sacerdócio, assim como os primórdios da tradição, e acrescentando minha visão pessoal, entendo que poderia haver três modelos de sacerdócio:

1 – Sacerdote celibatário. É o que vige na Igreja Católica Apostólica Romana ocidental desde os inícios do segundo milênio.

Foi uma medida prática, disciplinar e drástica, como já mencionei, tomada pelo Papa, na época. Mas, mesmo com a liberação do casamento, sempre existirá o sacerdócio celibatário como um carisma individual.

2 – Sacerdote casado. Esta possibilidade, a meu ver, neste momento da história humana, é premente. O celibato limita muito o interesse pelo sacerdócio. A humanidade chega a sete bilhões de seres humanos. Quantos homens casados poderiam dedicar-se ao sacerdócio no seu edifício, no seu bairro, no seu clube, na sua associação, na sua vila, no seu povoado, na sua capela, no seu rincão? Poderiam, inclusive, manter a profissão, na qual seriam fontes de luz, e, nas horas especiais, exerceriam o bom pastoreio, como realização de seu ideal maior. Não há nenhuma incompatibilidade entre sacerdócio e casamento. Ambos são sacramentos. De mais a mais, o casamento dos padres é normal na Igreja Oriental, sem falar de que nas outras denominações cristãs os pastores são geralmente casados. E, voltando ao que escrevi acima, muitos apóstolos, Padres da Igreja primitiva, papas, bispos e sacerdotes, até pouco depois do ano mil eram casados normalmente.

É bom relembrar que o celibato não faz a essência do sacerdócio, é uma disciplina imposta. Há psicólogos que atribuem ao celibato os casos de pedofilia nos meios eclesiásticos. Não há relação, a meu ver. Pedofilia é uma aberração sexual, que requer tratamento psiquiátrico, psicológico, mental e espiritual. Já que estou falando sobre essa chaga, acredito que, na Igreja, não é tão frequente como parece. Posso afirmar de sã consciência que, no universo dos meus 58 anos de sacerdócio, e mais dez anos de estudos superiores como seminarista, nunca soube de um único caso de pedofilia. Não conheci nenhum padre pedófilo – e olha que é longa minha carreira no ramo.

Não estou negando que exista esse desvio sexual na humanidade e, por consequência, nas hostes eclesiásticas, só estou supondo que não seja nenhuma epidemia, embora se trate da abominação das abominações.

Por outro lado, acredito que a diminuição do número de sacerdotes no mundo se deve, em boa parte, ao fato de não poder casar.

Sei que você está ansioso por perguntar-me se, no caso de liberação da vida matrimonial, eu casaria? Não, não casaria. Estou ótimo assim. É o meu caminho. O meu carisma. O meu ideal. Já escrevi sobre isso.

3 – Sacerdócio por tempo determinado. Acredito que muitos gostariam de exercer o sacerdócio por algum tempo. Teriam vontade de dedicar, por exemplo, dois, três, ou cinco anos de sua vida a Deus, pelo sacerdócio, e, após, voltar às suas atividades profissionais, familiares e empresariais. Nesse período reservado exclusivamente a Deus e ao próximo, iriam para as regiões ou ambientes em que se sentissem chamados.

Sei que algum teólogo poderá dizer que essa dedicação pode ser feita sem a necessidade da ordenação sacerdotal. Mas, como diz aquele filósofo, uma coisa é uma coisa, outra coisa é outra coisa.

Quando chegou o momento da minha ordenação, em dezembro de 1958, não pude ser ordenado com meus colegas de Teologia, por não ter a idade mínima então exigida, que era 26 anos. Estava com 24 anos de idade.

1959
Quatro meses depois

Dias antes da minha ordenação, ocorrida em cinco de abril de 1959, apareceu, no seminário, um sacerdote chileno, muito conceituado, principalmente junto à juventude, chamado Ernesto Duran. Numa palestra, referindo-se aos futuros sacerdotes, disse que é tradição que o pedido feito pelo ordenando, no dia da ordenação, infalivelmente seria atendido. Fiquei refletindo sobre o assunto a ver que pedido faria eu. Tinha que ser algo muito especial. Ah, tinha que ser! Não poderia eu gastar chumbo em ximango – como diria o gaúcho. Então, que pedido seria? Pensei e pensei e repensei, pois tinha que encontrar o melhor e mais importante para mim.

Você, que pedido faria? Ter saúde? Pregar bem? Não desistir nunca? Ter sucesso? Trabalhar num lugar muito apreciado? Ser reconhecido? Famoso?

Aí estava eu, às vésperas da ordenação, com uma chance única de fazer um pedido, com a certeza de que Deus me atenderia. Depois de muito meditar, fiz o meu pedido. Acertei, foi o melhor que poderia querer ao longo da vida.

Está com inveja deste meu privilégio? Não seja por isso.

Explico por quê: Quando comemorei cinquenta anos de sacerdócio, no dia 4 de abril de 2009, contei, no sermão, sobre essa história do meu pedido, e roguei a Jesus que, dessa vez, transferisse esse privilégio a todas as pessoas que celebravam comigo o Jubileu de Ouro. Senti e acreditei que o Mestre me dera essa concessão. Agora, passo-a também a você, pois, se está me lendo é porque gosta de mim, é meu amigo, é minha amiga do coração. Nada mais justo do que conceder a você também este privilégio único: O pedido que você fizer agora lhe será concedido com igual infalibilidade, como me aconteceu. Maravilha. Pule, cante, vibre, que essa é sua grande chance. Pare a leitura, concentre-se, faça seu pedido, agradeça a Jesus Cristo, e vá para o abraço, como se diz no futebol, isto é, festeje a realização dele. Mas, atenção, seja pedido pessoal e não para outras pessoas. A chance é só sua, esse privilégio é unicamente seu. Então, o que é que você pede para si? Seja específico, claro, determinado. Visualize-o como já acontecendo em sua vida. Ponha detalhes. Acredite que assim é e assim será.

Feche os olhos. Peça. Visualize. Acredite. Agradeça. (Pausa)

Agora você quer saber o que eu pedi, sei da sua curiosidade.

Pedi para ser feliz e fazer as pessoas felizes. Isso mesmo: pedi para ser feliz no sacerdócio e na vida. Sempre. Acertei na mosca – como se dizia antigamente.

No meu santinho de ordenação, coloquei uma frase de São João Crisóstomo, santo originário de Antioquia, advogado de talento, que se tornou sacerdote e exímio pregador. Viveu de 344 a 407. Crisóstomo não era sobrenome, mas apelido. Crisóstomo é termo grego que significa boca de ouro. Por sinal, a certa altura da sua caminhada, foi exilado pela Igreja para uma pequena localidade da Armênia.

A frase dele, que copiei, era esta:

"Eu fiz o céu e a terra, mas a ti, ó sacerdote, dou-te o poder de transformar a terra num céu resplandecente".

No rodapé do santinho, registrei um pensamento meu: *"A maior felicidade é fazer os outros felizes".*

Dezenas de anos depois, Madre Tereza de Calcutá dizia:

“Você não tem o direito de sair da presença de uma pessoa sem deixá-la melhor e mais feliz”.

Aquela adolescente judia, chamada Anne Frank, autora de *O Diário de Anne Frank*, escreveu:

”Quem for feliz, torna felizes também os outros”.

Mais tarde, colecionei uma frase muito significativa de Osho, (1932-1990), famoso guru indiano, filósofo místico: *“Uma pessoa realmente feliz não precisa rezar. Sua oração é a própria felicidade. E não existe oração mais alta que ser feliz”.*

Considero esta frase de sabedoria muito profunda, difícil de ser entendida pelo comum dos mortais. Uma pessoa feliz já é uma oração, sim, oração do ser humano na sua dimensão total: corpo, mente, coração, espírito e Deus - Suprema Felicidade. A natureza intrínseca dessa fusão envolve a humanidade e o universo. Não há oração mais perfeita do que essa união em que toda a dimensão do ser se faz prece. Mas, quem não é feliz, esse precisa orar, chegar até Deus, resolver a dicotomia.

Posso dizer com sinceridade que o meu pedido se cumpriu fielmente. E está se cumprindo. Sou agradecido a Jesus e ao chileno Ernesto Duran, que me fez conhecer essa possibilidade milagrosa.

Escrevi vários livros sobre felicidade, pois a considero o fundamento da vida humana. Num desses livros assinalei que o paradigma da santidade não é a renúncia, nem a oração, nem o sacrifício, nem a filantropia, mas a felicidade. Isso é muito claro, porque Deus não é a Suprema Renúncia, nem o Supremo Sacrifício, nem a Suprema Oração, nem a Suprema Filantropia, mas a Suprema Felicidade.

Dentre os meus livros que abordam esse tema, posso citar: *“As Regras da Felicidade”, “Porque as Pessoas Felizes São Felizes”, “Otimismo e Felicidade”, “A Vida É Uma Festa”, “Abrace a Vida - Você*

Merece Ser Feliz", "VivaVida", "Celebre – Faça a festa da vida".

Certa vez, esteve em Santa Maria meu Superior Geral, de Roma, Séamus Freeman, e, na conversa que mantivemos, avisou-me que havia alguns erros nos meus ensinamentos. Desejei logo saber quais, pois errar é humano, permanecer no erro é idiotice.

- O senhor é contra o sofrimento – acusou ele.

- Claro que sou contra o sofrimento – respondi-lhe. - O senhor não é contra o sofrimento? Quando sente dores de cabeça não toma analgésicos? Quando tem problemas de estômago ou fica doente, não toma remédios para eliminar o sofrimento? Não vai a médico nunca? E os que sofrem de depressão não devem tomar estimulantes ou calmantes? Tem que sofrer? O senhor nunca fez cirurgia? Jamais foi ao dentista?

O sofrimento, seja por ascese ou por doença, é sempre um mal, enfraquece o sistema imunológico, diminui a capacidade existencial, congestiona os órgãos, libera hormônios maléficos, prejudica a saúde e atrapalha as lides diárias. Sofrimento gera estresse e estresse é caminho de mais de oitenta enfermidades. Seria ingenuidade supor que o sofrimento tenha sido mandado por Deus. Nada mais é do que consequência, ou seja, efeito de uma causa. É evidente que a causa não é boa, do contrário traria saúde, bem-estar, alegria e paz de espírito. As energias gastas em suportar o sofrimento estoicamente poderiam ser carreadas para algo positivo e benéfico.

- Mas, Jesus sofreu na cruz – insistiu ele.

Respondi:

- Jesus não sofreu na cruz apenas por sofrer, porque não era masoquista. Sofrimento apenas pelo sofrimento não tem nenhum sentido. A escalada do calvário nada mais é que o cumprimento de uma missão que, segundo Ele, lhe fora determinada pelo Pai, com a finalidade de salvar a humanidade. Jesus, ao carregar a cruz, estava cumprindo a missão de libertar a humanidade de seus descalabros.

Dei um exemplo:

- Os escaladores do Everest não o fazem com o intuito de sofrer frio, padecer na neve, correr risco de vida, passar horas terríveis, ameaças de morrerem congelados. O sonho e a glória deles é chegar ao topo do Everest e, para tanto, enfrentam todas as dificuldades e sofrimentos que surgirem. Sofrimento, no caso, não é um fim, mas decorrência natural da trajetória.

Gostei da nossa conversa, pois significava um proveitoso debate. Indesejável é quando um Superior se investe do cargo para ditar ordens, como se fosse detentor único da Sabedoria do mundo. O diálogo está na raiz da fraternidade, é escada de cultura e aprendizado, e sinal de respeito e compreensão de que todos somos iguais perante Deus. Eu não estava aí diante de um Superior, mas de alguém que propunha um debate sobre o sofrimento. Nesse caso, dialogávamos de igual para igual. Até porque, como disse, a verdade não é patrimônio da autoridade. Já vi e ouvi muita autoridade prorromper em frases que não resistiriam a uma pequena análise mais profunda. Jesus ensinara: "Quem pretender ser o primeiro seja o último e servo de todos".(Mc 9,35). Por sinal, na linguagem de Jesus não existe superior nem inferior. Todos somos irmãos. Inclusive, avisou que ser o maior no reino dos céus é ser como as crianças. Veja o texto do evangelho:

"Naquele tempo, os discípulos aproximaram-se de Jesus e perguntaram:

- Quem é o maior no Reino dos Céus?

Jesus chamou uma criança, colocou-a no meio deles e disse:

- Em verdade vos digo: se não vos converterdes, e não vos tornardes como crianças, não entrareis no reino dos céus. Quem se faz pequeno como esta criança, este é o maior do reino dos céus. E quem recebe em meu nome uma criança como esta é a mim que recebe." (Mt 18,1-5).

Chama a atenção que o Nazareno não colocou como modelo o adulto sério, piedoso, santo, sacrificado, contido, separado, consagrado, mas a criança. Fez uma reviravolta nos conceitos espirituais e nos valores ascéticos. Não, modelo de vida perante Deus não é o monge austero e silencioso, o recluso das comunidades essênias, era a criança. Sim, a criança. Note bem, a criança. Uma autoridade religiosa deve ser como as crianças. Será que a criança consegue entrar na cabeça sisuda, comprometida com responsabilidades e com as leis eclesiásticas?

Eu fui educado, na família, na escola, no seminário e na religião, a ser adulto. Crescer e ser adulto, que ser adulto é o padrão da maturidade. Minha índole jocosa, divertida, alegre, não condizia com o adulto preconizado como paradigma do sacerdócio.

Aí vem Jesus, ergue o dedo, e diz : "Não, não seja adulto. Este não é meu modelo. Nada de adulto. O adulto é cheio de si, concentrado no seu ego, sério demais, não brinca, não se alegra com pequenas coisas. É muito ocupado, não tem tempo para ouvir minhas palavras. Não, adulto não. Seja como as crianças, dessas sim é o reino dos céus".

Claro que Jesus não usou as palavras acima, mas a ideia é a mesma.

Mas, como seria a criança?

A meu ver, seriam essas as qualidades de uma criança:

1. Simples, humilde, positiva, carinhosa, amorosa, feliz, dire-

ta, verdadeira, alegre, afável, radiante, irradiante, prazerosa, límpida e leve.

2. Não é falsa, nem rebuscada, nem magoada, nem séria, nem exigente; não carrega o passado e não julga pela raça, cor, riqueza, cultura ou crença.

3. Vincula-se pelo amor e não por neologismos religiosos, como pertença, compromisso, deveres, regras, mandamentos, obrigações. Não entende essa linguagem.

4. Gosta de brincar, rir, se divertir, cantar, e de animais.

É bom que a hierarquia religiosa não leia esse texto do evangelho para não ter que dar uma cambalhota nos seus padrões religiosos.

A verdade sobrepuja o tamanho das hierarquias. Enquanto eu estiver de posse da minha verdade, não há porque abaixar-me diante da autoridade. Mas, se a autoridade se revestir da verdade, maravilha, sigo de imediato.

Lembra-se do meu relato da escalada ao Pico do Marumbi? Encharcamos a roupa com a chuva que despencou durante a subida, sofremos arranhões pelo corpo, enfrentamos momentos de muito perigo, cansamos até não poder mais, mas só o que sentíamos era o prazer da aventura e o sonho de chegar ao topo. Aplicando ao caso de Jesus, ele sabia que a redenção da humanidade estava no cume do calvário e que a culminância demandaria enormes sacrifícios físicos, morais e emocionais, mas era lá que estava o seu sonho mais alto em benefício de toda humanidade. É por isso que eu penso que a semana santa deveria ser semana de festa, com a celebração mais alta na sexta-feira, quando seria lembrado o grande Herói maior do planeta, que deu a vida pela salvação de todos. Adorável Jesus. No Primeiro Encontro de Espiritualidade, que realizei na semana santa de 2017, exatamente às três horas da tarde de sexta-feira fiz um memento especial com meditação sobre quatro canções cantadas em vídeo para os participantes: "Quão grande és Tu", "Mais perto de ti, meu Deus" e "Oh Happy Day" e "Amazing Grace".

Mesmo lembrando, com emoção, os sofrimentos da tragédia e o significado para a libertação da humanidade, a história do Cristo não termina no calvário, mas na ressurreição. Foi o que ele revelou: "É necessário que o Filho do homem passe por muitos sofrimentos... mas no terceiro dia ressurgirá". (Mc8,31)

A ressurreição assume dois significados da mais alta relevância: primeiro, prova que a cruz foi um gesto de amor em cumprimento de uma missão e não imposição inapelável de Caifaz e Pilatos; segundo, avisa que o Cristianismo não termina na cruz, mas na glória maior, no poder, na alegria, na divindade, na ressurreição.

No verão de 2015, ao retornar de uma caminhada saudável pelas areias da praia de Tramandaí, liguei a televisão e casualmente a tevê estava sintonizada num canal religioso e o pregador fazia apologia do sofrimento de Jesus, insistindo que todos sofremos, que o sofrimento é parte da vida, e nada melhor que se espelhar no sofrimento do Cristo.

Então, peguei um papel e comecei a analisar o assunto:

Jesus sofreu? – Sofreu.

Quis o sofrimento? – Não. "Pai, afasta de mim este cálice!"

Sublimou o sofrimento? – Sim, tornou-o ato redentor.

Venceu o sofrimento? – Sim, ressurgiu triunfante.

Quer que soframos? – Não, não é sádico. Pelo contrário, libertou-nos do sofrimento.

Seguir a Jesus é sofrer? – Não, seguir a Jesus é pertencer ao seu novo Reino de Amor e ser feliz, pois ele avisou que o reino dos céus está dentro de cada um, e não o calvário.

A Jesus agrada o nosso sofrimento? – Não. Nosso sofrimento é efeito e se o efeito não é bom, a causa não é boa. Sofrimento estressa e adoece o ser humano.

O sofrimento nos faz melhores? – Não necessariamente. Pode até nos tornar revoltados e cruéis.

O sofrimento cura? – Nunca. O mal não produz o bem. O sofrimento abate o sistema de defesa do organismo.

O sofrimento ensina? - Sempre. Uns aprendem, outros não.

Pregar o sofrimento faz bem? – Faz mal. Clarifica um deus sinistro, ressentido, sádico, de mal com a vida. E conduz a pessoa à fragilidade física.

Para muitos religiosos e teólogos, o sofrimento seria elemento básico da ascese de Jesus. Nada mais equivocado.

Posso alinhar alguns argumentos:

1 – Jesus disse que existe felicidade e avisou onde ela se situa: dentro de cada um, portanto é inalienável.

"O reino dos céus está dentro de vós mesmos". Reino dos céus, felicidade, "celestialidade", são sinônimos. Se o reino dos céus está dentro - e reino dos céus é antissofrimento - significa que Jesus não pregou o sofrimento, mas a felicidade. Tanto é verdade que, certa ocasião, quando transmitia entusiasmado a sua mensagem, um homem, dentre a multidão, gritou empolgado: "*Feliz de quem se banquetear no reino de Deus!*" Banquetear-se. Banquete é paradigma de festa, de alegria, de confraternização, de prazer, de risos, de boa comida e bebida, e não de mortificação e renúncias.

Posso continuar citando Jesus:

"Mas, a vossa tristeza se converterá em alegria e ninguém mais vos tirará a vossa alegria". (Jo 16,22). Jesus, o pregoeiro da alegria perene: "Ninguém mais vos tirará a vossa alegria".

Ouça o Mestre proclamando:

"Bem-aventurados vós que chorais, porque haveis de rir". Haveis de rir. Alegria, riso, felicidade, três belas propostas do Mestre.

Acrescento ainda outro momento, quando Jesus avisou:

"Até agora nada pedistes. Pedi e recebereis para que a vossa alegria seja completa". A vossa alegria seja completa. A vossa alegria.

Para reforçar esta tese, cito a sabedoria da Bíblia: *"Um coração alegre tem um perpétuo banquete".*

Diz, ainda, a bíblia:

"A alegria do coração prolonga a vida, ao passo que a tristeza a encurta".

Tem mais essa frase do livro sagrado:

"Um coração alegre serve de bom remédio ao passo que um espírito abatido virá a secar os ossos".

Por fim, ninguém melhor do que a Medicina para mostrar os benefícios da felicidade, da alegria e do riso, assim como os malefícios do sofrimento.

A tese de que o sofrimento purifica e santifica, também não é verdadeira, já que a uns o sofrimento desespera e a outros eleva, a uns santifica e a outros serve de acusação contra a imaginária crueldade de Deus.

Que fazer com o sofrimento?

Antes de tudo aceitá-lo. Não estou falando em resignação. Aceitar é reconhecer que ele está aí, tem uma razão específica, foi produzido pela própria pessoa. Em segundo lugar, aprender a lição e já tratar de livrar-se dele. A dor, por exemplo, é um alerta, uma campainha, um aviso de que algo está mal e precisa ser reparado. Recebido o sinal, é de bom senso buscar alívio e sanar o mal.

Para concluir esse assunto: a felicidade atrai, o sofrimento afasta.

Por fim, quero dizer que o paradigma da santidade é a felicidade. Já escrevi sobre isso. Quanto maior a felicidade, maior a santidade. Nunca ouviu aquela tradicional frase ascética de que "um santo triste é um triste santo"?

5 de abril de 1959

Enfim padre

Havia uma lei eclesiástica que, iniciado o último ano de Teologia, o postulante podia ser ordenado com qualquer idade. Foi o que aconteceu comigo: fui ordenado por Dom Antonio Reis, Bispo de Santa Maria, no dia 5 de abril de 1959, com 24 anos. Um dia chuvoso. A igreja Na. Sa. das Dores, do Bairro Dores de Santa Maria, lotada. Ordenação sacerdotal, na época, era grande acontecimento.

Dom Antonio Reis era um bispo muito conceituado em Santa Maria e amigo da família dos meus pais. Já fazia tempo que estava doente no Hospital de Caridade, mas meu pai, por educação, foi dizer-lhe da minha ordenação e, de imediato, Dom Antonio respondeu: "Eu vou fazer a ordenação do seu filho". Lá estava ele acamado, enfraquecido, enfermo, mas seu ânimo incendiou-se e prometeu realizar minha ordenação. E foi. Apesar de a cerimônia ser longa, Dom Antonio portou-se com firmeza e tudo saiu à maravilha. Inclusive, participou do almoço festivo, após a celebração. E lá aconteceu algo inesperado. Dom Antonio Reis estava à minha direita e o coadjutor Dom Luiz Victor Sartori à minha esquerda.

Sendo cumprimentado pelo amigo Diretor da Rádio Imembuí, Dr Antonio Abelin, convidei-o a sentar na minha mesa. Foi então que ouvi Dom Antonio irritar-se com o Abelin por ter concedido espaço, na Rádio Imembuí, para o candidato comunista à presidência da república, Luiz Carlos Prestes, que se dizia, na campanha eleitoral, o Cavaleiro da Esperança. O Dr. Antonio alegou que tinha proposto uma soma de dinheiro muito elevada para evitar que o candidato aceitasse, mas ele aceitou.

A grande festa do novo sacerdote acontecia no dia da primeira missa solene. Celebrei-a no domingo seguinte, dia 12 de abril de 1959, na igreja das Dores, bairro onde meus familiares viviam. O pregador foi um famoso orador, que eu admirava demais, chamado padre Dorvalino Rubin. Ao meio-dia, banquete, com muitos convidados. À noite, homenagens. Tudo muito significativo.

Pela primeira vez, ordenação e primeira missa sacerdotal foram filmadas, por essas bandas. Era meados do século vinte. Até então, a fotografia se constituía no documento histórico de eventos. Conversei com um confrade, Irmão Ademar Rocha, e ele aceitou o desafio. Possuía uma filmadora 16 milímetros. Para iluminar bem o foco da filmagem, fez uma enjambração de luz com quatro lâmpadas comuns, e assim conseguiu dar conta do recado. Com o tempo, passei o filme para oito milímetros, e agora tenho em DVD. Fico até emocionado de ver os pais, irmãos, padrinhos, tanta gente viva lá no filme, mas já pertencendo à outra Dimensão.

A base da minha pregação

Na noite da ordenação, fiquei pensando como seriam minhas pregações, que tipo de mensagem transmitiria ao mundo.

E tomei duas decisões:

Primeira: Só vou pregar aquilo que acredito. Só direi ao mundo a minha verdade pessoal, embasada na verdade universal.

Por certo, você acha que isso é óbvio. Nem tanto. Você sabe que tem gente que diz uma coisa, pensa outra e faz outra.

Quando o orador fala do que acredita, as palavras fluem iluminadas e incendiadas pela energia da mente e do coração. São palavras de fogo, que tocam a alma do ouvinte. Podem não ser aceitas, mas são recebidas como vindas de uma pessoa verdadeira, que mantém a univocidade entre a palavra e a crença. Ainda hoje sigo à risca esse preceito pessoal.

Por mais grandiosa ou incrível que seja minha mensagem, ela nasce do conluio inseparável entre mente e coração. Quem a escuta, percebe a certeza de que acredito nela. Prezo demais a coerência. Jamais deveria existir um pregador que não acredite no que ensina.

E não basta convicção, é necessário entusiasmo. De origem grega, a palavra entusiasmo é um composto do prefixo *en,* que significa dentro, e *Theós*, que significa Deus. Entusiasmo: Deus dentro, Deus no interior da pessoa se manifestando.

O conhecimento é manifestação da mente, o entusiasmo é fogo do coração. Sem entusiasmo, a palavra não sai do coração. Consequentemente, não tem como alcançar o coração do ouvinte. E é o coração que se comove e se converte.

Isso não quer dizer que eu esteja fechado no casulo de mim mesmo. Repito: Não significa que fico travado em algumas verdades aprendidas no seminário. O mundo não para, a vida avança, as realidades e verdades vão se desfazendo e fazendo a toda hora, a ciência vai levantando o tapete do desconhecido de dia para dia, por isso continuo ouvindo, lendo, assimilando tudo que for possível e estiver ao meu alcance. Não sou daqueles que só leem assuntos publicados em revistas religiosas. Elas, no mais das vezes, são acervos de mesmices. Leio qualquer autor e pensador que me agrade, seja qual for sua identidade ou filosofia, porque todos têm algo de bom a oferecer e ampliam os horizontes do meu conhecimento. Leio três a quatro jornais por dia, percorro as páginas da *Veja, Época, Seleções,* e outras revistas, bisbilhoto a literatura atual, vasculho os canais de televisão à caça de reportagens, biografias e relatos científicos, além de entrevistas sobre temas atuais. Não aprecio novelas porque é muita perda de tempo – para mim, note bem – ficar engolindo desentendimentos, ciúmes, raivas, ódios, crimes, sofrimentos, desgraças, para, seis meses depois, deparar com um final um tanto quanto feliz. É algo como aquele louco que batia com o martelo na testa. Perguntado por que fazia isso, respondeu: "Você não sabe como é bom quando paro de bater!" Sei que deveria ver novelas para extrair conceitos, preconceitos, sentimentos, crenças e tendências possíveis da humanidade. Mas, sei também que, segundo os cientistas, tudo que é mau, ruim, negativo, triste, doloroso, desgraçado, enfraquece o timo, centro das energias, e abala o sistema imunológico, além de criar um inconsciente coletivo infeliz e desanimador.

Também sintonizo várias rádios em alguns momentos. E tenho o Google como companheiro inseparável. Sem falar das inúmeras mensagens enriquecedoras que recebo via e-mail.

Como não sou funil, nem tonel das Danaides, analiso e recolho apenas o que me serve, me acrescenta e me diverte. Ouço tudo, leio tudo, vejo tudo, depois separo o joio do trigo, segundo minha verdade. Não tenho qualquer indisposição de ouvir, ou ler, ou ver, ou assistir o que quer que seja e a quem quer que seja, por medo que abalem minhas convicções e crenças. Leio, ouço, assisto, depois faço a triagem do que se me apresenta como verdade e o que me faz bem. Até um exemplo ao avesso me serve de ilustração. A laranja, por ser laranja, é sempre gostosa e benéfica, quer tenha vindo do quintal do bispo, do pastor, ou de um ateu. Já falei acima sobre fundamentalismo. Isso eu não sou. Também já tenho palestrado em centros espíritas, de umbanda, em igrejas de outras denominações, em ambientes neutros, enfim semear a boa semente pode produzir bons frutos em qualquer lugar. Quem não é contra vós é por vós – ensinava o Mestre.

Penso que todo ser humano deve ser educado sobre estas colunas básicas: espírito crítico, autonomia de pensamento, capacidade de análise, consciência ética, criatividade, poder de decisão, liberdade e força de ação. E sempre perseguir a verdade, onde quer que ela esteja. Mais um acréscimo: Deus. Quem não tem um Deus amoroso que o ampare, cairá no vazio e perderá a alegria de viver.

Espírito crítico é a capacidade de analisar, avaliar o que chega até mim, e discernir sobre o que recebo.

Autonomia de pensamento é a consciência do direito que tenho de aceitar ou não o que me é oferecido.

Capacidade de decisão é a condição interna de seguir o meu próprio caminho.

Liberdade de ação é sentir-me desamarrado para agir conforme a minha verdade e não sob imposição. Cabe-me a liberdade até de desaprender o que aprendi. Liberdade de pensamento é uma das maravilhas do ser humano. Conceitos radicais não raro estressam, porque obrigam muitas vezes a remar contra a correnteza.

Entendo que os colégios deveriam fundamentar os ensinamentos conduzindo os alunos a se moverem em cima dos critérios mencionados. Essa formação evita serem vítimas de imposições e ideologias políticas ou religiosas. Ideologias políticas têm colocado muita gente na cadeia. E ideologias religiosas têm perturbado e até condenado inúmeras pessoas ao longo da história. O Padre Anthony de Mello, jesuíta, escritor, conferencista, psicoterapeuta, falecido em 1987, em Nova Iorque, escreveu: *"O homem não é cruel por natureza. Faz-se cruel quando é infeliz... ou quando se entrega a uma ideologia"*.

Não foi a ideologia religiosa que crucificou Jesus e condenou cristãos à fogueira?

O Mestre já dizia:

*"Conhecereis a verdade e a verdade vos libertará".(*Jo,8,32).

Percebeu o que disse o Mestre? "A verdade vos libertará". Ficar enrustido em ideias e crenças que não fazem sentido no mundo de hoje e que não têm a ver com a palavra de Jesus, só me trariam ansiedade e mal-estar.

A segunda decisão se refere à minha visão de ascese e ao modelo de mensagem que me agrada transmitir:

"Não pregarei contra o Mal, mas a favor do Bem".

Pregar contra o mal é dar espaço e valor a ele. É dar visibilidade ao que não merece. É assustar, neurotizar e deprimir o ouvinte. De mais a mais, é dar força ao que não existe. Quando o famoso filósofo e teólogo Santo Tomás de Aquino escrevia suas teses, não encontrava explicação para a origem do Mal, já que o mesmo não poderia ser originário do Criador. Até que um dia, estando num almoço, com a preocupação da tese na cabeça, exclamou, de repente:

- Descobri.

- O quê? – perguntaram-lhe.

- A origem do Mal.

- Como é?

- O Mal é a ausência do bem. Consequentemente, o supremo Mal é a suprema ausência do Bem. A suprema ausência é a inexistência. Logo, o Mal não existe em si mesmo. É sombra e sombra nada mais é que ausência de luz. Anote: A escuridão nada mais é do que ausência da luz. Não prego a escuridão, falo sobre a luz. Jamais falei e falarei sobre diabos, infernos, e crenças horrorosas. Falo com prazer sobre Deus, amor, felicidade, paraíso, anjos, alegria, poder da fé e tantas verdades que elevam, dão ânimo, fortalecem, alegram, geram paz de espírito, trazem elos de solidariedade e esperança ao coração.

Tito Lívio, (59AC), teve como base de sua educação o estudo da retórica e da filosofia.

Escreveu:

"A sinceridade não é dizer tudo o que se pensa, mas em crer

em tudo que se diz".

Concordo. É minha prática.

Ninguém, por exemplo, me ouviu pregar sobre diabos. A primeira e última vez que falarei sobre isso é neste livro, apenas porque estou contando minha vida e meu pensamento. Não dou nenhum poder ao Mal, menos ainda ao que eu suponho não existir. E, se diabo existisse, jamais seria promovido à minha custa. Não seria eu escada para o tal de capeta, chifrudo, cabra do mal, e outros nomes ridículos que circulam por aí. Mas, volto a dizer-lhe confidencialmente, porque publicamente não lhe daria a mínima chance: a meu ver, diabo não existe. Deixo-lhe aqui à sua consideração o que escrevi no jornal *Diário de Santa Maria*, quando fizeram pesquisa sobre existência do diabo e quiseram ouvir a minha palavra:

"Por volta do ano mil começaram a proliferar os teatros de bonecos apresentados nas igrejas, a fim de ilustrar a religião ao povo simples. Para se contrapor a Deus e ao Bem, os teatrólogos criaram o personagem do Mal: o diabo. Quando as igrejas perceberam que o povo levava a sério esse personagem, tornando-o verdadeiro no seu elenco de crenças, esses teatros foram proibidos nos templos. Eliminada a possibilidade de os mambembes apresentarem suas peças religiosas nas igrejas, saíram a viajar pelos povoados e cidades, fazendo apresentações em lugares independentes dos templos. O que era apenas alegoria, forma de gerar luta entre o Bem e o Mal, entrou no imaginário popular como verdade. A uns, o mítico diabo serviu de motivo de diversão, configurado como uma entidade monstruosa, expelindo fogo com cheiro de enxofre, casco bipartido, nariz adunco, rosto de bruxo, jeito de morcego, sorriso maligno, rabo de cavalo; a outros era um personagem todo trajado de vermelho, guampas pretas e com luvas escuras nas mãos, segurando uma forca ameaçadora; a certas pessoas, o diabo se manifes-

tava como ameaça séria aos que se portassem mal, com direito a jogá-las num caldeirão fervente no reino do inferno, submundo tenebroso para onde seriam jogadas as almas pecadoras; a outros mais, surgia como perturbador da paz e da felicidade, encarregado de oferecer tentações e seduções que pudessem encantar e trazer para si as pessoas que caíssem em suas malhas. Como dizia minha amiga: Não há o que não haja.

Algumas religiões alertavam e alertam sobre a existência e ação do maligno tentador, propagandista de um mundo de prazeres, que elas condenavam; para certas Igrejas severas, o capeta era e é uma maneira de incutir medo em seus crentes, com o intuito de mantê-los filiados a seus credos, única forma de serem libertos das garras do sedutor e das fornalhas do inferno.

Existe o diabo? Sim, existe no imaginário, no folclore, no mito; não na realidade. Crença em diabo é superstição, com possível origem no paganismo. Possessão demoníaca é equívoco. Trata-se de paranormalidade patológica. Apresso-me, no entanto, a respeitar os que mantêm opinião diferente. Cada um na sua; cada qual com seu cada qual, como diz o outro. Como disse, jamais falei de diabo em todos os anos de minha vida, pois não vejo porque dar força ao que não existe e cuja crença gera perturbações devastadoras, principalmente em pessoas sensíveis, impressionáveis e escrupulosas. Prefiro falar em Deus, no Bem, na maravilha que é o ser humano, imagem e semelhança divina, obra-prima do Criador.

Repito aqui o apóstolo Paulo: "Sois templos do Altíssimo que em vós habita". No templo em que o Altíssimo habita não há lugar para entidades absurdas e antagônicas. Disse mais: "Nele somos, nos movemos e existimos". Em Deus somos.

Santo Agostinho, um dos luzeiros da Igreja, grande filósofo, te-

ólogo, escritor, pensador e santo, escreveu que Deus é mais interior ao homem que o próprio homem. Veja: ´A alma é pensamento (lógos) que se exprime em conhecimento (tó ón, "ser") e se ama a si mesmo nesse conhecimento (nous, "espírito"). Ora, análogo a Deus, o homem reproduz o mistério trinitário e, conhecendo-se, conhece-se como imagem e semelhança de Deus. Conhecer-se e amar-se nesse conhecimento, é conhecer e amar a Deus, mais interior ao homem do que o próprio homem´.

Percebeu o que ele disse? – "Deus é mais interior ao homem do que o próprio homem". Então, como poderiam habitar o meu ser Deus e o tal de diabo?

O evangelho fala em demônio e espírito do mal. Demônio era uma palavra originária da língua grega, idioma corrente na Palestina do tempo de Jesus. Dáimones – grego – era vocábulo usado para expressar fenômenos inexplicáveis na época, tanto bons quanto ruins. Menandro, (342a.C.—291a.C.), dramaturgo grego muito conceituado, com educação apurada, discípulo de Teofrasto, escreveu: "Junto de cada homem, desde seu nascimento, há um demônio, para bem guiá-lo pela vida afora". Por essa frase se percebe que o dáimon grego nada tem a ver com o diabo. Pode até ser um anjo, segundo Menandro. Dizem que Sócrates tinha um dáimon positivo que falava ao seu ouvido. Hoje diríamos clariaudiência, fenômeno da parapsicologia, ou melhor, da paranormalidade. O latim passou a empregar a palavra daemon, que se pronuncia demon, de onde se originou o termo demônio para significar a entidade do mal.

Espírito do mal, espírito imundo, espírito maligno, demônio, eram termos usados para denominar os vários tipos de enfermidades, tanto psíquicas quanto físicas. As várias cenas em que ocorrem esses fenômenos, nos evangelhos, são comentadas e explicadas em meu livro:

"*O Centurião Que Espionava Jesus a Mando de Pilatos*". Este o texto que escrevi no jornal.

Gostaria de citar-lhe aqui a palavra de Sidhartha Gautama Buda:

"*Não acredite em algo simplesmente porque ouviu. Não acredite em algo simplesmente porque todos falam a respeito. Não acredite em algo simplesmente porque está escrito em seus livros religiosos. Não acredite em algo só porque seus professores e mestres dizem que é verdade. Não acredite em tradições só porque foram passadas de geração em geração. Mas, depois de muita análise e observação, se você vê que algo concorda com a razão, e que conduz ao bem em beneficio de todos, aceite-o e viva-o*".

Penso que dar as culpas dos erros e maldades a um diabo sedutor e tentador é querer justificar-se e se eximir de responsabilidade. É repetir Adão e Eva: "A culpa foi da mulher que me deste por companheira" ... "Não, a culpa foi da serpente".

Vale mais ser humilde, reconhecer o próprio erro, assumir a responsabilidade, perdoar-se e pedir perdão – e parar de inventar moda. Não precisa se esconder, como fizeram nossos primeiros pais, segundo a parábola bíblica, porque Deus é Pai, é misericordioso, e nos ama não pelo que fazemos, mas pelo que somos.

E que diria eu sobre inferno? Os infernistas falam em condenação ao fogo da geena, mas geena era o lixão de Jerusalém, que queimava continuamente os resíduos da capital.

"Geena refere-se ao Vale de Hinom, fora das muralhas de Jerusalém. Este vale era usado como depósito de lixo, onde se lançavam os cadáveres de pessoas que eram consideradas indignas, restos de animais, e toda outra espécie de imundície. Usava-se enxofre para manter o fogo aceso e queimar o lixo. Jesus usou este vale como símbolo da destruição eterna". (Google).

Tem geena lá por cima? Se houver, vamos convocar os bombeiros. Até o fogo da geena tem fim. Com certeza, já nem existe mais a queima do lixo no Vale do Hinom. De mais a mais, é de se indagar se de fato ele teria falado aquela frase, ele que pregou o perdão, a compaixão e a misericórdia. Mais do que isso, veio para dizer que a essência de Deus, da vida e do universo, é o amor.

Não me chame de herege, porque inferno não consta no Credo. Deus me ama não por quem eu sou, mas por quem Ele é. Se aqui no Brasil, onde ninguém é santo e nem supremamente sábio, a pena maior é prisão perpétua, que por Lei não vai além de trinta anos e, ainda assim, sem fogo, com cama, comida e atendimento médico, como é possível imaginar um Deus amoroso e misericordioso jogar seus filhos num fogo, não de trinta anos, nem de um milhão de anos, nem de dois bilhões de anos, mas eterno?! Por favor, parem com isso! Além do mais, Deus não castiga ninguém, somos nós que obtemos as consequências de nossas atitudes. Aqui se faz, aqui se paga – esta é a verdadeira filosofia existencial. Aqui se planta, aqui se colhe. Mude a plantação e mudará a colheita. Simples assim. Acredita você que Deus, que nos criou como seus filhos, iria encontrar alguma razão para jogar um filho num fogo que queimaria eternamente aquela pessoa?

Imagina você o que significa fogo eterno? Significa permanecer dentro de um incêndio durante uma hora, mais um dia, mais um mês, mais um ano, mais um século, mais mil anos, mais um milhão de anos, mais um bilhão de séculos, mais toda eternidade.

No meu tempo de seminário, havia o retiro anual em que as

conferências eram assentadas sobre os chamados novíssimos: morte, juízo, inferno e paraíso.

O inferno era pintado com as cores mais dramáticas: "E lá no portal do inferno há um relógio eterno com seu badalar pesado a anunciar em tom rouquenho: "*Sempre – Nunca – Sempre – Nunca – Sempre - Nunca*". Hoje já não dão mais corda a esse relógio, que parou de funcionar.

O Inferno é incompatível com a bondade e com a justiça divina. Por outras palavras, é absurdo. É o que eu penso. Outros poderão pensar diferente. Deixo o inferno com o portal aberto para quem quiser.

Pois bem, estou escrevendo uma autobiografia e não um tratado de Teologia. Mas, é bom lembrar que há certas religiões que fazem chantagem emocional. Chantagem emocional é incutir culpa, ameaça, medo ou obrigação. Esses rituais intermináveis de pedido de perdão são resultado de complexo de culpa. Passar o tempo a pregar obrigações, outra chantagem emocional. Descarregar ameaças de castigos e mais castigos, pura chantagem. Atemorizar com teses assustadoras, mais outra chantagem. Jesus pregou o amor, como já mencionei várias vezes.

Na vida de cada dia, é interessante cuidar para não ser envolvido em chantagens. Por exemplo, nos conflitos matrimoniais é comum os dois partirem para a chantagem emocional:

- Você é culpado do que aconteceu.
- Você tem obrigação de se portar assim.
- Se você fizer isso, vai se dar mal.
- Se não mudar de ideia, vai ver do que eu sou capaz!

São ameaças, insinuações, chantagens, que provocam medo

de ser abandonado, rejeitado, prejudicado, punido. Não deixe de analisar este aspecto, pois esta compreensão psicológica evita desfechos ruinosos.

Não aceito chantagens, busco o diálogo. O mel atrai mais que o vinagre azedo. Ninguém é perfeito, mas a liberdade é o melhor caminho da autorrealização.

Tudo que for feito por medo, obrigação ou ameaça, não tem valor, pois o mérito da livre escolha é tolhido. Alguém diria que um boi, com a canga no pescoço, puxando a carreta sob o estímulo do aguilhão, é exemplo de obediência meritória?

1959
Ainda o primeiro ano de sacerdócio

Uma vez ordenado sacerdote, continuei o último ano de estudos teológicos.

Em meados do ano, nas férias de julho, mandaram-me atender a capelania do Hospital São Vicente de Paula, em Cruz Alta, justamente o tipo de pastoral que não me apetecia. Sentia-me mal em ver pessoas à morte, ou mergulhadas em sangue devido a acidente ou briga. Inicialmente, me neguei a ir, mas a palavra do Superior era mais forte e acabei obedecendo. A experiência valeu. Descobri que só se aprende a nadar atirando-se na água.

Ao término do curso, fui enviado a Uruguaiana, cidade fronteiriça com a Argentina, para substituir, por alguns dias, o Monsenhor Assis, então pároco da catedral. Avisei que me considerava ainda verde para essa responsabilidade. Adiantou? Foi o mesmo que falar às pedras. Tinha que ir porque tinha que ir e ponto final. Nos tempos atuais existe o diálogo, décadas atrás funcionava o poder da autoridade e fim de papo.

Tentei insistir:

- Sou um recém-ordenado e o senhor quer que atenda uma catedral e, ainda por cima, em substituição a um Monsenhor, que é pároco?

- Isso não é uma sugestão, é uma ordem.

Depois de resistir por algum tempinho, achei mais conveniente render-me, corri à Estação Ferroviária, mas o trem da fronteira já havia partido. Com táxi a toda velocidade, consegui apanhar o comboio na Estação de Boca do Monte, trinta quilômetros distante de Santa Maria.

Chegado em Uruguaiana, me instalaram num quarto que mais parecia depósito, mas nada a reclamar, a mente positiva transforma tudo em paraíso.

Na manhã seguinte, uma bomba para um iniciante como eu:

- O senhor vai pregar a novena, que será transmitida pelo rádio – disse-me o padre responsável pela catedral.

Que susto! Mas, não havia alternativa. Preguei. E, para minha satisfação, ao visitar o bispo de Uruguaiana, Dom Frederico de Nadal, ele elogiou meus sermões, brincando que eu parecia o Padre Antonio Vieira, aquele famoso pregador português-brasileiro do século dezessete. Serviu como incentivo. Levantou minha autoestima. Antes desse elogio, deu-me um pequeno puxão de orelha porque não fui apresentar-me a ele logo de minha chegada a Uruguaiana. Naquele tempo, 1959, quando um padre aportava numa cidade, era de bom tom se apresentar ao pároco e, se fosse a alguma missão religiosa, devia pedir a bênção ao Bispo. Nunca me dei bem com essas determinações. Nos quase quarenta anos de andanças pelo Brasil e exterior, raríssimamente fui ter com párocos ou bispos, a não ser em visitas de amizade e cortesia. Sou avesso a burocracias eclesiásticas. O importante é fazer o bem. Ninguém é dono de Deus e nem da liberdade do ser humano, principalmente uma pessoa culta como o padre. No meu caso, durante os anos em que viajei para realizar Jornadas sobre o Poder da Mente, seria desnecessário o contato com a hierarquia, porque o tema das palestras era de conteúdo psicológico. Falava sobre as potencialidades humanas, mais especificamente, sobre o Poder da Mente.

Nos dias em que permaneci em Uruguaiana, um amigo convidou-me a assistir o filme *Guerra e Paz, de* Leon Tolstoi. Muito emocionante. Ficou-me para sempre a última frase da película: "A vida é Deus e amar a vida é amar a Deus". Lindo. A vida é Deus. A existência é dimensão divina.

Certo dia, um professor de Teologia me chamou de panteísta. Panteísmo é filosofia teológica que admite que tudo é Deus. Não era o meu caso.

Respondi àquele teólogo:

- Tire Deus do universo e o universo desaparecerá.

O homem silenciou.

Ao encerrar minha atividade em Uruguaiana, tomei conhecimento da morte do meu tio Pe Máximo Trevisan, vítima de derrame cerebral. Meu tio era um santo homem. Foi meu professor de Teologia, Doutor nessa matéria, profundo espiritualista, o primeiro e maior mentor do Movimento de Schoenstatt em Santa Maria e no Brasil, amigo pessoal do fundador do Movimento de Schoenstatt, Pe José Kentenich, e grande promotor da devoção a Nossa Senhora Mãe e Rainha Três Vezes Admirável. Foi padrinho da minha ordenação sacerdotal. Pois, um homem dessa estirpe religiosa, pouco tempo antes de sua morte fora suspenso das atividades sacerdotais pelo bispo de Santa Maria, na época, Dom Luiz Victor Sartori, que não aceitava Schoenstatt de forma alguma na sua diocese. Minha mãe, pertencente ao grupo de Senhoras de Schoenstatt, me contava que faziam reuniões, às escondidas, no mato, com medo do bispo. Anos mais tarde, Dom Victor visitou Schoenstatt, na Alemanha, e mudou de ideia.

Ao ver o meu tio morto, imaginei o quanto fora duro para ele, um santo homem de Deus, ser cassado pela autoridade eclesiástica. Ser suspenso das ordens sacerdotais, há cinquenta e cinco anos, era um vexame quase insuportável. Este mesmo bispo, numa ordenação de diáconos, proclamou alto e bom som: "É melhor errar com o bispo do que acertar sem ele". Coisas de outrora. Quer dizer que, se o meu bispo proclamar uma heresia, eu devo segui-lo porque é melhor errar com ele? Que coisa! Escrevo isso com a singela intenção de que as autoridades religiosas pensem bem seus pensamentos antes de soltá-los aos quatro ventos. A redundância é proposital.

Nunca supus dogmática e nem racional a tese de que o cristão, e mais ainda o religioso, deva se submeter à autoridade eclesiástica incondicionalmente.

O ser humano deve obedecer à Verdade e não à autoridade, a não ser quando esta coincidir com aquela.

Se a ciência, a arte, a inovação, as descobertas, a filosofia, a teologia, os ideais de fundadores, fossem silenciar e baixar a cabeça diante de ordens autoritárias, pobre desse mundo!

Meu tio padre Máximo Trevisan quis ser coerente consigo e com sua verdade e foi condenado. Essa dor espiritual pode ter causado o derrame cerebral. E lá se foi uma vida tão importante para a Igreja. Um santo homem, repito.

Por falar nisso, existem dois tipos de religiosos: os que se consideram autossuficientes, autoanalistas, livres, seguidores da sua verdade pautada nos Evangelhos; e os que dizem amém a tudo e seguem a autoridade sem pensar em si mesmos. Esse segundo tipo corre o risco de recalcar-se e o recalque estressa e afeta o sistema cardiológico e digestivo.

Teilhard de Chardin, arqueólogo, antropólogo, filósofo, teólogo, escritor, cientista e padre jesuíta, escreveu:

"Só emergimos na reflexão e na liberdade".

Refletir, pensar, meditar, buscar a verdade, e sentir-se livre para percorrer esses caminhos – foi o que ele disse.

Na vida, a paz interior é fundamental. Se a atitude não for assentada na paz de espírito, não vai fazer bem. E não existe paz sem estar sedimentada na liberdade, na justiça e no amor.

Paz é sentir-se bem consigo mesmo, com Deus, com a humanidade e com o universo.

Paz é estado de libertação.

Paz é ter a mente aberta, desapegada, leve, tranquila.

Qualquer pressão anímica, ou desgosto, ou inaceitação, ou inconformidade, vai gerar doença.

A mim me interessa viver em paz comigo mesmo. E, estando em paz comigo mesmo, sem dúvida estarei em paz com Deus, com a humanidade e com o universo. Jesus fez da paz uma necessidade existencial e tornou-a sua saudação oficial.

Necessidade existencial: *"Vai em paz, a tua fé te salvou"*. Ago-

ra que você está livre do mal e sua vida melhorou, siga em paz.

Saudação oficial: "*A paz esteja convosco!*" "*A paz esteja contigo!*" Que mensagem importante nesta saudação!

1960
Revista Rainha

Ao encerrar o ciclo de estudos, fui nomeado para dirigir, em 1960, uma tipografia da nossa Instituição, instalada no Patronato Antonio Alves Ramos, casa de assistência social que a Província Palotina de Santa Maria mantinha na cidade. Além de editar uma pequena revista religiosa de nome *Rainha dos Apóstolos,* a Tipografia fazia também impressos comerciais. Como todas as tipografias da época, esta era bem precária, texto composto por uma linotipo, as chapas de impressão feitas a mão pelos tipógrafos, os clichês coloridos inicialmente vinham de Porto Alegre, tudo sendo impresso em algumas máquinas manuais, outras semiautomáticas e raras automáticas.

No ano seguinte, passei a diretor e redator da revista *Rainha dos Apóstolos.*

Sonhando com uma grande revista, comecei mudando o nome para *Rainha*. Simplesmente *Rainha, pois Rainha dos Apóstolos* era título clerical e, por certo, atrairia apenas o rebanho que já estava dentro do aprisco de Jesus. Seria chover no molhado, como se diz. Uma revista devia chegar a todas as pessoas e permitir que, em linguagem leiga, os leitores se interessassem pela mensagem. Busquei conhecimentos sobre paginação e conteúdos na Editora Abril, onde fiz amizade com um dos ótimos artistas paginadores de *Capricho, Contigo* e *Cláudia,* meu amigo Benedito Veloso. Há anos não vejo esse amigo, que tanto me ajudou na formatação da revista. Durante uma década batalhamos juntos para dar qualidade à revista. Mas, as mudanças de rumo no conteúdo da revista não foram de bom agrado a vários superiores e padres da comunidade. Cada um se arrogava o direito de criticar e pleitear mudanças, querendo a revista estritamente religiosa, como era anteriormente. Brincavam que eu tinha sequestrado os apóstolos do título. Depois que deixei a revista, restabeleceram o título original e retornaram aos temas exclusivamente religiosos.

Ao longo dos quinze anos dedicados à revista Rainha, criei as revistas *Piazito,* para a garotada; *Aventuras de Frik e Frok*, para adolescentes; e *Rainha Jovem* para a juventude. E, ainda, lancei a revista *Santa Maria*, para a cidade, revista esta com a tiragem de 20.000 exemplares mensais, distribuição gratuita, sustentada pelos anúncios.

Esse período de quinze anos está registrado numa bela monografia de Aline Roes Dalmolin, como trabalho final de seu *Curso de Comunicação*, na Ulbra, de Canoas, no Rio Grande do Sul, Brasil.

Meu sonho era fazer uma revista de projeção nacional.

A certa altura, me aventurei a promover uma campanha maciça de assinaturas da revista e, para tanto, foram adquiridas 10 kombis, que passaram a percorrer o Rio Grande do sul, Santa Catarina e Paraná, em busca de novos assinantes. A Direção, a Redação e a

Administração foram transferidas para o centro de Santa Maria; máquinas mais modernas de impressão foram montadas; inclusive, com o auxílio da Adveniat, da Alemanha, conseguimos uma impressora *Planeta* a quatro cores, maravilha da época. De onze mil exemplares mensais, subimos para mais de cem mil.

Esta dimensão da revista ganhara o respeito da cidade de Santa Maria, conferindo-me o Troféu Imembuí. Ao agradecer, falei:

"Hoje, quando a revista Rainha completa cinquenta anos e se lança ao público com a tiragem mensal de 104.000 exemplares, totalmente colorida e em moderna apresentação artística, é com a maior emoção que recebo o Prêmio Imembuí e o dedico carinhosamente aos 87 funcionários, aos colaboradores e aos 3.853 agentes espalhados pelo Brasil. E como agradecimento por esta honraria temos o prazer de anunciar à comunidade que, em breve, inauguraremos a nova sede da Rainha na Rua do Acampamento. Estamos importando uma moderníssima impressora a 4 cores no valor de 800.000 e, em 1973, inauguraremos a nova Gráfica na Avenida Presidente Vargas".

1978
A saga do Poder da Mente

Tudo começou em 1975. Estava refazendo a Filosofia na Universidade Federal de Passo Fundo. Um colega me falou sobre certo curso de Controle Mental, promovido por uma Organização norte-americana chamada *Silva Mind Control.* Fiquei curioso, pois esses assuntos sempre me fascinaram.

De retorno a Santa Maria, me inscrevi para esse curso, que se realizaria no Rio de Janeiro, em local perto da Lagoa Rodrigo de Freitas. Lá permaneci por uma semana fazendo o *Silva Mind Control*, também chamado *Psicorientologia.* Valeu a pena. Abriu-me caminhos que ainda hoje os estou percorrendo. O curso levava as pessoas, através de mentalizações sobre a matéria, a planta, o animal e o ser humano, a criar arquétipos mentais que permitiam o exercício da clarividência. Bom, não foi a clarividência que me empolgou, mas o vislumbre de que nesse caminho havia outras maravilhas mentais a serem exploradas, ou seja, as dimensões das potencialidades do ser humano.

Se podemos fazer clarividência, o que mais é possível? Fazer uma flor desabrochar pela energia mental? Matar uma planta através de mentalização? Curar uma enfermidade? Realizar um desejo? Que tipo e que tamanho de poder a criatura humana possui?

Joguei-me à pesquisa. Participei mais vezes do *Silva Mind*, com vários instrutores, e de cursos com outras propostas. Por exemplo, fiquei 12 dias numa Fazenda de Ibirité, perto de Belo Horizonte, para fazer um curso, criado pelo chileno Oscar Ichazo, sobre os *Nove Domínios da Consciência.* Fiz presença em Congressos de Parapsicologia que aconteciam no Brasil e, principalmente, vasculhei a literatura existente sobre o Poder da Mente, cujos autores que mais me influenciaram foram Joseph Murphy, Harold Shermann, Catherine Ponder, Uel Stanley Andersen, Walter Germain, Napoleon Hill, Howard Hill, Norman Vincent Peale, William James, Louise Hay, Dr. David Schwartz, Anthony Robbins, James Allen, Samuel Dodson, James K. Van Fleet, Frederic Bailes, Tarthang Tulku, Dr Bernie Siegel, Orison Swett Marden, Emile Coué, H. Pato, Ralph Waldo Emerson, Maxwel Maltz, Robert Anthony, Confúcio, Lao-tsé, Heráclito de Éfeso, Hermes Trismegistus, e muitos outros, alguns mais recentes.

O fantástico sucesso mundial do livro *O Segredo,* de Rhonda Byrne e demais participantes, veio popularizar e consagrar a tese do Poder da Mente. Na verdade, se você ler minha primeira obra *O Poder Infinito da Sua Mente,* publicada em 1980, verá que *The Secret* não oferece novidades. É uma forma diferente e atraente de dizer as mesmas verdades. Tanto é assim que, na primeira página desse meu livro, escrevi, em destaque:

> *"E ser-lhe-á dado conhecer*
> *o segredo que vai transformar*
> *seus sonhos em realidade".*

Mas, o que mais me ofereceu subsídios científicos foi Thompson Hudson, em seu livro: *"As Leis dos Fenômenos Psíquicos"*. Ele buscou assentar em termos científicos toda a fenomenologia da paranormalidade e dos poderes mentais. Este livro tem lá sua história: uma psicóloga, que conheci no evento de Ibirité, cujo nome não recordo, contou-me, certa vez, num jantar após outro evento do Silva Mind Control, no Hotel Continental, do Rio, que vira citada duas vezes, em livros de Joseph Murphy, a obra acima. Curiosa, fora a São Paulo à procura do livro e a editora lhe informara que estava esgotado há muitos anos. Dirigiu-se, então, à Biblioteca Pública de São Paulo, onde encontrou o livro, leu-o até a página 11, e xerocou o resto. Ao retornar, tempos depois, para xerocar as primeiras 11 páginas, a obra tinha desaparecido. Deu-me xerox do livro incompleto e eu, que na época viajava pelas capitais brasileiras realizando Jornadas sobre o Poder da Mente, pedia que, se alguém soubesse desse livro, eu estava interessado. Até que um dia, uma advogada me ligou de São Paulo, dizendo que conseguira cópia integral do livro e me doaria, pois era de leitura muito complicada. Essa cópia está comigo e, de fato, talvez por ser mal traduzida, é em muitas partes um tanto obscura. Mais tarde, num almoço em Porto Alegre, meu sobrinho Alexandre Trevisan garantiu que me conseguiria, de algum sebo, o livro publicado. E realizou a promessa. Trata-se, a meu ver, de uma obra genial. O autor, estudioso das potencialidades e fenômenos mentais, fez pesquisa intensa para saber se a fenomenologia paranormal, incluindo-se nela o milagre, poderia ser enquadrada dentro das leis científicas.

A neurolinguística também tem me inspirado. Posso citar ainda o mestre Masaharu Taniguchi, fundador da Seicho-no-ie. Às vezes, sou questionado sobre a Seicho-no-ie e outras correntes de pensamento, que cito. Masaharu Taniguchi, já falecido, era fervoroso cientista do Poder da Mente. Por exemplo, escreveu ele: *"Tudo que surge concretizado no mundo das formas, ao redor de nós, é a materialização dos nossos pensamentos e sentimentos do passado"*.

Isso não quer significar que encampo todas as crenças desses autores. Agrego aos meus conhecimentos o que entendo válido para mim. A respeito do culto aos antepassados e outras crenças japonesas, sequer entro no mérito. Por exemplo, creio no Espírito Santo, como Paráclito, dispensador do amor e da Sabedoria, aquele que consola, conforta, encoraja, defende e reanima, e, no entanto, não participo do fundamentalismo de certos carismáticos. Uma coisa é uma coisa, outra coisa é outra coisa.

A Física Quântica também me ofereceu novos horizontes. Dela guardo esta frase que coincide com o Poder da Mente: "O pensamento não apenas muda a matéria, como também cria a matéria".

Lendo Osho, pude ampliar as dimensões da palavra de Jesus.

Após prolongados estudos e experiências, descobri os princípios fundamentais e a legítima dimensão da ciência do Poder da Mente.

PRINCÍPIOS DO PODER DA MENTE

Como funciona o Poder da Mente?

É simples, muito simples:

A mente é uma só, mas se distingue em duas funções específicas: Mente consciente e mente subconsciente. Mais tarde, avançando nos estudos, acrescentei a mente Supraconsciente, que é o Espírito.

MENTE CONSCIENTE é a dimensão racional, analítica, criadora, objetiva; é a parte da mente que cria pensamentos, sentimentos, palavras, desejos, orações, pedidos, imagens, cantos, mentalizações e meditações. É a mente que comanda sua vida. Por outras palavras: é a mente que pensa, cria, determina, aceita, rejeita, reage, manda, oferece, deseja, censura, imagina. A vida se manifesta pela ação da mente consciente. O meu e o seu destino correm nos trilhos da mente consciente. Entende-se que faz parte também da mente consciente o coração afetivo, ou seja, as dimensões emocionais, sentimentais, espirituais e motivacionais. Especificando, para melhor entendimento: as qualidades da mente são a inteligência, o discernimento, a sabedoria, o conhecimento. E as qualidades do coração afetivo são o amor, a felicidade, a fé, o entusiasmo e a motivação.

É bom saber que o conhecimento mostra o caminho, mas quem move à ação é o coração afetivo.

SUBCONSCIENTE. Pois bem, mente subconsciente é a dimensão da mente que executa o pensamento, que materializa toda mensagem unívoca recebida da mente consciente.

Subconsciente é a mente subjetiva, impessoal, não-analítica, não-seletiva, não-criadora. Como disse, é a mente executiva. Cumpre as ordens que recebe da mente consciente. Para você entender melhor, comparo a mente subconsciente com um navio imenso, forte, poderoso, capaz de vencer tempestades, romper geleiras, e seguir em frente sem ser detido. Mas, quem comanda esse fantástico transatlântico é a mente consciente. O comandante do navio pesa, digamos, oitenta quilos, ao passo que o navio ostenta mais de quinhentas mil toneladas. Assim, a mente consciente é minúscula parcela da mente, mas comanda o todo da mente.

A mente consciente é a ordem determinante.

A mente subconsciente é o poder realizador.

PENSAMENTO. Como você percebeu, a ligação entre a mente consciente – criadora – e a mente subconsciente – executiva – é o pensamento. Agora você entende porque os sábios afirmam que nós somos o que pensamos.

Poder da Mente se explica simplesmente por essas colocações acima. Embora sejam milhares os livros que tratam desse tema, sabendo isso você conhece o essencial. Meus livros aprofundam os argumentos, ensinam o caminho para a autorrealização e sedimentam a verdade sobre essa ciência tão desconhecida quanto renegada pelos que não a estudaram. Minhas obras avançam pelos meandros desse poder, conduzindo ao conhecimento, por exemplo, das Leis que regem a vida e o universo, dos Níveis Mentais, (Alfa, beta, gama, delta), e dos métodos para acionar o poder do subconsciente. Ensinam, ainda, a maneira de tornar o pensamento forte e poderoso. Na prática, orientam a usar esse poder para a riqueza, o sucesso, a saúde, o amor e a felicidade.

Falei, há pouco, de diversos autores, filósofos e espiritualistas que clarificam a ciência do Poder da Mente.

Talvez você me questione:

- Mas, dentro da Igreja Católica e do Cristianismo, você pode citar alguém que tenha falado sobre esse poder? Não é exagero de sua parte?

Diante desta pergunta, meus olhos brilham como relâmpagos, meu coração pulsa afogueado e minha mente se ilumina como se tivesse encontrado o Santo Graal.

Sim, claro, dentro da Igreja e do cristianismo alguém pode ser citado. Mas não é qualquer alguém. Não é apenas um conceituado alguém. É o Alguém dos alguéns. Aquele que se disse ser o Caminho, a Verdade, a Vida, o Mestre, o Guia, o Bom Pastor, o Cristo, o Filho de Deus, o Um com o Pai.

Pois, este Alguém é a síntese da Igreja e do Cristianismo e se chama Jesus Cristo, o sábio dos sábios, aquele que hoje tem dois bilhões de seguidores, gente de todas as culturas, estudiosos profundos, filósofos, teólogos, psicólogos, espiritualistas, cientistas, pesquisadores independentes, devotos. É o Alguém que carrega a simpatia praticamente de toda humanidade. Este Alguém, de nome Jesus, afirmou reiteradamente, com todas as letras, que toda criatura humana tudo pode. Garantiu que este poder, a que deu o nome de fé, remove montanhas, tudo alcança, produz milagres, cura enfermidades e torna possível o impossível. Poderia haver afirmação mais ousada?

Como cheguei a ele?

Depois de tantos anos de estudos sobre essa fantástica dimensão da mente - que permite a autodeterminação e, por consequência, a responsabilidade individual sobre a vida, suas circunstâncias e atos - ao ler os Evangelhos, a Luz brilhou forte na minha mente. Pude entender claramente o valor e a veracidade das revelações insistentes de Jesus de que podemos tudo. Relembro a sua revelação mais monumental:

"Quanto ao poder, quem tem fé tudo pode". (Mc 9,21).

Quem poderia acreditar nessa afirmação? Quem poderia admitir que qualquer ser humano pode realizar seus sonhos, sejam eles quais forem? Trata-se de uma afirmação tão inacreditável que até hoje pouca gente leva a sério, inclusive a maior parte do magistério do cristianismo.

Lembro aqui ter ele dito:

"Pedi e recebereis, porque todo aquele que pede, recebe". (Lc11,9-10).

E também:

"Tudo que pedirdes, na oração, ser-vos-á dado". (Mt 21,22).

E, ainda, a incrível afirmação:

"Se tiverdes fé e disserdes a este monte: Sai daqui e lança-te ao mar e, se não duvidardes em vosso coração, mas crerdes firmemente na realização da vossa palavra, assim será". (Mc 11,23).

O mais espantoso foi ele avisar que todo aquele que tiver fé fará as obras que ele fez. Que obras fez ele? Dominou a natureza, acalmou tempestades, serenou as ondas agitadas do mar, apaziguou os ventos, transformou água em vinho, curou cegos, surdos e mudos, libertou os leprosos e portadores de doenças incuráveis, limpou a mente de dementes e psicóticos, multiplicou pães e peixes, retirou moeda da guelra de um peixe para pagar o imposto do Templo, aliviou deprimidos e oprimidos, fez andar paralíticos e aleijados.

E disse:

"Aquele que tiver fé expulsará espíritos malignos, falará línguas novas, pegará em serpentes, se beber veneno mortífero não lhe fará mal e porá as mãos sobre os enfermos e eles ficarão curados".(Mc 16,17-18).

A certa altura, animou-nos a acreditar nele e pedirmos o que estivesse em nosso desejo:

*"Até agora nada pedistes. Pedi e recebereis e será completa a vossa alegria". (Jo 16,24).*Que fantástico!

Tudo muito incrível. Pois foi o que ele falou com todas as letras. Infelizmente, muitos teólogos, religiosos e pregadores se empenham em pregar o contrário. E combatem os que vislumbram a grandeza das revelações do Nazareno. No entanto, chegará a hora. E já chegou.

A ciência fala em Poder da Mente.

Jesus fala em Poder da Fé.

O Poder da Mente é amplo, abarca a ciência e a religião, o natural e o sobrenatural, o humano e o divino.

A palavra de Jesus abarca não só o divino, mas também o Poder da Mente, o natural e o humano. Poder da Mente e Poder da Fé vivem de braços dados.

Por qualquer lado – ciência ou religião cristã - que se estude o Poder interior, produzir-se-á maravilhosa convergência. Negar o Poder da Mente é negar Jesus Cristo, negar Jesus Cristo é negar o Poder da Mente.

A mente é o elo de ligação entre Deus e o homem. Ninguém chega a Deus e nem a coisa alguma a não ser pela mente. Se não for pela mente, aqui neste planeta não há como se relacionar com o Infinito. Por via desse raciocínio, ninguém chega ao Espirito Santo, imanente em cada criatura humana, a não ser pela mente. Repetindo: a mente é o elo de ligação entre Deus e o homem e o pensamento é o elo que liga o homem e Deus. Por Deus, entende-se também o Espírito Santo e Jesus.

Deus é imanente e transcendente. A imanência avisa que Deus habita o interior do ser humano. Jesus foi claro nesse ponto:

"E tu quando orares entra no teu secreto e ora a teu Pai que está

no secreto e teu Pai que vê o oculto, te ouve, te atende e te recompensa". Mt 6,6).

Orar é ato mental.

Para concluir a ideia, Jesus disse que o Poder da Fé reside no *"crer firmemente na realização da sua palavra"*. (Mc 11,23). E garantiu que a palavra de fé remove montanhas.

Para melhor compreensão, seria bom analisar a frase de Jesus: *«Crer firmemente na realização da sua palavra".*

CRER — significa adesão total e absoluta da mente.

Crer — não exige conhecimento do mecanismo de funcionamento, nem saber como e porque o milagre acontece; nem há que descobrir a essência do explosivo que remove montanhas; mas implica admitir unilateralmente, de forma indiscutível, que assim é e assim será.

Crer — não requer esclarecimento científico, embora não seja incompatível com ele nem o exclua.

Crer — tem a ver com o conhecimento do efeito, mesmo que nada saiba sobre a causa.

FIRMEMENTE — significa que a mente aceitou aqui e agora a palavra criadora como verdade absoluta e irreversível.

Firmemente — de maneira definida e definitiva.

Firmemente — é a sua verdade perene, tranquila, óbvia, límpida, redonda, completa.

Firmemente — porque você sabe que a fé é uma Lei e toda a Lei universal jamais pode falhar quando as premissas são colocadas corretamente.

Firmemente — não admite dúvida, nem descrença, nem hesitação, nem desinteresse, nem retorno, nem rejeição, nem desconfiança, nem medo.

Firmemente — o seu sentido foi explicado por Jesus: «Não duvidar em seu coração».

REALIZAÇÃO — significa aceitar verdadeiramente que a palavra, o desejo, a oração, a mentalização, o pedido, a súplica, se realizam infalivelmente.

Realização — é o produto da palavra, o efeito, o resultado final, o milagre, a forma, a concretização.

Realização — não pode haver fé sem obras, ou seja, sem o resultado, sem a materialização. E não pode haver realização sem acreditar que a palavra, ipso fato, a produz.

Realização — aqui está o ponto crucial: são poucos os que acreditam que a sua palavra interior contém e faz a realidade.

Realização — só alcança o milagre quem sabe que a concretização da palavra é inevitável.

Realização — muitas vezes o milagre esbarra aqui, pois inúmeras pessoas não acreditam que possa acontecer o que desejam.

Realização — sempre que esta existir, existiu a fé. Se não acontecer a realização, não houve fé. Aqui está o xis da questão. O apóstolo Tiago já havia alertado que a fé sem as obras não existe.

Realização — é, enfim, a evidência da fé.

SUA — A fé é intransferível. Individual. É sua. Só sua.

Sua — ninguém pode crer por você ou emprestar-lhe a fé.

Sua - você é que deve chegar à univocidade entre o seu desejo e a realização.

Sua - você pode pedir aos outros que o ajudem a conhecer a fé, a ter fé, a reforçar a fé, mas, para obter o resultado, ao fim e ao cabo deve crer firmemente na realização da SUA palavra.

Sua — mesmo que peça fé a Deus, ou a Nossa Senhora, ou ao

santo da sua devoção, ou peça a cura através de espiritualista, a sua mente deve chegar ao ponto de acreditar na realização do seu desejo, que é a SUA palavra interior. A última palavra definitiva é a Sua.

PALAVRA — é a manifestação do seu pensamento. É o exercício do seu poder criador. É o seu ato mental. É a ideia, a oração, o pedido, o desejo, o sonho, o ideal, o projeto, a necessidade, a verdade, a determinação pessoal.

Palavra — é toda a sua criação mental.

Palavra — qualquer concepção racional.

Palavra — ação mental, ou espiritual, ou sentimental.

Houve um único discípulo de Jesus que também definiu a fé. Foi o apóstolo Paulo, numa carta aos hebreus: *«A fé consiste na firme confiança daquilo que se espera e na convicção daquilo que não se vê.» (Hb, 11, 1).*

FIRME – o mesmo vocábulo que Jesus empregou. Significa inabalável, definitivo, irredutível.

CONFIANÇA – é palavra que vem do verbo latino «Confidere» (con+fidere: confiar, ter fé).

Confiança – quer dizer certeza, crença.

DAQUILO QUE SE ESPERA – realidade futura. Você tem certeza que aquilo que espera acontecerá infalivelmente.

CONVICÇÃO – certeza mental. Total. Absoluta.

DAQUILO QUE NÃO SE VÊ – Embora ainda não tenha acontecido no tempo e no espaço, já é uma realidade mental.

Numa outra tradução da carta de Paulo, consta:

«Fé é a posse antecipada daquilo que se espera, um meio de demonstrar realidades que não se veem.» (Hb, 11, 1).

POSSE ANTECIPADA – a mente toma posse por antecipação daquilo que, com certeza absoluta, acontecerá no tempo e no espaço.

Na sua tradução da Vulgata Latina, o Padre Antonio Ferreira assim a expressou: «*A fé é a substância das coisas que se devem esperar, um argumento das coisas que não aparecem*". *(Heb., 11, 1).*

Toda a substância contém a sua forma. A substância é mental e a forma é a matéria correspondente. Pensamento e realidade, na definição da fé, são unidade indissolúvel. São verso e reverso da mesma realidade.

ARGUMENTO DAS COISAS QUE NÃO APARECEM – argumento é a verdade mental comprovada. Mesmo que ainda não esteja materializada a coisa, pela fé tem-se o argumento comprobatório de que assim é e assim será.

O princípio da fé, ou seja, a essência, consiste em tomar posse mentalmente, com antecedência, daquilo que se deseja. A fé funde a realidade mental na realidade física. Em verdade, este é o processo do milagre.

Realidade mental e realidade física são as duas metades da mesma realidade, que se exigem necessariamente. Este é o princípio da fé.

Pela fé, dá-se a fusão de causa e efeito, de substância e forma, de essência e expressão, de pensamento e realidade.

Um desejo, por exemplo, pode ser um simples pensamento aleatório, uma criação mental tida como impossível, um sonho irrealizável, uma brincadeira mental, uma ilusão, uma falsidade, uma esquizofrenia, uma alucinação, uma mentira. Esse desejo nasceu sem vida.

Você pode, no entanto, criar um desejo acreditado, desejo esse que lhe dá a certeza absoluta de que vai acontecer infalivelmente. Neste caso, o seu desejo contém o princípio da fé. É impossível não acontecer. A fé, sendo fé, produz sempre as obras. Está na bíblia.

Vamos supor que você vive num rancho de lata e agora mentaliza uma casa. Mas, você não consegue acreditar que terá uma casa, porque vive num barraco miserável, ganha muito pouco, não consegue poupar um centavo, nenhum banco lhe empresta dinheiro, ninguém quererá dar-lhe uma casa, e o governo não está a construir casas populares. A sua casa mental afigurar-se-á como impossibilidade intransponível.

- Jamais poderei ter uma casa – dirá você.

Nesse caso, é óbvio que você não tem fé, já que esta implica na firme certeza daquilo que se espera, significa a crença absoluta de que sua palavra se realizará. Mas você, dada sua situação, não acredita na possibilidade. Não há fé, nada acontecerá.

Na mesma favela, e nas mesmas condições, vive o Antônio. Está mentalizando uma casa. Transcendendo a sua pobreza e a sua situação precária, ele acredita que terá casa, porque sabe que qualquer desejo acreditado não pode deixar de acontecer. Sabe que, como ensinou Jesus, todo o pedido já contém o recebimento. Em vez de ficar analisando as suas impossibilidades, acredita firmemente que a sua mentalização se materializará, porque esta é a Lei infalível da fé.

Você não terá a sua casa, mas o Antônio a terá, sem dúvida nenhuma. Pensamento acreditado é pensamento firme, unívoco, forte, irresistível, criador, milagroso.

Percebeu que o Poder da Mente e o Poder da Fé revelado por Jesus, coincidem, numa bela e inalienável fusão?

SUPRACONSCIENTE. O Supraconsciente o que é?

Escrevi acima que existe também a mente Supraconsciente.

Supraconsciente é a dimensão mais alta e mais profunda da

mente. Essa dimensão da mente chama-se Espírito. Alcançar o Espírito é alcançar a plenitude.

O Espírito do ser humano é a fagulha divina, a sua deidade, a presença do Pai no secreto da mente.

Com certeza, Paulo se refere ao Espírito quando diz: "Sois templos do Altíssimo que em vós habita". O Espírito é o Altíssimo que habita em cada um de nós. Nosso Espírito é santo. Porque é, digamos assim, Presença Divina.

Jesus disse: *"E tu quando orares,* (atividade consciente), *entra no teu secreto,* (subconsciente), *e ora a teu Pai,* (Supraconsciente), *que está no teu secreto,* (subconsciente), *e teu Pai,* (Supraconsciente), *que vê o oculto, te ouve, te atende e te dá a recompensa"*. Repeti aqui esta citação de Jesus para que você entenda a comparação.

O apóstolo João, numa carta, salientou: *"Ora, sabendo que (Deus) atende ao nosso pedido, sabemos que receberemos o que pedimos"*. (1João 5,14).

Supraconsciente é palavra leiga, inerente à ciência do Poder da Mente, que indica Presença e Poder Superior no ser humano. Na religião, essa Presença se chama Deus, Pai, Altíssimo, Divindade, Infinito, Espírito Santo.

Simplificando, Supraconsciente é o Espírito. E é no Espírito que se fundamenta a crença na imortalidade e na existência de Poder e Sabedoria no ser humano.

Desenvolvi aqui essas ideias para que você saiba porque me dedico com entusiasmo ao Poder da Mente e ao Poder da Fé. Escrevi muitos livros sobre o Poder da Mente e, por outro lado, três livros sobre o Poder da Fé e outros três sobre Jesus Cristo.

Mas, falar que o ser humano pode tudo, mesmo com todos os argumentos possíveis, não podia ser suportado pelos frustrados que passam necessidade, pelos que pregam a cruz de cada dia, pelos que aceitam a resignação e pelos que têm a crença de que esta vida é caminhada difícil que terá como recompensa a outra vida.

Eu sei que pregar o Poder da Mente e o Poder da Fé causa estupor e sorrisos incrédulos no grosso da humanidade, principalmente entre letrados, cultos, jornalistas, literatos, filósofos, teólogos e sociólogos. São, não raro, pessoas cheias de si, que não enxergam e não aceitam nada além de seus conhecimentos.

- Se fosse assim tão simples – arguem eles – as pessoas seriam diferentes, a humanidade seria mais feliz e o mundo uma maravilha.

Eu pergunto: Houve algum cientista que tenha tentado estudar, pesquisar e colocar em prática esse ensinamento do Cristo? O próprio Cristianismo desistiu de divulgar essa verdade por parecer algo inconcebível diante da ciência e da realidade. Pregar o Poder Infinito seria cair no ridículo. Mas o Mestre afirmou e garantiu. E não só Jesus Cristo. Quinhentos e setenta e cinco anos antes do Mestre, o profeta Isaías revelava esta verdade: *"A palavra que sair da minha boca não voltará para mim vazia; antes, realizará tudo que for da minha vontade e produzirá os efeitos que pretendi ao enviá-la"*. (55,11). Produzirá os efeitos que pretendi. Que fantástico!

Poderia citar ainda o sábio Confúcio, quinhentos anos antes de Cristo: *"O homem superior busca em si mesmo tudo que quer, o homem inferior busca nos demais"*.

Buda, o Sidharta Gautama, há dois mil e quinhentos anos: *"Tudo que somos é resultado do que temos pensado. Baseia-se sobre os nossos pensamentos e é feito dos nossos pensamentos"*.

A sabedoria não está em negar a verdade, mas procurar descobrir os princípios sobre os quais assenta, ou assentaria, esse ensinamento polêmico e muito contestado.

1977
Atendendo pessoas

Fiquei tão entusiasmado com o estudo e os resultados do uso do Poder da Mente que mergulhei nesse universo fantástico de corpo e alma, como se diz. Contemplava embevecido a generosidade do Criador, que fizera os seres humanos da sua própria espécie, capazes de continuar a obra da criação do mundo. Mas, saber e não partilhar o saber é cair na esterilidade. O Criador não se sentirá bem em ver a semente da divindade cair em terreno pedregoso e árido.

Consegui um canto no prédio da sede da Revista Rainha, na Rua do Acampamento, em Santa Maria, fiz uma escada por fora, e comecei a atender as pessoas que desejassem trazer-me seus problemas e sofrimentos.

Era bonito ver pessoas chegando à minha sala carregadas, mal podendo com o próprio peso e, em poucos momentos, uma chave misteriosa lhes abria o coração, rompia as barreiras da mente e a energia passava a fluir poderosamente gerando o milagroso processo da transformação e da cura. Claro que o crédito é dessas pessoas. Como diz aquela frase da sabedoria: "O mestre abre a porta, mas só você pode entrar". O que eu quero dizer a você é que no seu interior está o poder, a divindade, a Luz, enfim a presença do Pai, como ensinou Jesus. Meu método era simples: ouvir, mostrar a Luz, projetar a palavra de cura através da mentalização e escrever uma pequena prece que significasse a força necessária de libertação. Uma vez por semana reunia essas pessoas atendidas para dar-lhes novas energias a fim de prosseguirem no caminho da própria redenção.

1977
Noites da Cura

Para ajudar as pessoas, passei a realizar semanalmente a *Noite da Cura*, primeiramente no *Colégio Santa Maria*, depois no *Centro Cultural*, a seguir no *Estúdio Alfa* e, por fim, no *Teatro Santa Maria.* A entrada era livre. Inicialmente, fazia uma preleção, focalizando o poder da fé, as causas mentais das enfermidades, os problemas pessoais e familiares, e dedicava energia vigorosa para a libertação dos males. Então, fazia uma mentalização de cura, e concluía com a bênção da água e a bênção da Cura, em nome de Jesus.

Os resultados eram admiráveis.

Havia, ainda, um grupo que se reunia uma vez por semana para orar e mentalizar pelas pessoas que pediam ajuda para a cura de suas enfermidades ou de algum familiar. Era chamado: *Círculo de Energização.*

1978
Adeus à Revista e Editora Rainha

Certo dia, por volta de 1978, o meu Superior me chamou e disse que a revista e a Editora Rainha seriam transferidas para a Gráfica Pallotti, da mesma Instituição, instalada em Porto Alegre. Chegava ao fim meu sonho santa-mariense. Quem conhece o funcionamento das Instituições religiosas sabe que as ordens vindas de cima, são, no mais das vezes, inquestionáveis. Mesmo assim, tentei desfazer essa decisão, não adiantou.

A revista e a gráfica adquirida para compor as revistas – tudo foi transferido para Porto Alegre.

Perguntei qual seria meu destino. Gostei da resposta:

- Como você dedicou quinze anos à causa da revista, pode escolher se quer se transferir para Porto Alegre ou realizar uma missão do seu agrado.

Tornei a indagar:

- Se eu for para Porto Alegre, qual será meu trabalho?

- Será redator da revista Rainha durante a semana e, nos fins de semana, ajudará na Paróquia de Fátima, da Vila IAPI.

É paróquia dos padres da minha Instituição.

"Puxa vida – pensei – não vai sobrar tempo nenhum para mim!".

Não tive dúvida:

- Já escolhi. Não irei para Porto Alegre.

A partir deste momento, me dediquei de corpo e alma à ciência do Poder da Mente.

1980
Primeiro livro: O Poder Infinito da Sua Mente

Diante de tantas maravilhas que iam acontecendo no atendimento às pessoas, certa vez senti uma intuição:

"Se, ao invés de falar para uma pessoa de cada vez, puder falar para muitas pessoas ao mesmo tempo, eu me tornarei muito mais útil à humanidade". Deixei-me levar por esse impulso irresistível. Mas, precisava materializar este universo do Poder da Mente para que as pessoas tivessem ponto de apoio no aprendizado e reforço na sua caminhada. Assim nasceu, em 1980, o livro *"O Poder Infinito da Sua Mente"*. Nele coloquei os princípios, os argumentos, as motivações e a forma de usar o Poder da Mente.

Esse livro, embora fosse uma semeadura de benefícios para seus leitores, que não cansavam de me escrever relatando curas, mudança de vida, solução de problemas, retomada da fé na vida, não deixou de ser bastante combatido. Às vezes, até ferozmente. O reconhecimento de um poder interior soava para muita gente, principalmente literatos e religiosos, como charlatanismo. Criticavam desde a capa, título e chamada, achando que eram exorbitantes. Poder infinito da mente? Se a palavra *poder* era inaceitável, o adjetivo *infinito* seria uma ofensa ao bom senso e uma arrogância teológica.

Cada vez tinha eu que explicar pacientemente que Deus é o Poder Infinito e o homem, como filho de Deus, tem o poder que Deus lhe deu. Os que negam se arrogam a soberba de dizer que Deus não pode fazer o que quiser, menos ainda dar poder aos seus filhos. O homem, logicamente, não é Deus, mas recebeu o poder de Deus para realizar seu viver e contribuir para a construção de um mundo melhor. E esse poder é tão infinito quanto infinita possa ser a mente humana. Não há limite para a criatura humana a não ser ela mesma. Até onde possa ser expandida a dimensão da mente, até lá vai o Poder. Trata-se do infinito relativo, que infinito absoluto: só Deus. Já expliquei sobre isso em páginas acima, não vem ao caso repetir aqui.

Posso dizer que na década de oitenta este livro tinha jeito de ser divisor de águas. Os que liam e participavam de minhas Jornadas, acreditavam no Poder da Mente e usufruíam imensos benefícios. Já os entrincheirados na oposição, não me liam e negavam-se a me ouvir, procurando chumbos científicos e religiosos para combater--me. Vários Superiores meus aceitavam as críticas dos opositores e não viam com bons olhos a minha trajetória. Houve momento até em que chegaram a rejeitar qualquer contribuição monetária minha porque julgavam que o dinheiro não era bem havido. Eu tinha dois irmãos meus padres: um me defendia, outro censurava minhas teses.

A chamada feita na capa do livro atordoava os ortodoxos do pensamento estabilizado. Se o título perturbava, mais ainda o texto da capa:

"Agora você vai realmente viver a vida dos seus sonhos, toda feita de amor, riqueza, saúde, paz, alegria e sucesso".

Era um tapa na cara dos pregoeiros da pequenez humana. Se ainda hoje a maioria da humanidade vira a cara para essas verdades, imagine há quase quarenta anos atrás.

Há histórias curiosas a respeito deste livro. Certa vez, tomei um táxi em São Paulo e vi diante do painel este letreiro: *"Leia livros Positivos"*. Admirado, perguntei ao taxista por que colocara aquela frase. Contou-me a história. Era mendigo de rua e seguidamente batia à porta de uma casa para conseguir comida. Um dia, a mulher perguntou se sabia ler e, pela resposta afirmativa, deu-lhe um livro. Cada vez que ia à casa daquela senhora, ele contava-lhe algo do livro. Então, decidiu mudar de vida. Lembrando os tempos de ajudante de carpinteiro, arrumou umas ferramentas e passou a reformar casas de favelas. Assim, foi progredindo e hoje disse que possuía casa e era dono daquele táxi. Por isso, colocara aquela legenda no carro.

- Que livro foi esse que você leu?

- *O Poder Infinito da Sua Mente* – respondeu ele.

Dei-me a conhecer e ele ficou muito feliz. Coincidência incrível, mas verdadeira.

Houve uma época em que percorria várias cidades de Minas Gerais realizando Jornadas. Certa vez, retornava de Diamantina e, ao descer no aeroporto da Pampulha, tinha uma hora apertada para chegar ao Aeroporto Internacional de Confins a fim de tomar o voo a Porto Alegre.

Disse ao motorista do táxi:

- Olha, não quero que você corra, quero que voe, porque preciso pegar o avião em Confins.

O motorista acelerou valentemente o carro.

Brinquei com ele:

- Mas, saiba que está levando uma carga muito preciosa. Tenha cuidado. Já ouviu falar de Lauro Trevisan?

Olhou-me com certo assombro, meteu a mão debaixo do assento, e retirou o livro *O Poder Infinito da Sua Mente.*

Certa vez, uma senhora me contou que estava passeando numa praia de Portugal, e encontrou um livro na areia. Olhou ao redor e não viu ninguém. Levou o livro para casa e leu-o com entusiasmo. Era *O Poder Infinito da Sua Mente.* Desde então, tornamo-nos amigos.

1980
Viajando pelo mundo

Chegara a hora de correr mundo. O tema das Jornadas estava baseado no conteúdo do livro *O Poder Infinito da Sua Mente.* Este era, por assim dizer, o manual do Poder da Mente.

A Jornada, ou curso, compunha-se de quatro sessões de três horas cada, em que procurava incutir nos participantes uma nova dimensão da vida. Falava sempre de pé, sem papel, andando de um lado ao outro do palco. Passava com entusiasmo e fé as verdades que me empolgavam e que revelavam a grandeza do ser humano e o amor de um Deus maravilhoso que fizera o homem à sua imagem e semelhança.

Na primeira sessão, buscava provar a verdade do Poder da Mente e como usá-lo. Na segunda, dedicava-me a falar sobre o poder de alcançar riqueza existente em todo indivíduo. Na terceira sessão, o tema era a relação entre mente e corpo: a harmonia provocando saúde e a desarmonia causando enfermidades. Como a mente é a vida do corpo, a doença e a cura começam pela mente. Feita esta compreensão, havia a mentalização da cura. A última sessão tratava de amor, casamento e família.

Desde 1980, as viagens se sucediam quase semanalmente, de tal forma que o avião era, por assim dizer, meu habitat semanal. Saía de Santa Maria, de madrugada, de carro, rumo a Porto Alegre (280 quilômetros), para tomar o avião das sete e trinta. Cumprida a missão em alguma capital ou cidade, retornava, com o último voo, dois ou três dias depois, aportando na Capital por volta das 23h, seguindo então mais quatro horas, noite adentro, para descansar em Santa Maria. Isso, com chuva, sem chuva, com frio intenso, com o que fosse.

Muita gente chegava ao curso sem ânimo, contrariada, descrente, até mesmo em estado interior de contestação. Não podiam aceitar que pudesse ser verdade o que iriam ouvir. É a confirmação de que o ser humano tem a mania de resistir ao que não compreende e ao que não sabe. No começo, como eu era um ilustre desconhecido, dizia para as pessoas, nas entrevistas, que, se não recebessem na Jornada o que lhes era prometido, tinham o direito de pedir o dinheiro de volta. Após doze horas, com intensas comprovações, exemplos, mentalizações, motivações, sedimentadas na transformação da pessoa, ninguém, ninguém mesmo, até hoje, pediu o dinheiro de volta. Pelo contrário, o entusiasmo se espalhava cada vez mais, baseado nos resultados transformadores de cada um.

Comecei essa missão por **Santa Maria**, minha terra. Cento e cinquenta pessoas participaram. Em seguida, passei a ser convidado em várias cidades do Rio Grande do Sul: Júlio de Castilhos, Cruz Alta, Santo Ângelo, Restinga Seca, Carazinho, Ijuí, Pelotas, Bagé, Uruguaiana, São Borja, Tramandaí e também na capital Porto Alegre.

Algum tempo depois, veio convite de **Belo Horizonte**, capital de Minas Gerais. Lá, nas primeiras vezes, fazia

Noite da Cura na noite anterior à Jornada. Aconteciam curas maravilhosas.

Também, em Belo Horizonte sucedeu algo inusitado em relação à Jornada: a Coordenadora pediu-me para não fazer a sessão da riqueza, porque o povo era muito religioso e conservador e não ficava bem um padre falar sobre riqueza. Pensei comigo mesmo: "Mas, eu vim aqui para transmitir a minha mensagem e a minha mensagem ensina que a riqueza é um bem e que Deus a criou para todos os seus filhos. Farei todas as sessões normalmente. Aconteça o que acontecer, vou ser íntegro na minha mensagem". Foi tudo bem aceito.

Para que as pessoas pudessem ter compreensão completa sobre o valor da riqueza, em 1986 lancei o livro *Você Tem o Poder de Alcançar Riqueza*. No momento, está na 60ª edição.

Para falar a verdade, riqueza sempre foi tabu na Igreja Católica do Brasil. Aberta ou veladamente, a Igreja clarificava a pobreza como uma bênção de Deus e condenava a riqueza como caminho do pecado. Havia pregadores que proclamavam: "É preciso que exista a pobreza porque, sem ela, como é que os ricos poderão exercer a santa virtude cristã da caridade?" Ainda hoje há resquícios dessa aberração. Riqueza bem-havida é uma bênção de Deus por ser continuação da obra da Criação do mundo, conforme desejo do Criador, no Gênesis.

Jesus disse: "*Vim para que tenhais vida e vida em abundância*". Vida em abundância.

Não é de bom senso dizer que Jesus está errado, nem é sabedoria negar que o Criador tenha feito o mundo com incomensuráveis riquezas. Olhe para o céu e imagine quantos bilhões de galáxias e estrelas existem brilhando no firmamento. Sabe você qual é a finalidade delas? E as preciosidades que jazem no seio da terra? E as ilimitadas riquezas na superfície do nosso planeta? Em vista disso, existe alguém que possa fazer apologia da pobreza? O próprio ser humano é um mar de riquezas em potencial. Todas as riquezas do mundo jazem depositadas na mina mental.

A tese de que Jesus e seus apóstolos viveram em estado de absoluta pobreza foi condenada pelo Papa João XXII. Sim, condenada. E um dos Padres da Igreja primitiva, São Clemente de Alexandria, avisou que "não é nenhuma virtude invejável ou grandiosa viver simplesmente sem riqueza".

Bem-aventurados os que trabalham para engrandecer e melhorar a humanidade e esse planeta maravilhoso.

Infelizmente, por causa da pobreza, perecem na inanidade tantos talentos, tantos sonhos criativos e tantas capacidades destinadas a promover o progresso da humanidade.

Jesus condenou aquele que guardou seu talento.

O Criador, no início, contemplando sua grandiosa obra, viu que tudo era bom, então fez seres da sua própria espécie para "presidir a obra da Criação e dominar em toda terra". Este ser sou eu, você, cada criatura humana.

Certa vez, o Cristo avisou, através de uma emocionante e poética história, que o Pai celestial estava sempre de mãos abertas para distribuir riquezas e benesses:

"Olhai as aves do céu, não semeiam, nem ceifam, nem guardam em celeiros, vosso Pai celestial as alimenta. Considerai como crescem os lírios do campo: não trabalham nem fiam, contudo vos digo que nem Salomão em toda a sua glória se vestiu jamais como um deles. Se Deus, pois, assim veste a erva do campo, que hoje existe e amanhã é lançada no forno, quanto mais a vós, homens de pouca fé?» (Mateus

6:24-33).

Se Deus dá de comer às aves do céu e dá de vestir aos lírios do campo, quanto mais a nós, que somos seus filhos. Sim, pouca fé têm os que não acreditam nas palavras de Jesus. Não é a autoridade e nem são os veículos de comunicação que, ipso facto, têm o privilégio da verdade.

Será que os eruditos, que condenam minha pregação sobre riqueza, conforto, abundância e prosperidade, leram esse ensinamento de Jesus? E, se o leram, conseguiram entender?

Jesus instiga as pessoas a acreditarem na abundância que Deus lhes preparou.

Se o Pai do Céu dá alimento às aves e veste com rara beleza as flores, que não passam de seres inferiores, imagine o que não faz por seus filhos!

A bíblia diz: "A bênção do Senhor dá a riqueza e não a faz seguir de sofrimento". E fala, ainda, no livro de Jó: "Formarás os teus projetos, eles terão feliz êxito, e a luz brilhará em teus caminhos".

E vêm essas mentes diminutas dizer que a vida de Deus e da santidade está na pobreza. Que maldade! As Ordens e Congregações e Sociedades religiosas, como a minha, insistem em que se faça votos ou promessas de pobreza, castidade e obediência. Nenhuma dessas obrigações foi clarificada por Jesus. O que deveria ser prometido e, por incrível que pareça, não se faz, é viver e propagar o mandato do amor, que, este sim – disse Jesus – é a síntese da Lei e os profetas.

Lembrete do Cristo: Matéria é matéria, essencial ao ser humano, que dela necessita para subsistir, mas o lugar da matéria é fora do coração. No coração só existirá amor, felicidade, paz, e os bens que a traça não corrói e a ferrugem não carcome. Nisto consiste o desapego.

Pense: Um rico pode viver a simplicidade e o desapego interior e um miserável pode estar apegado ferozmente a uma caneca de barro por ser seu único utensílio.

Desapego de coração significa mente liberta, leve, aberta, que essa atitude sim faz parte de uma bem-aventurança de Jesus: "Bem-aventurados os pobres no espírito porque deles é o reino dos céus". O espaço do coração – como disse acima - não é para amontoar matérias, mas amor e felicidade. O coração é o receptáculo do amor. A matéria deve ficar do lado de fora, no espaço que lhe pertence.

Aqui me parece de bom alvitre fazer esta abordagem:

Deus é Deus de ricos e pobres, mas não da pobreza.

Medite comigo agora este salmo 23:

"*O Senhor é o meu pastor e nada me faltará. Deita-me em verdes pastos e guia-me mansamente em águas tranquilas.*

Refrigera a minha alma, guia-me pelas veredas da justiça, por amor do seu nome.

Ainda que eu ande pelo vale da sombra da morte, não temerei mal algum, porque Tu estás comigo, a Tua vara e o Teu cajado me consolam.

Preparas-me uma mesa perante os meus inimigos, unges a minha cabeça com óleo, o meu cálice transborda.

Certamente que a bondade e a misericórdia me seguirão todos os dias da minha vida e habitarei na casa do Senhor por longos dias."

Deus preparando mesa farta e o cálice transbordando de vinho! Abundância.

- Deus ama os pobres e detesta os ricos – dizem.

Não é verdade.

Deus ama todos os seres humanos, sem distinção, sejam ricos, pobres, miseráveis, ignorantes, cultos, brancos, negros, índios, ciganos. Somos filhos de Deus, originários da espécie divina.

Mas, Deus não ama a pobreza, este é o xis da questão. Pobreza é carência e Deus é riqueza e perfeição, nele não existe carência, deficiência, limites, falhas.

Deus é abundância plena, Criação é abundância, cada recanto do mundo é manifestação da abundância ilimitada do Criador.

Ricos e pobres são pessoas e Deus ama todas as pessoas, sem olhar a farda que vestem. Ama a pessoa do rico, do pobre, do desajustado, do deficiente, do assassino, do pecador, mas não ama o desajuste, o assassínio, o pecado, a deficiência.

E a riqueza? Sim, Deus se compraz com a riqueza, que é manifestação da sua Riqueza Infinita.

Dizer que Jesus elogiou a pobreza é acusá-lo de contradizer o seu Pai que está nos céus. Sim, Jesus teve carinho especial pelos pobres e procurou ensinar-lhes o caminho para participarem da abundância do universo. Essa foi a *"boa nova aos pobres"*.

Pois bem, o povo mineiro, como assinalei há pouco, gostou muito dessa sessão, ninguém criticou, e fui convidado muitas vezes a realizar Jornadas em Belo Horizonte.

Mas, lá pelas tantas, fiquei sabendo que o Arcebispo da capital mineira, Dom Serafim Fernandes de Araújo, tinha algumas restrições à minha mensagem. Homem de vasta erudição, criou, em 1990, o *Projeto Pastoral Construir a Esperança*. Foi nomeado Cardeal pelo Papa João Paulo II, em 1998. Desde janeiro de 2004, é arcebispo emérito da Arquidiocese de Belo Horizonte. Amante dos esportes, mais especificamente do futebol e do Atletico Mineiro, se tornou conselheiro ilustre do Clube. Certo dia, quando ainda no cargo, me ofereceram oportunidade de visitá-lo. Fui, com muito prazer. Deu a entender que eu afirmava nada ser pecado, que tudo seria permitido. Expliquei-lhe que se tratava de uma questão de conceitos. E falei-lhe o que penso sobre pecado:

- A meu ver – disse-lhe – pecado é palavra obsoleta, perdeu a sua raiz ao longo do tempo. Há muitos pecados que já não são pecados. Tudo que faz bem, sob todos os aspectos, é bom, e se é bom não pode ser pecado. A palavra que prefiro, em substituição a pecado, é desarmonia. Toda desarmonia produz efeitos prejudiciais na mente, no corpo e na vida, e isso para qualquer pessoa, seja católico, evangélico ou ateu.

Dei-lhe alguns exemplos de desarmonias que sequer estão na lista dos pecados: tristeza, mau humor, desânimo, indisposição, resignação, mal-estar, sofrimento, pessimismo, negativismo. Todos esses sentimentos enfraquecem o sistema imunológico e abrem caminho para enfermidades. São desarmonias. Quem age assim está pecando, isto é, está errando o alvo da saúde e da perfeição.

Posso dizer que foi um diálogo muito gratificante. Dom Serafim é um homem de Deus, ponderado, inteligente e compreensivo.

Em Minas, fui convidado para Jornadas em Coronel Fabriciano, Ipatinga, Ouro Preto, Mariana, Juiz de Fora, Conselheiro Lafaiete, Montes Claros, Uberlândia, Patos de Minas, Teófilo Otoni, Barbacena, Varginha, Lavras, São João del Rei, Viçosa, São Lourenço, Congonhas, Divinópolis, Poços de Caldas, Araxá e Diamantina. Sem falar das grandes Jornadas em Belo Horizonte.

Quando viajava do aeroporto da Pampulha, em Belo Horizonte, para cidades do interior de Minas, o voo ocorria em pequenos aviões a hélice, esses aviões em que quando a gente sobe é passageiro e quando desce é sobrevivente. Esses aviões frágeis eram apelidados de "Jesusmechama". Mas, os sacrifícios eram recompensados pela alegria do povo que participava das Jornadas.

Certa vez, depois de realizar Jornada em duas cidades mineiras, concluí a maratona em Belo Horizonte. O evento ocorreu num Ginásio de Esportes, lotado de gente feliz. Finda a Jornada, corremos à casa onde estávamos hospedados a fim de tomar as malas e partir para o aeroporto de Confins, pois sobrava pouco tempo para o voo até Porto Alegre. Ao descermos à garagem do prédio, com as malas, para tomar o carro, sofremos um assalto com tiroteios e tudo a que um faroeste tem direito. Roubaram carro, malas, bolsas, dinheiro, tudo. Só não levaram o susto que tivemos. Ninguém foi alvejado. Coisas da vida.

Durante vários anos fui coordenador das jornadas em Belo Horizonte e algumas cidades mineiras o amigo Waldemar Reis, apoiado pela família.

De Minas, passei a ministrar cursos em **São Paulo** capital, também com grande receptividade. As entrevistas de tevê nesses grandes centros não raro eram entremeadas de incredulidades.

Certa vez, o entrevistador de uma tevê da capital paulista perguntou-me com cara de malandro:

- O senhor faz milagres?

Quis explicar a ele sobre milagres, mas o homem cortou-me a palavra e insistiu:

- O senhor faz milagres?

Era uma pergunta brejeira para me colocar contra a cerca: se eu dissesse que fazia milagre, seria querer me comparar a Deus; se não fizesse, como é que pregava que todos podem tudo?

O que você responderia? O que é um milagre?

A palavra milagre é usada para indicar a intervenção divina em atendimento a um pedido feito a Seres da esfera celestial. O meu poder em relação a uma pessoa termina onde começa o poder daquela pessoa em relação a ela mesma. Eu tenho condições de alcançar milagre para mim, você tem poder de alcançar milagres para você. Mas, por que temos condições e poder? Ora, porque Jesus revelou que tudo o que pedirmos com fé obteremos. Quando Jesus curava alguém, dizia-lhe: "Vai em paz, a *tua* fé te curou!" O que posso fazer em relação aos outros é dar-lhes condições, motivações, certezas e fé de que alcançarão o milagre. E impor as mãos, orar, para que o Poder de Deus desça à pessoa necessitada. E muitos milagres aconteceram.

O que é um milagre? – É um efeito, um resultado, um fato, um fenômeno, que transcende os meios empregados para produzi-lo. Não é a peregrinação que produz o milagre, não foi a água do rio Jordão que curou Naaman da lepra que o consumia, não foi a saliva colocada no olho do cego que o curou, mas a intervenção divina ocasionada pela fé. A reza, as velas acesas, a longa peregrinação, o sacrifício de fazer um percurso de joelhos até a capela das aparições em Fátima, são rituais que ativam a fé da pessoa, dando-lhe a certeza de que obterá o milagre.

Então, acredite em milagre, meu amigo, minha amiga.

Uma vez, na hora da aterrissagem, em São Paulo, emperrou o funcionamento do sistema de rodados do avião: Não desceu completamente, de tal maneira que não se sabia se o rodeiro daria conta do recado ou o avião se arrastaria, com risco iminente de incêndio e explosão. Sobrevoamos cerca de meia hora para gastar combustível e para que o aeroporto tomasse as providências. Felizmente deu tudo certo. Milhares de pessoas participaram das Jornadas em São Paulo.

Era coordenadora a Maria de Lourdes Martins.

Durante muito tempo realizei Jornadas no **Rio de Janeiro**, onde muita gente participava com entusiasmo. O carioca é um povo alegre, receptivo, aberto.

Os sucessos no Rio de Janeiro os devo muito a uma grande amiga, tão dedicada quanto generosa, chamada Lourdes Rodrigues Alves. Tanto ela quanto sua família se uniam aos meus esforços para que a gente maravilhosa do Rio pudesse receber a mensagem. As pessoas se sentiam felizes e saíam motivadas para uma nova vida. A maior parte dos eventos ocorreram no Hotel Glória, até seu fechamento, ao ser adquirido pelo grupo Eike Batista. Fiz amizade profunda com os proprietários do Hotel, meus queridos amigos Dr Eduardo Tapajós, falecido em acidente de helicóptero, e sua esposa Maria Clara. No Hotel, graças à gentileza desse casal inesquecível, eu era sempre hóspede oficial. Quando casou a Fabiana, filha deles, ocorreu grande festividade no Hotel. O casamento seria ecumênico: o rabino Henry Sobel e eu faríamos a cerimônia. Na última hora, o Rabino não pôde comparecer e sobrou-me a honra dessa cerimônia.

Milhares de pessoas participaram das minhas Jornadas no Rio, de tal forma que fui homenageado, em 1992, pela Assembleia Legislativa do Estado do Rio de Janeiro, como Cidadão do Rio de Janeiro e, em 1993, com a Medalha Tiradentes.

Mas, o Cardeal Eugênio Sales e a Cúria não viam com bons olhos minha presença no Rio e, em 1984, recebi ofício dizendo que não podia rezar missa ao final das Jornadas. Respondi que o Direito Canônico avisava que um padre, por sua própria natureza sacerdotal, pode rezar missa particular em qualquer local de sua escolha e, nesse caso, estava rezando missa particular, para um grupo especial de pessoas, em local reservado, e, consequentemente, eu não podia ser impedido. Veio a resposta de que havia uma Lei na Arquidiocese que proibia os padres de rezarem missa fora das igrejas, de sábado ao meio-dia até domingo à meia-noite. E mais um recado para mim: “É bom que saiba que estamos fazendo levantamentos para eventual suspensão de ordens nesta Arquidiocese". Não deixei de responder, é claro: Em primeiro lugar, informei que uma lei menor não pode ab-rogar uma lei maior. A Arquidiocese não tinha poder de sobrepor-se ao Direito Canônico da Igreja. No entanto, eu iria cumprir a ordem, porém deixando claro que caberia à Cúria Arquidiocesana a responsabilidade pelas pessoas que deixariam de rezar e de voltar-se a Jesus Cristo devido a essa proibição. Em segundo lugar, eu agradecia muito a ótima ideia de fazerem uma sindicância a meu respeito, ao invés de darem crédito a pessoas invejosas e fofoqueiras. E pus-me às ordens para dar todas as informações desejadas.

Mas, o mais impressionante estaria por vir: um mês ou dois depois, voltava eu de uma Jornada no Rio, sem rezar missa ao final do evento, por causa daquela lei do sábado e domingo, e, no avião, passei a ler o jornal *O Globo*. Por incrível que pareça, o jornal trazia uma ampla reportagem de página inteira sobre uma missa campal celebrada na praia de Copacabana, naquele fim de semana, com muitos padres, alguns bispos, e cerca de dez mil participantes. Detalhe: naquela cerimônia, fora lida uma mensagem especial do Cardeal Eugênio Sales. Foi-se por terra a tal de Lei da Arquidiocese. A partir de então, nunca mais deixei de rezar missa nas Jornadas. Se há algo que me deixa perplexo é a incoerência. Já falei sobre isso. Coerência é a base mínima da personalidade. Pessoa que diz uma coisa e faz outra, impõe uma ordem para uns e permite o contrário para outros, não tem credibilidade. Dois pesos duas medidas é atitude reprovável.

Aceito de bom grado as ideologias contrárias à minha, as crenças que não batem com as minhas, a maneira de conduzir o barco diferente da minha, assim como as oposições que são feitas à minha mensagem, desde que sejam verdadeiras para aquela pessoa. Não sou daqueles que exigem que todos pensem pela minha cabeça.

Não sou exército de um soldado só. Mas, aquilo que a pessoa diz, deve ser verdade para ela. Caniços que se dobram ao vento foram verberados por Jesus, registra o evangelho.

Realizei também jornadas em Volta Redonda e Niteroi.

Em **Curitiba**, realizava Jornadas todos os anos, sob a coordenação da amiga Vanita Ethur. Muito carinho tenho recebido daquela gente boa de Curitiba e de todo Paraná.

De Curitiba, Vanita Ethur organizou Jornadas também em **Florianópolis**. Nesta capital, houve reação de certo grupo ligado à Parapsicologia. É engraçado que até hoje certos setores da Parapsicologia não tenham percebido que uma coisa é uma coisa, outra coisa é outra coisa. Chá e café são bebidas, mas não são a mesma coisa. Será que dá para entender? O mesmo tem ocorrido com setores da Igreja que confundem religião com Poder da Mente. Ao quererem colocar ambos no mesmo saco se irritam porque o Poder da Mente tem outros parâmetros, embora em certos momentos mente e religião se abracem.

Certa vez, em Florianópolis, após meu evento, publicaram uma reportagem negativa contra minhas ideias. Para me ridicularizar, abriram a reportagem me colocando pregado numa cruz. Que fantástico argumento científico arranjaram para me criticar! E o texto pouco ou nada tinha a ver com a minha mensagem, mas apenas com a vontade exuberante de me rebaixarem. Até nem sei se essas esquizofrenias prejudicavam a mim ou aos abalizados comentaristas.

Do Rio de Janeiro, fui convidado à cidade de **Vitória**, bela capital do Espírito Santo. Peregrinei até o Santuário da Penha onde pude ver tantos milagres recebidos e documentados no Museu dos Milagres. Certa vez, a região padecia de seca muito forte e foi feita uma procissão à Nossa Senhora da Penha pedindo chuva. Durante a peregrinação choveu. Coordenaram as jornadas: Dinah e Domício.

Porto Alegre foi uma capital que acolheu com muito entusiasmo e frequência as Jornadas do Poder da Mente. Realizei o evento no Ginásio de Esportes da Brigada Militar, no Cine Presidente, e principalmente no Centro de Eventos Plaza São Rafael, auditório São José, para mil pessoas. Mas, as primeiras Jornadas foram efetuadas no Colégio Rosário, dos Irmãos Maristas. Numa dessas, fui avisado de que a Cúria Metropolitana havia proibido a direção do Rosário de me ceder o auditório. Embora com contrato feito e pago, os Irmãos tiveram que se submeter à ordem do Arcebispo Dom Cláudio Colling.

Nunca ficara sabendo o motivo até o dia em que, passando na frente da Cúria Metropolitana, tive a intuição de conversar com Dom Cláudio. Estava curioso por tomar conhecimento das razões da proibição. Fiquei contente de saber que me atenderia. Nem sempre isso acontece. Recebeu-me com certa frieza, avisando que dispunha de pouco tempo. Expliquei-lhe que há tempo desejava fazer-lhe visita para saber quais as dificuldades que havia em relação ao meu trabalho.

- Então, o senhor é o padre Lauro?

- Sim, dou cursos para ensinar as pessoas a pensar positivamente, desfazer-se de seus traumas, desgraças, depressões, sofrimentos e levantar a mente. Não são palestras sobre religião especificamente, por isso são participadas por pessoas de qualquer religião ou sem religião.

Ele entrou de rijo:

- Ganhando dinheiro, vivendo nababescamente em mansão no tal de Oásis, segundo me disse Dom Ivo Lorscheiter.

- Com licença, Dom Cláudio, em primeiro lugar não vivo no

Parque Oásis e sim no Patronato Antonio Alves Ramos, da nossa Instituição, em Santa Maria. Essa Instituição não é mansão e lá não se vive nababescamente. Em segundo lugar, o Parque Oásis não é para mim, é para o povo, para as famílias, as crianças.

- E ganhando dinheiro – alfinetou ele.

- O Parque Oásis, volto a explicar, é para o povo. Lá não ganho nada. A arrecadação se destina à sustentação e melhorias do atendimento aos frequentadores. Além de não ganhar, gasto mais do que lá é arrecadado. Tenho muitos funcionários, isso também é fim social.

- Ganhando dinheiro – cortava ele, com certa ironia.

- É claro que preciso ganhar dinheiro – não me contive. - Sem dinheiro não faço nada. Dinheiro para as viagens, para lançamento de livros, para pagar locais dos cursos... Sem dinheiro, nem o senhor terminaria a Catedral aqui de Porto Alegre, tão linda que ficou. (Ele inaugurara as obras da Catedral).

Aproveitei o momento calmo:

- Há poucos instantes, dei entrevista na Rádio Guaiba. No mesmo momento, também era entrevistado um parapsicólogo, que, por sinal, vai dar curso no Colégio Rosário, esse mesmo colégio que o senhor me proibiu. Pois, os ingressos dele são vendidos na Livraria Paulina. O valor do ingresso dele é 5.000 cruzeiros e o meu é de 2.800, e isso que minha Jornada é de doze horas. Logo viajarei ao Norte, andarei pelo Rio Amazonas para realizar Jornada em Barcarena, depois seguirei para Castanhal, no Pará, onde as comunidades pediram tanto minha ida. E, se não ganhar suficiente para os gastos, eu mesmo desembolso, como muitas vezes tenho feito. Gostaria de dizer-lhe que não sou subvencionado por qualquer instituição religiosa ou governamental.

A conversa já estava longa demais para ele, que foi se levantando, pois, como explicou, tinha outros compromissos.

Agradeci a oportunidade desse pequeno diálogo.

Enquanto abria a porta, cutucou:

- É, o senhor é o único de passo certo...

- O único não, mas me considero um entre milhões. E o dia em que me mostrarem algo de errado, serei o primeiro a corrigir, pois não sou nenhum idiota para permanecer no erro.

Despedimo-nos. Embora ele se mostrasse insensível, com ideia fixa e preconceituada em relação a mim, afirmando que eu não mudaria o pensar dele, fiquei grato por ter sido recebido. Foi uma conversa calma, mas falei com firmeza já que haviam dado a ele informações equivocadas a meu respeito.

Colhi belas qualidades dele: primeira, atendeu-me, poderia ter-se negado. Segunda, mostrou-se educado, ouviu-me. Terceira, frio, impenetrável, mas não agressivo. Quarta, voz bonita. Quinta, o sacerdote, assesssor dele, era de boa vibração positiva.

Sei que a Igreja, ou a Cúria, ou a Santa Sé, ou as Dioceses, podem ser mal informadas. Mas também sei que quanto mais alto o poder, mais forte é a responsabilidade, e quanto maior a responsabilidade, mais cuidados são necessários para evitar injustiças e atos prejudiciais a quem quer que seja. Atitudes prepotentes podem matar ideais que criariam instituições altamente benéficas à humanidade. No louvável afã de evitar contaminação da doutrina, decisões intempestivas podem acabar jogando fora o trigo junto com o joio, ou a criança junto com a água da bacia.

Coordenaram as jornadas: inicialmente, a dona Ondina, posteriormente, a Ana Lúcia Trevisan.

Pouco tempo depois de São Paulo, fui convidado a ministrar Jornadas em **Salvador**, capital da Bahia. Que gente maravilhosa! Eu não conhecia a Bahia e nem os baianos. Um povo amável, receptivo, agradável. A primeira Jornada foi num colégio de freiras. Como gaúcho, estava afeito a horários e tudo certo na hora certa. Pois, na hora de começar a palestra, nem sinal da Irmã encarregada de ligar o som. Aflito, perguntava pela Irmã do som e uma freira me explicou:

- Ela já vem, não se preocupe. Está consertando o telhado, mas não esqueceu não. Logo mais estará aqui.

- Mas, Irmã, já está na hora de começar?!

- Calma, meu rei. Preocupa não. O povo espera.

Então, conheci a tradicional calma despreocupada dos baianos. Gostaram das palestras, aplaudiram, vibraram e até houve uma senhora muito feliz da vida que me disse extasiada:

- Padre Lauro, o senhor não existe!

Inicialmente me hospedava em Hotel do centro da cidade, desejoso de conhecer a história daquele povo tão especial. Estive várias vezes no Mercado Modelo, por sinal adquiri uma santa ceia em que Jesus e os apóstolos são feitos em juta, todos postados em torno de uma mesa, em que há pratos com pão, outros com peixe, cálices, tudo em juta, uma maravilha. Conheci também o Pelourinho e várias igrejas, relíquias do passado, como a famosa igreja do Senhor do Bom Fim.

Numa das vezes em que visitei o Mercado Modelo, uma cigana veio ao meu encontro querendo tirar a sorte, como se diz.

Falei-lhe:

- Muito bem, eu lhe pagarei se você me disser o que vim fazer em Salvador.

Ela não teve dúvida:

- Veio à procura de parentes.

- Não, pode dizer outra.

- Veio a tratamento de saúde.

- Também não acertou.

Olhou bem para minha mão e tentou:

- Sim, meu rei, veio à procura de emprego.

Pois a cigana não conseguiu saber o que me levara a Salvador. Dei-lhe um dinheirinho pelo esforço.

As minhas Jornadas, em Salvador, eram organizadas pela Irmã Anatília, uma Religiosa muito dedicada e simpática; também pelo Augusto Mendes, presidente do grupo *Encontro de Casais com Cristo,* moço agradável e entusiasmado; e a Maria Luiza Franca, uma senhora muito gentil e carinhosa. Estes foram os principais esteios da mensagem, que tem ajudado milhares de pessoas.

Em Salvador, um dos mais dedicados sacerdotes que sempre me apoiaram foi o Monsenhor Gaspar Sadoc, na época Vigário Geral da Arquidiocese e pároco de uma das mais importantes paróquias da cidade, a Paróquia da Vitória. Era também Diretor Geral da Renovação Carismática de Salvador. Um grande e inesquecível amigo. Várias vezes o visitei para um chazinho da tarde. Desde que o conheci, me tornei profundo admirador de Sadoc. Exemplo de sacerdote, muito espiritualizado, grande apóstolo baiano, coração de bondade, generoso como ele só, pessoa de extraordinário discernimento. Desde logo, percebeu os benefícios que os frequentadores das minhas Jornadas usufruíam. Diversas vezes foi ao Centro de Convenções, onde eu realizava o evento, para incentivar as pessoas às minhas palestras, pelos altos resultados que proporcionavam. Sempre lembrarei esse amigo tão querido, exemplo de bondade e sabedoria. Faleceu em 22 de setembro de 2016, com 100 anos de idade.

Dias atrás, encontrei, na minha papelada, duas mensagens de Sadoc. A de 29/9/1984 dizia: *"Meu caro Padre Trevisan. Paz. Compromissos fora do perímetro urbano não me permitem ir ao curso e abraçá-lo. Muita gente estará aí buscando forças novas para a velha jornada da vida, cada dia mais necessitada de esperanças. Que mais este curso colabore para o bem da comunidade que o aplaude. Grato pelo livro: A Cura pela Palavra. Um abraço fraterno. Padre Gaspar Sadoc".*

A outra cartinha era de 29/12/1987: *"Meu caro Pe. Lauro. Paz e Vida. Agradeço-lhe a mensagem natalina tão bonita, que afirma que a Vida é uma festa. Rezei, no Natal, pelos idealistas como você, afim de continuarem a jornada que faz o mundo ser melhor. Peço-lhe transmitir à Maria Odete o meu agradecimento e bênção. O nosso Augusto (Mendes) já está em atividade, graças a Deus. Um abração, meu amigo. Padre Sadoc".*

Gaspar Sadoc foi dessas relíquias humanas que se guarda no melhor espaço do coração.

Certa vez, pedi-lhe:

- O senhor, que entende tanto da Renovação Carismática quanto da minha mensagem, podia me explicar onde se situa a incompatibilidade?

- Não existe incompatibilidade nenhuma – respondeu ele. – Não se preocupe com os que o atacam, eles desconhecem sua mensagem.

Também, inesquecível para mim foi o querido Cardeal de Salvador, Primaz do Brasil, Dom Avelar Brandão Vilela, uma das personalidades eclesiásticas mais respeitadas em nosso país. Em setembro de 1993, mandou uma mensagem, por escrito, de seu próprio punho, para ser lida durante a Jornada que eu estava realizando no Centro de Convenções de Salvador, com a presença de dois mil participantes.

Escreveu ele:

"Mensagem aos participantes do Curso Poder da Mente, pelo Padre Lauro Trevisan,

Paz!

Apesar de gripado, quero manifestar minha alegria pastoral pela realização e pelo êxito do curso Poder da Mente, dirigido e apresentado pelo pe. Lauro Trevisan.

Dois fatores me levam a permitir a sua efetivação em nosso meio:

1. A presença de potencialidades mentais ainda não suficientemente aproveitadas;

2. A existência, no mundo turbulento em que vivemos, de pessoas desajustadas ou mesmo sobrecarregadas de tensões, precisando de métodos adequados e de orientação cristã, em tempo oportuno.

Em face do exposto, saúdo a todos os participantes desse Curso, desejando que se integrem decididamente nas tarefas missionárias que amanhã terão início e que terminarão a 22 de outubro próximo..." (e segue a mensagem com algumas recomendações para esse outro encontro da Arquidiocese. Ao final, assinou:)

+Avelar, Card. Brandão Vilela - 1º de setembro de 1983"

Como havia sacerdotes da Arquidiocese que me criticavam, Mons. Sadoc e o Cardeal Brandão Vilela me perguntaram se aceitaria uma reunião com os padres para ouvir as dúvidas e colocações contrárias à minha mensagem. Respondi com a maior alegria que essa era uma ótima ideia. Foi feito o encontro. Conversamos, expliquei tudo e houve entendimento total.

Anos mais tarde, quando da morte do Cardeal Vilela, foi nomeado para aquela Arquidiocese o Cardeal Lucas Moreira Neves. Não sei que tipo de informação lhe haviam passado, o certo é que queria impedir minha presença em Salvador e chamou o Augusto Mendes para que deixasse de coordenar e apoiar minha Jornada. Augusto respondeu que até poderia seguir o conselho, mas não adiantaria nada, pois, com ele ou sem ele, o padre Lauro lotaria o Centro de Convenções, já que a mensagem estava fazendo bem imenso às multidões. Diante das explicações, Dom Lucas esqueceu a ideia.

Mas, um novo confronto ocorreria na década de noventa. Mais adiante contarei.

Realizei várias Jornadas em Brasília, tanto no *Centro de Convenções* quanto no auditório das Irmãs Filhas de Maria Auxiliadora, discípulas de Dom Bosco.

Certa vez, durante uma Jornada em **Brasília**, recebi aviso da Cúria de que não me era permitido rezar missa ao final do curso. Telefonei para a Cúria, mas nem bispos e nem Vigário Geral estavam em casa. Conversei com o Mons. Arlindo Mombac, que participava da Jornada, e achamos melhor acatar a ordem, mesmo sem saber quem era o autor da determinação, a meu ver, descabida. No Aeroporto de Brasília, encontrei o Bispo Dom Geraldo Ávila, da Cúria de Brasília e fui cumprimentá-lo e perguntar a respeito da tal proibição. Disse ele que havia restrições aos meus ensinamentos. Aproveitando o tema, comentei com ele que a Igreja, apesar de seus doutos, quase sempre condenava os fundadores de Instituições Religiosas, para depois aprovar e até canonizar alguns fundadores. Ele achava que eu exagerava, mas fui citando a ele vários fundadores, inclusive o fundador da minha instituição *Sociedade do Apostolado Católico, fundada por São Vicente Pallotti, em Roma, 1835,* e o *Instituto* *de Schoenstatt*, fundado pelo Padre José Kentenich. Pallotti perdeu o nome da Sociedade, passando a chamar-se Pia Sociedade das Missões. O verdadeiro título foi recuperado cerca de cem anos depois. E o Padre José Kentenich fora confinado à cidade de Milwaukee, EUA, durante mais de dez anos, porque o Vaticano não concordava com as ideias dele. Dom Ávila mostrou-se muito amável. Falei-lhe que até Santo Tomás de Aquino sofrera restrições por parte da Igreja à sua Filosofia e Teologia, hoje adotadas oficialmente.

Na vez seguinte em que estive realizando Jornada em Brasília, sempre sob a coordenação da amiga Célia Leão, que, inclusive organizou em outras cidades, como Taguatinga e Goiânia, tive oportunidade de conversar com o douto Cardeal José Freire Falcão e ficou tudo esclarecido.

As viagens a **Recife** deixaram-me encantado com o povo pernambucano. Gente de alma aberta, simplicidade à flor da pele, coração generoso. Recife e Olinda são duas belas cidades à beira-mar. Têm lindas praias. A Praia da Boa Viagem é famosa, em pleno centro da capital pernambucana.

Realizei dezenas de jornadas no Centro de Convenções de Olinda, para milhares de pessoas. Ainda lembro com carinho a coordenadora Elza Cavalcanti e seus filhos Sílvia e Carlinhos. Apesar dos benefícios que as gentes colhiam participando das Jornadas, havia oposição de certos setores eclesiásticos, tanto que fui impedido de realizar a Jornada num Colégio de Religiosas, cujo auditório era muito bom. Já havia ministrado o evento naquele colégio e tinha contrato para mais uma Jornada. Para surpresa geral, na última semana antes do evento, a Diretora avisou à Coordenadora Elza de que a Cúria tinha proibido a realização da Jornada no auditório do colégio. Poderiam ter informado com muita antecedência sobre a decisão eclesiástica, mas a coordenadora recebera o aviso em cima da hora. Às pressas, os convidados foram avisados de um novo endereço do evento. A partir de então, o Centro de Convençoes de Olinda foi o ponto oficial de todas as Jornadas que se seguiram.

Tive oportunidade de conversar com Dom Helder Câmara, Arcebispo de Olinda e Recife, na época já sem funções por ter ultrapassado os 75 anos de idade. Fui recebido por ele na sua casa, modesta residência atrás de uma igreja. Ao confortar-me sobre as oposições que sofria por parte de bispos e sacerdotes, contou-me que, em certa visita canônica que fizera ao Papa, este lhe mostrara uma gaveta cheia de cartas o criticando. Só não gostei quando me disse que sabia de fonte segura que eu não rezava missa. Fiquei um pouco decepcionado com a atitude dele. Lembrei um provérbio judeu, que diz: "O que não vê com seus olhos não testemunhe com sua boca". O correto seria me perguntar se era verdade que eu não rezava mais missa. E eu responderia que era mentira. Essas afirmações inconsistentes contra alguém são até comuns em alguns setores do clero: ouvem comentários mentirosos, na base do dizquedizque, e levam a sério. O "não julgueis e não sereis julgados" de Jesus muitas vezes fica no papel. Disse-lhe que rezava missa como sempre e tinha prazer de fazê-lo. Não sei se ele preferiu acreditar em mim, mas eu acredito na honradez e discernimento dele. Faleceu em 1999, com fama de santo.

Lembro agora um voo a Recife em que chegamos sob intenso temporal. Era uma geleia de chuva, trovoadas, relâmpagos e ventos fortes. Quatro vezes foi tentada a aterrissagem sem resultado. Voamos a Natal e no retorno foi possível aterrissar no Aeroporto de Guararapes sem incidente. As ruas da cidade estavam alagadas.

Por sinal, nas minhas andanças, mais três vezes tivemos problemas de aterrissagem, uma quando nos aproximávamos de

Brasília e outra quando chegávamos a Porto Alegre. Nesta ocasião retornamos ao aeroporto Afonso Pena, de Curitiba, até acalmar a tempestade. Mas a pior situação aconteceu, certa vez, quando sobrevoávamos São Paulo para uma escala e o trem de pouso do avião enguiçou a meio caminho. O comandante avisou do problema e que iríamos descer em outro aeroporto com movimento menos denso, antes porém seria necessário permanecer no ar por certo tempo para esgotar o combustível. Ao sobrevoar o aeroporto, vi lá embaixo, a postos, carros de bombeiros, ambulâncias e outros preparativos, que não davam boa impressão. Mas tudo correu bem. Há pouco, contei este episódio, lembra-se?

Quando cheguei em **Fortaleza** pela primeira vez, fiquei fascinado por aquele mundo tão diferente do Rio Grande do Sul. O cearense é um povo simples e afetuoso. A acolhida foi tão grande que em várias oportunidades tive que realizar a Jornada no famoso *ginásio de esportes Paulo Sarasate.*

A capital, com aquelas praias maravilhosas, me deixou belas lembranças na alma. Lembro de um padre amigo, chamado Magalhães, que me levou a passear de jangada mar adentro. Confesso que fiquei um tanto assustado ao me meter naquela coisa, confiando apenas numa vela e na habilidade do jangadeiro. E não vi Jesus dormindo na popa da jangada, o que diminuiu minha confiança naquele trambolho a enfrentar as ondas do mar. Sobrevivi.

Lá pelas tantas, grupos carismáticos passaram a me criticar e convocar seus adeptos a jurarem sobre a bíblia que não iriam a minhas Jornadas e não comprariam meus livros.

A virulência tornou-se tão forte que avançaram a criticar-me através dos veículos de comunicação, sempre inventando coisas. Resolvi conversar com o Cardeal Aluísio Lorscheider, então autoridade máxima religiosa na Capital cearense, que me recebeu amavelmente. Foi um belo diálogo. Lorscheider era pessoa de bom coração, inteligente, e, inclusive, me disse que já pregara retiros falando do poder maravilhoso da fé. Este sim tinha perfil para se tornar Papa e até soube que teria sido bem votado em certo conclave. Saí da presença de Dom Aluísio muito contente. Na vez seguinte em que estive em Fortaleza, os opositores religiosos começaram campanha contra mim e o Cardeal teria dito: "Deixem esse padrezinho trabalhar em paz!"

As Jornadas de doze horas foram se sucedendo nas demais capitais: **Aracaju, Maceió, João Pessoa, Natal, São Luiz, Teresina, Vila Velha, Cuiabá, Campo Grande, Goiânia.** São cidades lindas, de perfil turístico e histórico encantador. Gente maravilhosa, muito receptiva. Lá deixei uma réstia de grandes amigos e amigas. Um abraço às coordenadoras dessas capitais; principalmente a Heloisa Helena Vilhena.

Belém do Pará, no norte quente do país, que mundo exótico, lindo, impressionante! Povo muito querido. O famoso *Mercado Ver-o-Peso*, à beira da *Baía do Guajará,* imensa bacia de água formada pelos rios *Amazonas, Guamá* e *Acará,* é, além de tudo, um belo ponto turístico. Eu gostava de passear no *Ver-o-Peso*. Também conheci o *Museu Emilio Goeldi* e seguidamente passeava num Bosque existente na cidade. Estive no famoso restaurante *Saudosa Maloca.* Em quinze minutos de lancha chega-se à *Ilha do Combu,* pelo rio Guamá, onde se localiza o restaurante. O que mais gostei ali foi do açaí de tigela, que nunca tinha experimentado.

Certa vez, me levaram ao restaurante famoso da cidade chamado *Lá Em Casa*, em frente à *Baia do Guajará*, e quando o garçom se aproximou de mim, com o bloco de anotações, disse-me:

- E o senhor, o que vai querer?

Respondi-lhe:

- Churrasco de jiboia e siri ao vivo.

O moço me olhou assustado, estranhando demais o pedido.

Quando desatei a rir, o moço descontraiu. Era brincadeirinha.

Quem organizava as Jornadas em Belém era uma amiga muito querida, chamada Fátima Souza. Certo dia, contemplando a imensidão das águas, disse para a Fátima:

- Pode programar duas Jornadas no interior da Amazônia, seja aonde for, custe o que custar, que desejo muito chegar àquela boa gente.

A primeira Jornada foi em ***Barcarena***, uma cidade-fantasma no meio da mata. É dormitório das pessoas que trabalham nas indútrias de alumínio Albras e Alunorte, ali existentes. O Brasil é o 4º maior produtor mundial de bauxita (matéria-prima para a produção de alumínio) e detentor da terceira reserva mineral; é o terceiro maior produtor mundial de alumina. Mas, falei em cidade-fantasma porque os fins de semana são passados por aquela gente em Belém. As ruas da cidade começam no mato e terminam no mato. Para chegar lá, atravessamos a Baía de Guajará de barco, depois uma camionete nos levou até outra região onde outro barco nos conduziu a essa cidade. O cinema estava abandonado e empoeirado. Limpamos e realizei nele o encontro. À tarde, íamos banhar-nos no Rio São Francisco, que sofria o influxo das marés. Tudo muito pitoresco e impressionante. No retorno, embarcamos numa barcaça que transportava cerca de vinte caminhões carregados de imensas toras. Madeira para Belém. No cruzamento das águas, o vento contrário empurrava grossas ondas para dentro da barcaça e eu só pedia a Deus para chegarmos são e salvos em Belém.

A outra Jornada foi realizada em **Castanhal.**

Certa vez me convidaram a realizar Jornada em **Santarém**, cidade de cerca de trezentos mil habitantes, banhada pelo Rio Tapajós. É chamada a "Pérola do Tapajós". Lá também há encontro das águas, quando o Tapajós funde-se no rio Amazonas.

Fundada em 1661, é uma das cidades mais antigas da região amazônica. Conta com mais de cem quilômetros de praias, cujas águas cristalinas se parecem com o mar. O Hotel em que me hospedei era muito bom. O aeroporto internacional é situado à beira do Tapajós. Tive a sensação de que se o comandante vacilasse um pouco o avião mergulharia solenemente nas límpidas águas do rio.

A única Jornada que lá realizei foi muito participada e recebida com entusiasmo, pois poucos conferencistas se animavam a ir até aquele fim de mundo. Valeu a pena. Gente muito amável e simples.

Várias vezes aportei em **Manaus** para realizar Jornadas. O auditório da Suframa era muito bom. Manaus é uma cidade que teve seu apogeu na época da borracha. Construíram o lindo Mercado Adolpho Lisboa, inaugurado em 1883, todo em estruturas de ferro, e o famoso Teatro Amazonas, inaugurado em 1896, que, em plena Amazônia, recebia grandes Companhias de Óperas. Hoje, a Capital amazonense é turbinada pela Zona Franca e abriga uma população de mais de dois milhões de habitantes.

As Jornadas eram muito bem sucedidas e o povo ficava contente cada vez que eu chegava a essa cidade linda e exótica. Ainda me sirvo do famoso guaraná em pó de Maués, enviado pelo meu amigo Jorge Benchaya.

Manaus é zona franca, por isso há muitas indústrias e os preços são vantajosos.

A coordenadora das jornadas era Ada Assam.

O primeiro país sul-americano que me convidou a realizar Jornada foi o **Paraguai**. Fiquei encantado com a bondade e a generosidade daquela gente. Voltei várias vezes à Assunção. Lançaram o livro *O Poder Infinito da Sua Mente,* em espanhol. Tornou-se best-seller. A família Molina e o padre Gines sempre me esperavam de braços abertos.

O primeiro coordenador em Assunção foi o amigo Adalberto Cueto.

Mas, o país que deu maior e mais entusiástica acolhida à minha mensagem foi a **Argentina**, sob a coordenação de uma inesquecível amiga, chamada Cristina La Salle. Houve Jornadas em que compareciam cerca de cinco mil pessoas. Muitos livros foram lançados na Argentina. Guardo no coração o carinho amoroso daquela gente tão querida.

A repercussão da grande frequência às Jornadas e do sucesso dos livros mexeu com setores da Igreja argentina, e o Cardeal Antonio Quarracino, falecido em 1998, antecessor do Cardeal Jorge Mario Bergoglio, atualmente Papa Francisco, quis impedir que eu fosse à capital portenha realizar jornadas. Reclamou com o Superior Palotino de Buenos Aires e este explicou que eu pertencia à Província de Santa Maria, mas entendia que eu não precisava pedir autorização eclesiástica, já que as palestras não tinham a ver com religião e sim com Psicologia e Poder da Mente. Na verdade, Poder da Mente, a meu juízo, é o degrau mais alto da Psicologia. Mas, Quarracino, talvez mal informado, chegou a impedir que o tradicional colégio católico *De La Salle Buenos Aires* permitisse Jornada minha, programada pela segunda vez em seu auditórium. O colégio possui um belo salão de atos para 1.500 pessoas. Dispõe também de salas para reuniões, conferências e congressos nacionais e internacionais. Depois de realizar o evento num centro de convenções para cinco mil participantes, resolvemos encontrar um auditório mais confortável e o *Colégio De La Salle,* no centro de Buenos Aires, era ideal. Mas o Cardeal mandou cancelar o contrato, que, por sinal, estava até pago com antecedência. Para a coordenadora Cristina, este tipo de quebra de contrato era um calote insuportável e queria processar o Colégio. Acalmei-a, pedi que escolhesse outro local e não complicasse, pois isso fazia parte da vida. Mas, bem que certos religiosos poderiam dar mais valor aos ensinamentos de Jesus Cristo: "Seja o vosso sim, sim" e "Não faças aos outros o que não queres que os outros façam a ti". Um dia, um grupo de parapsicólogos cristãos de Buenos Aires publicou largo trabalho no jornal me criticando e o Poder da Mente. A minha coordenadora me avisou assustada. Disse a ela o seguinte: "Solução muito simples. Sugira a eles que promovam um debate comigo na tevê, pois essa seria a melhor forma de me desmoralizarem perante a sociedade. Lá o púbico verá quem tem razão." Com medo de que o tiro saísse pela culatra – como se diz – até hoje estou à espera do convite. Infelizmente, muitos críticos são do tipo que dá o tapa e esconde a mão.

Voltei muitas vezes à Argentina, onde sempre fui bem recebido por uma grande multidão. Tenho inúmeros amigos e amigas naquele país. A Editora Cristal lançou mais de vinte livros de minha autoria. Tenho saudade dos argentinos. Às vezes, vejo brasileiros com ideia de que os argentinos são cheios de si, mas eu, que estive muitas vezes em Buenos Aires, Córdoba e Bariloche, posso dizer que é um povo carinhoso, amável e acolhedor.

Também realizei Jornadas em **Montevidéu**, capital do Uruguai.

Na década de oitenta, fui convidado a transmitir minha mensagem em **Portugal**. Uma senhora, chamada Pilar Salazar de Sousa, assistiu minha Jornada de doze horas no *Hotel Glória* do Rio de Janeiro e me convidou a ir a Portugal. Aceitei de imediato e realizei o primeiro evento no *Colégio Pio XII.* Poder da Mente, para um povo bastante tradicional, soava um tanto esquisito e nesse colégio alguns estudantes procuraram infernizar as palestras. Mas, a resistência inicial transformou-se, ao final, num entusiasmo emocionante. Nesse primeiro encontro, o Padre Azevedo, do colégio, veio conversar comigo dizendo que não era bom que eu dissesse que a fé pode tudo porque as pessoas iriam acreditar, não alcançariam, e isso seria muito frustrante.

Respondi a ele:

- Muito bem, eu até gostaria de seguir seu conselho, mas não vai adiantar nada, pois nosso Mestre Jesus já divulgou essa verdade dois mil antes de mim.

Cada vez que retornava a Portugal dobrava o número de participantes. Já faz quase trinta anos que visito aquele país, tenho cerca de trinta livros lá editados, realizo Jornadas anualmente em Lisboa e Porto, assim como tenho ministrado também em Aveiro, Faro, Coimbra e outras cidades, que não lembro.

Só posso dizer que o povo português, depois que conhece a pessoa, desdobra-se em gestos de carinho e amizade. Tenho muitos amigos e amigas na Boa Terra D´Além Mar. Sinto-me em casa quando viajo a este maravilhoso país. Um ponto que me atrai muito é o Santuário de Fátima. Duas vezes por ano, vou rezar, acender velas, e impregnar-me da mística da Capelinha das Aparições.

Guardo carinhosamente no coração o apoio que tenho recebido de João e Lourdes Branco. São amigos queridos desde a primeira hora, como se diz. Lembro a amizade e colaboração do João Valbom:

com seu Jaguar me levou até Barcelona onde estou lançando vários livros. Não esqueço a gloriosa Miquelina Sousa Uva, que sempre me cobre de atenções. A Mariana Venâncio, que mulher maravilhosa! A Jandira dos cachorros, a Prazeres e marido João, a Adelaide, a dona Domingas, e tanta gente de Lisboa. No Porto, a Paula Fortes, que criatura especial! O grande amigo Esmeraldo da cidade de Viseu, a Maria Emília, de Aveiro, que todos os anos me oferece os famosos Ovos Moles de Aveiro, a Susana Cor de Rosa, especialista em Física Quântica e sua assistente Ruth, o Joaquim Alfaiate e a Rosário, o João e Alina, a Giselda. Quantas amigas e amigos maravilhosos tenho em Portugal! Não vou continuar citando para não transformar isto em Guia Telefônico. Por fim, sou grato ao Silvério Amaro e sua filha Paula, da Dinalivro, que lançaram e seguem lançando meus livros. O esteio da minha presença em Portugal tem sido a Pilar Salazar de Sousa, senhora muito dinâmica. Por vários anos a coordenação das Jornadas, em Portugal, ficou a cargo dessa amiga bondosa e, posteriormente, da dedicada Lourdes Alves. Também coordenaram, com sucesso, o amigo João Branco e, ainda, a Maria Helena de Castro Lemos, esta já falecida.

Ilha da Madeira. Estive duas vezes realizando jornada do Poder da Mente na linda e florida Ilha da Madeira, sob a coordenação de Serafim Vieira, com o apoio de Bernadete Martins. Os eventos ocorreram no Cine Casino Park, com muita receptividade.

Também realizei Jornadas na **Alemanha**, na cidade de Essen. Era convidado de meus amigos Christina e Ekhard, este falecido há pouco tempo. O evento acontecia numa Escola Superior de Teologia, que oferecia seus espaços nos fins de semana para eventos. Na primeira vez que lá estive, fui recebido pelo Reitor. Quando lhe disse que ia realizar Jornada sobre o Poder da Mente, ele sorriu um sorriso benevolente. Falei-lhe que Poder da Mente tinha suas origens e maiores expansões nos EUA. Ele sorriu mais ainda. Nos Estados Unidos, a voz mais conhecida do Poder da Mente foi Joseph Murphy. Em Munique, visitei um discípulo de Murphy, o conferencista e escritor Erhard F. Freitag, fundador do Instituto Joseph Murphy, na Alemanha.

Mas, voltando ao Reitor, perguntei-lhe:

- O senhor sabe qual é a diferença entre a filosofia alemã e a filosofia norte-americana?

Diante do silêncio, expliquei:

- A filosofia alemã busca a essência das coisas e a filosofia norte-americana busca a praticidade das coisas.

E a conversa foi andando até o momento em que falei de paz.

- Paz?! – exclamou ele. – Como posso pensar em paz e minha mãe aí com Alzheimer?

- Mas, a paz – respondi-lhe - não tem nada a ver com o mundo exterior. Paz é estado mental e independe do que ocorre exteriormente. Fora pode desabar um furacão e, mesmo assim, é possível, e até necessário, estar em paz. A paz é a saúde da mente, que faz a saúde do corpo, que harmoniza o ser humano consigo, com o universo e com Deus.

Só faltou dizer-lhe que a paz, depois do amor, é a qualidade mais importante, segundo Jesus.

Na segunda vez que estive neste seminário para outra Jornada, senti que o Reitor não estava nada acolhedor. Tive impressão de que recebera do Brasil críticas a meu respeito. Nessa vez, antes da Jornada, dei uma palestra sobre o Poder da Fé, para toda a comunidade, de graça. Havia uma tradutora que passava às pessoas as minhas palavras. Para minha alegria e surpresa, encontrei-me com ele após a Jornada e ele me cumprimentou com muita simpatia. Maravilha. Esses são os verdadeiros homens.

Depois dos eventos, Christina e Ekhard me convidavam para conhecer algumas regiões daquele inesquecível país. Certa vez, após a Jornada, fomos a Munique, onde apreciei, na Marienplaz, o famoso relógio do prédio da Prefeitura. O edifício é conhecido como Neue Rathaus e o relógio como Rathaus-Glokenspiel. Este possui um carrilhão de bonecos animados, que deixam a plateia em suspense na hora em que desfilam. Não deixamos de beber cerveja naquelas taças de légua e meia e degustar a famosa linguiça branca da Baviera. A Christina, sempre cuidadosa, disse-me para não exagerar na linguiça porque podia fazer mal. Eu brinquei com ela: "Christina, seria uma honra eu ter o seguinte epitáfio: Aqui jaz um valente brasileiro, vítima de uma linguiça branca de Munique". Seguimos para Garmisch, onde tomamos um trem que, graças ao sistema de cremalheira, nos levou até o pico nevado do Zugspitze, a 2.962 metros de altitude, todo coberto de neves eternas. Era uma vista panorâmica de emocionar. Continuamos a viagem até o interior da Floresta Negra e nos hospedamos em hotel de Triberg, cidade famosa pela fabricação dos relógios Cuco, além de ser terra natal dos avós da Maria Odete Fleig, administradora dos meus empreendimentos. Também visitamos Schönwald, cidade pioneira em confecção de relógios Cuco.

De retorno, visitamos o Campo de Concentração de Dachau. O Ekhard, que esteve na Guerra, não sentiu vontade de visitar, ficou no carro. Entrar naquele cenário de horrores me causou profundo mal-estar. O filme que foi passado sobre a vida naquele Campo era de chorar e não esquecer jamais. Desde 1941 até o fim do Conflito, fora usado para o extermínio de cerca de trinta mil pessoas. Segundo a Igreja Católica, aproximadamente três mil religiosos foram mantidos lá. Muitos morreram. O Campo chegou a possuir câmara de gás, mas parece que não chegou a ser usada. No fim de abril de 1945, o Exército Americano entrou para libertar os milhares de prisioneiros. O que foi encontrado lá os deixou terrivelmente chocados: centenas de mortos empilhados junto a um comboio de 39 vagões, alguns em estado de decomposição.

Ao voltarmos para o carro, o Ekhard comentou: "E a humanidade não aprende. Está acontecendo algo semelhante em Kosovo".

Certa vez, alguns amigos me incentivaram a iniciar Jornadas nos **Estados Unidos**. Anos antes, um colega de seminário, que vivia em Nova Iorque, se interessara em lançar lá meu livro *O Poder Infinito da Sua Mente*. A Editora fora à falência e o livro não aconteceu. Agora era um convite para realizar Jornada em Miami e em Fort Lauderdale. Foi uma única experiência e ficou por isso mesmo. O projeto não foi à frente. Nunca esqueci aquela viagem porque, certa manhã, estava tomando café num bar e, de repente, a televisão do bar passou a transmitir, ao vivo, em tempo real, o atentado que derrubou as Torres Gêmeas de Nova Iorque. Ficamos estarrecidos. Uma loucura. O país entrou em choque. Três dias depois, eu viajava a Fort Lauderdale para a Jornada e, no caminho, via longas filas de gente solidária que ali estava para doar sangue destinado às vítimas da tragédia.

1990-2000
Nova Era
Terceiro Milênio
Congresso Internacional
Festival Festinvita

No final dos anos oitenta aproximava-se a década que nos levaria ao terceiro milênio. O sonho do terceiro milênio era a esperança do nascer de uma nova era para toda a humanidade.

Nova era. Como sempre acontece nessas transições marcantes do tempo, houve celeuma tanto dos que achavam que o mundo iria acabar quanto dos que previam o início de uma nova era. Assim aconteceu também quando estavam para ser abertas as portas do segundo milênio: muitos acreditavam no fim do mundo, (mille no piú mille), e outros sentiam prenúncios de uma nova humanidade.

Para pessoas de visão positiva, como eu, o terceiro milênio seria a aurora de grandes esperanças e expectativas para o mundo. Nos meus prenúncios, o terceiro milênio é o nascer de uma nova humanidade, melhor, mais sadia, mais próspera e mais feliz, enfim, o advento do reino de amor sonhado pelo Cristo. Nessa expectativa consistia a minha ideia de Nova Era e foi essa ideia que passei nos livros e nos Congressos da década de noventa.

Para mim, e para muitos, essa Nova Era tinha e tem como ponto de referência a espiritualidade e a descoberta da autograndeza do ser humano. Anunciava-se a chegada da Era do Espírito, que significava um avanço evolutivo do mundo material em direção ao mundo mental e espiritual.

O Papa São João Paulo II, na sua primeira viagem ao Brasil, em 1980, falando para uma sociedade pluralizada, em Salvador da Bahia, recomendava:

"Não tenhais medo de olhar para frente, de caminhar para frente, rumo ao ano 2.000. Um novo mundo deve nascer em nome de Deus e do homem. Não recueis".

Antes dele, João XXIII, o profético, o santo, falou, em 1960:

"Devemos construir, diletos filhos, devemos avançar, lançando os fundamentos de uma

nova era

mais sã, mais equânime, mais generosa, com a ardente aspiração de um sucesso que não pode tardar; devemos semear, mesmo quando uma profunda tristeza, por vezes, nos oprima o peito, certos da promessa de uma colheita feliz".(Discurso de 4-12-1960, livro Mensagens Proféticas do Papa Bom).

Mais de 40 anos antes de 2.000, João XXIII pressentia o nascer de uma Nova Era, que traria nova ordem mundial.

Em 1961, ao anunciar o Concílio Vaticano II, voltou a dizer:

"A Igreja assiste hoje ao desenvolvimento de uma crise na sociedade. Enquanto a humanidade está às portas de uma

nova era,

tarefas de imensa gravidade e amplitude aguardam a Igreja, como nas épocas mais trágicas da sua história".

Que tipo de crise aguarda a Igreja e a sociedade mundial?

Exatamente a crise da mudança dos tempos.

Aproximava-se o terceiro milênio e nascia o sonho de um novo mundo que alvoreceria junto com o calendário. Assim também pensavam João XXIII e João Paulo II.

Aproveitei este sentimento universal para dizer que a Nova Era significava o nascimento daquele reino de amor anunciado por Jesus, como consta no meu livro: *Jesus Precursor e Anunciador da Nova Era.*

Além disso, o ano dois mil, independente de conceitos, preconceitos e ideologias, significa o início de mais uma era na roda do tempo. Nova era é expressão para dizer que, na corrida do tempo, estava começando outra era.

O que é uma era na computação do tempo?

O tempo se divide em dias, semanas, meses, anos, séculos e eras. Cada era, como verá logo a seguir, se compõe de cerca de dois mil anos, pouco mais. E cada ciclo de dois mil anos tem um nome característico.

Na distribuição do tempo, o terceiro milênio aponta o surgir da Era de Aquárius. Não fui eu que inventei isso.

Consulte o dicionário Mirador:

"O "grande ano" dura 25.868 anos solares e corresponde ao período de tempo que o eixo polar da Terra leva para passar em redor de um círculo imaginário em relação às estrelas e retornar à sua posição original. Essa oscilação do eixo é denominada "nutação" pelos astrônomos. Astrologicamente, o grande ano se divide em doze grandes meses, cada um deles com pouco mais de 2.000 anos. À medida que o eixo polar se move ao redor do seu círculo, a Terra passa de uma a outra constelação, ou signo zodiacal. Estivemos, até pouco, na era do grande mês de Pisces, (Peixes), (que corresponde aproximadamente aos 2.000 anos da era cristã), penetrando agora no grande mês de Aquárius. Retrocedendo no tempo, verificamos que os grandes meses antecedentes abrangeram os períodos das civilizações clássicas, do Egito antigo, da descoberta de cerâmica e de outros ofícios, do culto às primitivas dei-

dades femininas e da arte pictórica das cavernas da Idade da Pedra". (Dicionário Mirador).

A Era de Aquárius, portanto, corresponde a aproximadamente dois mil anos a partir do início do terceiro milênio. Isso é contagem do tempo, nada a ver com esoterismo, astrologia e invencionices de nova seita mundial ou do Grande Irmão. Nada a ver com as ideias publicadas pela freira protestante alemã Basilea Schlink, em seu livreto, formato de bolso, de título *A Nova Era à Luz da Bíblia*, em que chegava ao absurdo de dizer que Nova Era seria coisa do demônio. E o pior é que alguns pastores, bispos, teólogos e leigos usaram o livro como verdade dogmática e saíram a deblaterar contra a Nova Era. E contra mim.

O nome Aquárius é extraído da astrologia, mas nome não passa de nome. O mês de janeiro, por exemplo, tem origem no deus Jano, o deus bifronte e uma das mais antigas deidades romanas. Março é dedicado a Marte, deus da guerra; abril surgiu para celebrar a deusa do amor: Vênus. Maio homenageia Maia, uma das deusas da primavera. Junho faz alusão a Juno, esposa de Júpiter.

Nunca vi os meus críticos deixarem de usar a palavra janeiro, março, abril, maio, junho, por causa da origem pagã do vocábulo.

Nesses dois mil anos de Peixes, a História humana traçou a época do Império Romano, a Idade Média, a Renascença, o Século das Luzes, a Idade Industrial, a Idade Moderna, a Idade Contemporânea, a Idade Espacial, a Idade Eletrônica.

Além do mais, peixe é símbolo de Jesus. Deriva das iniciais, em grego, de *"Iesous Christos Theou Yios Soter"*, Jesus Cristo Filho de Deus Salvador. As iniciais de cada palavra formam ICTYS, que significa peixe. Este símbolo, em forma simples de peixe, era usado inicialmente nas catacumbas, e em locais de encontros, pelos primeiros cristãos perseguidos. Onde havia o desenho de um peixe, os cristãos sabiam que havia um correligionário. Ainda hoje, o peixe simboliza Jesus.

Na marca do tempo, Peixes significa a era dos primeiros dois mil anos do cristianismo.

Aproveitando a onda, busquei cristianizar a expectativa do terceiro milênio, avisando que a Nova Era seria a Era de Jesus, como se vê nos livros que publiquei sobre o assunto. Nos primeiros tempos, não foram cristianizadas algumas festas pagãs? Pergunte aos teólogos, exegetas e historiadores.

Veja o que diz a Wikipédia:

"Com o enfraquecimento das religiões pagãs, a data em que se comemoravam as festas do "Sol Vencedor" passaram a reverenciar o Natal, numa apropriação destinada a incorporar as festividades de inúmeras comunidades recém-convertidas ao cristianismo".

Então, não é louvável cristianizar o sonho humano do terceiro milênio e da Era de Aquarius?

Nesse clima, lancei três livros, abordando o nascimento de um novo mundo a partir do terceiro milênio.

Fiz, mais ou menos, mutatis mutandis, como fez o grande filósofo e teólogo Santo Tomás de Aquino na Idade Média. A Igreja adotava Platão na Filosofia e Teologia e o mundo laico e científico seguia Aristóteles. Tomás atraiu o mundo cultural leigo para a Igreja adequando a Filosofia e a Teologia aos conceitos de Aristóteles, o que não aconteceu sem vozes discordantes. Aquino teve muitos críticos entre os filósofos e pensadores das Universidades católicas onde lecionou e também nos vários setores intelectuais eclesiásticos. Hoje o pensamento de Aristóteles é voz comum na Filosofia e Teologia eclesiástica, graças ao talento de Tomás de Aquino.

Foi o que intentei fazer com as dicotomias referentes à expressão Nova Era.

Nesse período que antecedia o ano dois mil, a humanidade sonhava com uma nova era, que seria o nascer de uma humanidade melhor, mais fraterna e mais feliz. Era esse também o sonho de João Paulo II e João XXIII, como você leu há pouco.

CONGRESSOS INTERNACIONAIS. Desde 1991 até a virada do milênio, aproveitei a grande expectativa para promover anualmente Congresso Internacional, em Santa Maria. Era muito importante que as pessoas sonhassem com uma nova humanidade mais feliz, mais abençoada, mais harmoniosa, mais inspirada nas dimensões do espírito. Eu queria ajudar o mundo a acreditar no Reino de Amor anunciado por Jesus e a caminhar para a fraternidade universal. Então proclamava que estávamos diante do nascer de uma Nova Era. Nunca falei que era chegada a plenitude dos tempos, mas início do milênio que nos permitiria alcançar um estágio evolutivo mais alto.

Disse Jesus, ao proclamar a sua Boa Nova:

"Repousa sobre mim o Espírito do Senhor; ungiu-me para anunciar a boa nova aos pobres, enviou-me para pregar a liberdade aos cativos, dar aos cegos a luz dos olhos, levar aos oprimidos a liberdade; para apregoar o ano salutar do Senhor".(Lc 4,16-30).

Apregoar o ano salutar do Senhor. Ele, o pregoeiro do ano salutar do Senhor.

Quanto tempo levaria para chegar o ano salutar do Senhor?

Não nos é lícito encher de esperanças a humanidade de que possamos estar abrindo as portas desse ano salutar do Senhor? Ou será que os que me combatem não acreditam no Reino de Amor que Jesus anunciou?

O tempo pertence a Deus, a nós compete estarmos preparados. E essa busca do espiritual que inquieta o ser humano de hoje é um bom sinal.

O cristão é um ser essencialmente de fé e de esperanças renovadas e não um velho cansado a falar de resignação, maus tempos e mundo perdido. Muito menos um porteiro desconfiado de que estão tramando invadir sua casa.

Passei a década de noventa levantando o astral das pessoas através de vibrantes Congressos que anunciavam o nascer de uma nova era para toda a humanidade.

Mas, setores da alta hierarquia católica ficaram assustados imaginando coisas do arco da velha, tipo que Nova Era consistia em acabar com a religião, criar o reino do Grande Irmão, destronar Jesus Cristo, coisas que eu nunca tinha lido em livro algum.

Dom Lucas Moreira Neves, quando Cardeal-Arcebispo de Salvador, escreveu, no Jornal do Brasil, dia 3 de julho de 1991, um comentário esquisito:

"Há algo de mais grave: quando se referem aos dois milênios de cristianismo, os classificam como "era de Peixes" e sentenciam, sem meias tintas, que foi (é) uma era de divisões e conflitos, de egoísmo e intolerância, o contrário do que será a religião planetária e unificadora de Aquárius. Nem vacilam em afirmar que quando Aquárius chegar – em 2012 – Jesus Cristo terá desaparecido de vez". (Artigo: New Age, Aquarius e Cristianismo).

Não sei se alguém duvida que essa Era passada viveu divisões, conflitos e guerras; não sei se tem alguém que negue. Basta lembrar que, só no século vinte, tivemos a Primeira e a Segunda Guerra Mundial, a Guerra do Vietnã, vários conflitos armados, sem falar da Guerra Fria, que provocaram uma hecatombe nunca vista anteriormente. Agora, dizer que Aquarius é 2012 e até 2012 Jesus terá desaparecido, nunca vi afirmação mais esdrúxula. Só algum maluco alienado poderia sair-se com tal prognóstico. Data vênia o respeito que me merece o douto Lucas Moreira Neves, essas afirmações estão longe de qualquer lógica.

Mas, a seguir, as baterias do douto Cardeal se voltaram contra mim:

"Diante disso, confesso-me estarrecido ao ter notícia de que aqui e ali, algum sacerdote, com boa dose de ingenuidade ou de ignorância, costuma anunciar em suas homilias o advento da era de Aquarius." (Jornal do Brasil, dia 3 de julho de 1991).

Haja pauleira. Bem, de minha parte, nunca anunciei a Era de Aquárius em minhas homilias. Conheço e uso, na igreja, a linguagem da religião. Tanto que, do ponto de vista da ciência, lancei *O Poder Infinito da Sua Mente*, e, sob o prisma da religião, publiquei *O Poder Infinito da Oração.*

Ao focar o ciclo dos tempos, editei o *livro Aquárius a Nova Era Chegou*, (1991, 14 edições), e, ao lançar um olhar crístico sobre a humanidade, escrevi *Jesus Precursor e Anunciador da Nova Era, (2006, 10 edições).*

Também, volto a dizer, não cometi o absurdo de anunciar que *"quando Aquárius chegar – em 2012 – Jesus Cristo terá desaparecido"*. Esta é uma esquisitice tão grande que provavelmente o Jornal terá omitido alguma parte do artigo do eminente Cardeal Primaz do Brasil, que foi Presidente da CNBB, Secretário da Congregação para os Bispos e Secretário do Sacro Colégio dos Cardeais, além de outras funções importantes no Vaticano.

Mas o cacete chegou mais perto de mim, quando escreveu:

"... E que algum outro percorra o país organizando rendosas conferências de nítido conteúdo neognóstico. E que em uma cidade do extremo sul, sempre sob os auspícios de um sacerdote, se tenha celebrado um aparatoso congresso recheado de teorias e práticas newagers ou aquarianas. Aos cristãos assustadiços, impressionados pelo anunciado crepúsculo de Cristo na propaganda aquariana..." (O texto segue com outras reflexões). (Jornal do Brasil, dia 3 de julho de 1991).

Revisei todos os temas e palestras dos dez Congressos que realizei, na década de noventa, na cidade de Santa Maria – extremo sul do Brasil – e não encontrei nada do que o ilustre prelado citou.

Quanto ao crepúsculo de Cristo, se alguém defendeu essa hipótese, precisa fazer exame de sanidade mental. Eu, jamais. Prego exatamente o contrário. Basta ler o livro *Jesus Precursor e Anunciador da Nova Era.*

No que diz respeito às críticas que fez ao Poder da Mente, a resposta já está dada nessa obra.

Vou transcrever aqui a carta que mandei a ele, porque serve para esclarecer a todos que me acusam de coisas que desconheço, coisas que, por sinal, nunca li nem ouvi sobre essa tal de Nova Era em cujo saco me meteram.

Eis a carta:

"26 novembro, 1993.

Caríssimo Cardeal Lucas Moreira Neves.

Saudações em Cristo.

Há muito tempo ambos desejamos um encontro a fim de que eu possa expor claramente meu pensamento em torno do Poder da Mente e da Nova Era, ao mesmo tempo em que terei prazer de ouvir suas elevadas ponderações. Enquanto isso não acontece, aproveito para enviar-lhe cinco obras minhas, que já podem orientá-lo sobre minha linha de pensamento.

Antes de tudo, quero dizer-lhe que minhas obras e ideias estão literalmente dentro dos ensinamentos do divino Mestre Jesus.

Poder da Mente é ciência que visa clarificar as potencialidades humanas, colocando-as, de forma simples e fácil, ao alcance de todas as pessoas. É o que Vossa Eminência poderá ver nos livros "O Poder Infinito da Sua Mente" e "Conhece-te e Conhecerás o teu Poder", que estou passando às suas mãos.

A mesma verdade, agora dentro da linguagem da religião, Vossa Eminência poderá ver no livro O Poder Infinito da Oração.

Quanto à Nova Era, faço chegar-lhe as duas obras minhas, nas quais exponho claramente o meu pensamento.

Antes de tudo, devo dizer-lhe que nunca ouvi falar sobre essa Nova Era combatida pela Igreja e gostaria que Vossa Eminência me citasse a obra específica que trata do tema segundo as condenações suas e de outros doutos Pastores, a fim de que eu possa inteirar-me da questão, porque até hoje estou por fora.

Mas, no meu caso, focalizo três aspectos claros da questão:

1.Segundo a distribuição corrente do tempo, estamos às vésperas de um novo século, (século 21), e de uma nova era, (Era de Aquários). O século compõe-se de 100 anos e a era abrange 2.000 anos. Quanto ao nome, para mim pouco importa a denominação de Aquários. Poderia até chamar-se Era Trans-espacial, ou ter qualquer nome, pois nada tenho a ver com astrologia e nada sei de astrologia.

2. No meu modo de ver, até aqui a humanidade se dedicou mais especificamente à conquista do mundo exterior, o que é lógico.

Daqui para frente, interessar-se-á sobremaneira pelas conquistas e descobertas do mundo interior, ou seja, das dimensões e potencialidades da alma e da mente.

3. Ao aprofundar-se na conquista das maravilhosas dimensões interiores do ser humano, descobrirá e reconhecerá as verdades maiores reveladas e ensinadas pelo Cristo, o mais profundo conhecedor das dimensões interiores da criatura humana.

Entendo que Vossa Eminência concorda com essa visão, que reflete, acima de tudo, a fé de que o Reino do Cristo há de se manifestar o mais breve possível na humanidade.

Quanto ao Congresso Internacional que realizo a cada janeiro da década de noventa, aqui em Santa Maria, solicito a gentileza, caso o desejar, de mandar um enviado seu a fim de analisar in locu o desenrolar do evento. Terei prazer em receber seu mensageiro e hospedá-lo, com o melhor acolhimento, sem oneração nenhuma, nem sequer da viagem.

Pode Vossa Eminência ter certeza de que a minha intenção e o meu ideal confere com o seu: ajudar as pessoas a resolverem seus problemas, encaminhar-se bem na vida e alcançarem o reino dos céus.

Desde já agradecido pela generosidade de ter dado atenção a esta despretensiosa missiva, com saudações em Cristo e Maria: Pe. Lauro Trevisan".

Dom Lucas nunca respondeu à minha missiva. Faleceu em 2002, em Roma, com 76 anos de idade.

Lancei três livros conscientizando a humanidade a se preparar para um mundo melhor.

Em 1991, lancei *Aquárius, a Nova Era Chegou; 14 edições.*

Diz a orelha do livro:

"Um dos irresistíveis fascínios do ser humano é perscrutar o futuro de si mesmo, da humanidade e do universo. Este livro apresenta a visão do terceiro milênio. Saberá o que lhe reserva a Nova Era de Aquárius.

Nunca esqueça, ao ler esta obra, que futuro é futuro. Muitos sentir-se-ão empolgados com as revelações constantes nesse livro; outros talvez estranhem; outros mais, quem sabe, ficarão chocados com certas afirmações; alguns, até, poderão oferecer resistência e rechaço a determinadas colocações. Isso tudo é natural, porque se trata de uma visão, até certo ponto distante do mundo de hoje. Estamos falando de Eras e uma Era abrange mais de vinte séculos. É claro que a antecipação de um futuro tão distante obrigatoriamente não coincide com as estruturas mentais de hoje. Leia o livro com alegria e boa disposição, porque a previsão de Aquárius é a mais linda esperança da humanidade..."

O outro livro é de título: *Jesus Precursor e Anunciador da Nova Era*. 1993. Dez edições.

Diz a orelha do livro:

"Este livro faz o fantástico salto de 2.000 anos – como o fez o Mestre Jesus – e aponta a grande Era que está surgindo. Inicialmente aborda, em rápidas pinceladas, a Era de Peixes, que iniciou com o nascimento de Jesus e termina no ano 2.000; e a Era de Aquárius, que vai de 2001 a 4.000.

Jesus pregou um novo mundo de amor, de paz, de alegria, de felicidade, de abundância, de saúde, de reino dos céus, de fraternidade e de comunhão universal – e este mundo é previsto para a Era de Aquárius. Em sua caminhada terrena, o Mestre revelou as dimensões maiores do ser humano, ensinando a existência de um Poder Infinito no íntimo da pessoa; ora, a Era de Aquárius busca a descoberta do microcosmo, ou seja, do mundo interior da criatura humana. Faça aqui a caminhada de Jesus e fará necessariamente a caminhada de Aquárius. Seja madrugador deste novo mundo".

Levantaram-se muitas vozes contra mim. Vozes do clero se aproveitaram para me desmoralizar e espalhar que eu tinha sido condenado pela Igreja. Nunca aconteceu.

O terceiro livro: *Apresse O Passo Que O Mundo Está Mudando*. Escrevi no ano 2.000 esta obra, anunciando as expectativas do terceiro milênio. Seis edições.

Registra a orelha desta obra:

"Este livro diz para você tudo que gostaria de ouvir. E de ler. Sobre o mundo, a vida e o futuro. Mostra porque é assim esse mundo que aí está e, principalmente, aponta o caminho do novo ser humano do terceiro milênio. Depois de percorrer a fase da evolução material, você estará entrando na segunda e terceira evoluções, a mental e a espiritual, queimando etapas, e estará chegando justamente àquele mundo maravilhoso dos seus sonhos. Ao ler esta obra, com certeza você atravessará a fronteira do terceiro milênio e será aquilo que realmente você é. Não perca tempo. Comece logo a leitura. E a recomende, pois você é alicerce do novo mundo que está nascendo".

Na página 15 desta obra, escrevi:

"A MAIS LONGA DAS NOITES.

O que aconteceu até aqui, não passa de submundo. Apenas porão. Quase escuridão. Este ainda não é o verdadeiro mundo. O projeto divino continua apenas projeto. Com muita sabedoria, Jesus afirmou: "Meu reino não é deste mundo".

Inúmeros teólogos interpretaram que o Mestre falava de um

reino instalado na outra vida, situado além da morte. E passaram a desprezar esta dimensão da vida, mergulhando em penitências, sacrifícios, e intermináveis súplicas para que lhes fosse dado um lugar no reino do Além. Já que este mundo não valia nada, só lhes interessava encontrar o caminho do céu, capital do novo império divino.

Jesus, no entanto, quis dizer que o reino dele não era deste mundo-humano-que-aí-estava-acontecendo, cheio de ódios, guerras, sofrimentos, fome, injustiças, misérias, desgraças, descontroles, ignorância, tiranias, violências, destruições e desequilíbrios, eivado de gente sem-teto, sem-terra, sem-amor, sem-dinheiro, sem-vontade, sem-nada. Veio ele informar que esse não era o mundo criado por Deus, mas feito pela ignorância humana.

A Terra dos homens não passava de submundo, quando Ele chegou". (p15/16).

Pietro Ubaldi, (1886-1972), em seu livro *Profecias*, escreveu: "*...Em 2.000 surgirá a aurora da nova civilização do espírito para o terceiro milênio...*"

Dois mil já chegou e com ele os prenúncios desta nova civilização do espírito.

Ubaldi nasceu em Foligno, perto de Assis, se instalou no Brasil desde 1952 até sua morte.

Escreveu, certa vez:

"Achamo-nos hoje em fase de contraste entre o velho mundo, bem enraizado pelas realidades concretas, materialistas, teimosamente agarrado à terra e lutando para impor-se e sobreviver, e o novo mundo em formação espiritual, sustentado pelo impulso da vida que caminha, pela vontade da História, pelo comando da Lei, pela presença de Deus".

Cito aqui a última frase do capítulo dois do meu livro *Apresse o Passo que o Mundo está Mudando:*

"Henry Thoreau, (1817-1862), foi filósofo, poeta e ensaísta norte-americano. Escreveu ele:

"O dia só alvorece para aqueles dentre nós que estão acordados".

Pois bem, os que não acordaram continuam dormindo o velho sono do século vinte. Vivem no passado e do passado.

Polêmicas

Os que me criticam sobre o Poder da Mente e meus livros sobre Nova Era, com certeza não leram minhas obras e nada sabem da minha filosofia existencial e espiritual e sobre minha visão do mundo. Neste grupo, coloco um dos críticos mais virulentos, o chamado Pe Joãozinho, não sei o sobrenome nem quem é, mas no seu livro *Nova Era e Fé,* edições Loyola, escreveu, nas páginas 20 e 21:

"Até mesmo algumas pessoas que já foram ligadas à Igreja Católica têm se apropriado do lucrativo filão de ideias da Nova Era. Uma dessas pessoas é o Pe Lauro Trevisan, de Santa Maria, no Rio Grande do Sul. Seus livros sempre mostraram tendências New Age. Ultimamente ele tem se tornado mais explícito e ousado. Lauro Trevisan adapta-se perfeitamente às três categorias de adeptos da Nova Era: militante, simpatizante e oportunista.

Em janeiro de 1991, Trevisan promoveu o Congresso Internacional do Poder da Mente. O evento foi chamado "Festinvita". Seu grande lema: A Nova Era Chegou. Esse congresso repete-se todos os anos em janeiro, com grande afluência de esotéricos do mundo inteiro. Usando e abusando do título de padre, Lauro Trevisan atrai e confunde muitos cristãos que não estão bastante seguros da doutrina católica. É necessário esclarecer que Lauro Trevisan está totalmente à margem das atividades oficiais da Igreja Católica. Suas publicações não são autorizadas. Já foi advertido diversas vezes, mas preferiu manter-se como bem-sucedido empresário da Nova Era".

Nunca vi tanta bobagem em tão poucas palavras. Para não ser repetitivo, mais adiante esclarecerei se sou padre ou não e se fui ou não advertido pela Igreja. Mas, desde já posso avisar que a Igreja nunca se meteu nesse imbróglio que falam por aí.

O Fernando de A. Correia, que também não o conheço, cita o texto acima do Pe. Joãozinho e acrescenta:

"Também o Bispo Dom Orlando Brandes, da Diocese de Joinville, em um ensino aos coordenadores de catequese sobre a Nova Era, em 23/11/95, disse que Lauro Trevisan não é cristão e usa o que é católico para levar os católicos à Nova Era".

Não acredito que aquele Bispo tenha dito as inverdades acima, e, se o disse, foi mal informado. Poderia explicar-lhe que, além de cristão, sou sacerdote. E até lhe sugeriria respeitosamente que lesse as frases acima de João XXIII e João Paulo II.

O livreto *O Sincretismo de Seitas – Uma Palavra sobre a Nova Era,* publicado pela Renovação Carismática Católica – Escritório Nacional – enumera, no final, três obras que promovem a Nova Era. Graças a Deus, não cita nenhum livro meu. Só acho que os temas lá abordados poderiam ser mais cultos, mais aprofundados e mais verdadeiros.

Eu pergunto: Qual o cristão, qual o ser humano, qual o católico, que não sonha com uma nova humanidade, em que o amor seja a Lei universal e Jesus seja o maior mentor desse novo mundo?

O mundo atual está em fase de transição.

Nos estertores da velha humanidade, recrudesce a violência, a confusão, o desgoverno e o conflito entre o velho e o novo.

Toda mudança gera abalos. Leia a História humana.

Eu acredito no Reino dos Céus que Jesus veio estabelecer. Para mim, não é utopia. Acredito que um dia o amor iluminará a humanidade.

Disse o Nazareno: *"Arrependei-vos, porque o reino dos céus está próximo". (Mt4,17).*

Arrepender-se vem do vocábulo grego metanoia, que significa mudança de ideia, mudança do que um indivíduo está vivenciando para um novo modo de viver.

Jesus tinha clareza de que, para acontecer o reino dos céus, seria fundamental as pessoas mudarem seus conceitos e crenças. Impossível alcançar o reino dos céus aqui na terra com crenças negativas, voltadas aos sacrifícios e imolações exercidos pelos povos antigos. Seria inviável o estabelecimento do reino dos céus enquanto a humanidade privilegiasse os conflitos, as guerras, a matéria, as crenças estagnadas.

O reino dos céus está próximo. O que é tempo próximo para o Criador? Cem anos? Mil anos? Quatro mil anos? Quanto mais seres humanos acreditarem no reino dos céus aqui na terra, mais rapidamente formaremos um inconsciente coletivo a conduzir o todo nessa direção.

Eu penso que estamos numa era de transição e mudança, a

caminho de uma nova humanidade. Acredito que poderemos viver o reino dos céus, o reino de amor, neste mundo.

Teilhard de Chardin dizia que evoluiremos em espiral até atingirmos o mundo crístico aqui na terra. Já o citei acima.

Em outra ocasião, afirmou:

"Na dimensão do cósmico só o fantástico tem possibilidades de ser verdadeiro".

Nada mais fantástico e promissor do que acreditar que estamos a caminho do reino apregoado pelo Cristo.

Chardin era um padre jesuíta antropólogo, arqueólogo, filósofo, teólogo e sociólogo. E escritor.

Neste meu curto período de existência, passaram pelo Vaticano oito Papas: Pio XI, Pio XII, João XXIII, Paulo VI, João Paulo I, João Paulo II, Bento XVI e Papa Francisco. De todos eles, meu ídolo é João XXIII. O bom. O santo.

Disse ele, certa vez:

"A bondade tornou serena e feliz a minha vida".

Ele sonhava e profetizava um mundo novo, uma Igreja mais atual, uma mensagem mais alegre.

Falou num discurso ao Sacro Colégio, em 19 de janeiro de 1961:

"Instaurar o reino dos céus, sim, também na terra, assim santificada no íntimo das consciências, como na adoração pública dos povos".

Mas, Dom Estêvão Bettencourt, abordando meus livros sobre Poder da Mente e Nova Era, na sua revista *Pergunte e Responderemos*, nega a instauração do reino dos céus aqui na terra. Para ele, segundo se depreende de seus comentários aos meus livros, o ser humano não tem poder, a fé ensinada por Jesus não pode tudo e é falácia dizer que somos filhos de Deus, por isso não temos o poder de Deus.

Dom Estevão Bettencourt (1919-2008), era destacado teólogo, monge beneditino, professor de várias universidades. De 1957 a 2008 foi diretor e redator da revista *Pergunte e Responderemos.*

Numa de suas revistas citou, para repudiar minhas ideias, esta frase que consta na página 147 do meu livro *O Poder Infinito da Sua Mente:*

"Jesus, o maior sábio de todos os tempos, disse, certa vez, que tudo o que eu pedir, ao Pai, em oração, crendo, eu receberei. Tudo".

Avisou ele que não é verdade, que Deus não fica condicionado ao ser humano e que nem tudo se consegue.

Há apenas um detalhe: Jesus não falou o que Bettencourt escreveu, mas falou o que eu escrevi. E falou várias vezes. E de forma claríssima. Pode-se negar que seja verdade o que afirmou o Mestre, mas não se pode proclamar que ele não tenha dito sobre a existência de um poder no ser humano, que tudo alcança.

Para não ser repetitivo demais, farei aqui duas citações do Cristo. A primeira se refere ao meu texto acima: "*Tudo que pedirdes ao Pai, em estado de oração, crendo, alcançareis". (Mc 11,26).* Está lá no evangelho de Jesus, com todas as letras. Não há, portanto, nada a negar do que escrevi. A segunda citação é completa e derruba todas as oposições:

"Quanto ao poder, quem tem fé tudo pode". (Mc,9,23)

Ao comentar meus livros sobre a Nova Era, escreveu:

"Ademais, segundo a habitual enumeração das casas do zodíaco (encontrada nas fontes da astrologia), o signo de Peixes estaria depois de Aquarius (Aguadeiro), e não antes; Aguadeiro seria o 11º sinal e Peixes o 12º, ou último da série. Por isto, o discurso que anuncia a transição de Peixes para Aquário e o próximo advento de uma Nova

Era é vazio e falso".

Em contraposição a essa colocação de Dom Bettencourt, já citei o Dicionário Mirador.

E o Google, através de alguns autores, também coloca Aquárius após Peixes. Veja um texto:

"A Era de Aquarius ou Era de Aquário é uma era astrológica que deve iniciar-se por volta do Século XXI e que sucederá a atual Era de Peixes".

Mas, mesmo que Peixes viesse depois de Aquárius, poder-se-ia instilar o pensamento cristão, dizendo que Peixes é o símbolo de Jesus, por isso estaríamos entrando na Era do Cristo.

A respeito dessa colocação de Dom Estêvão, em que Aquarius viria antes de Peixes, li o seguinte:

"A proximidade de Peixes faz com que a influência de Aquário sobre ele se dê de forma muito marcante. E, neste início de um novo tempo, as mudanças são profundas..." (Origem: Wikipédia).

Como dizem, a ordem dos fatores não altera o produto. O essencial é compreender que o Reino de Jesus, anunciado há dois mil anos, há de se manifestar na Terra. Acredito que este também seja o desejo de todos os cristãos, se não do mundo inteiro.

Eis que agora surge um Papa que vem empolgando as multidões e lançando as sementes de uma Igreja de Jesus mais aberta, mais alegre e mais feliz. Francisco é seu nome.

Disse ele, em 13 de dezembro de 2013:

"Estes cristãos que são fechados, são enjaulados, estes cristãos tristes... não são livres".

Ainda:

"Quem é da luz não mostra sua religião e, sim, o seu amor".

Veja este outro pronunciamento de Francisco:

"Prefiro uma Igreja acidentada, ferida e enlameada por ter saído pelas estradas, a uma Igreja enferma pelo fechamento e comodidade de se agarrar às próprias seguranças".

Na redação da constituição *Evangelium Gaudium*, (Alegria do Evangelho), são inúmeras as referências à posição da Igreja de abertura, de busca de diálogo, de passos dados em direção às realidades humanas.

Mas, foi em Portugal que aconteceu uma das mais inusitadas, calamitosas e inverídicas investidas públicas contra mim. O padre Jonas Abib, (na época não era Monsenhor), declarou, na sua palestra do *18º aniversário do Renovamento Carismático Católico*, em Portugal, realizado de 30 de outubro a 01 de novembro de 1992, para milhares de pessoas, no auditório de Fátima, que eu não era mais padre, era um coitadinho, e por aí afora. Mas, para se ter uma ideia das aberrações que o abençoado Abib disse, veja o trecho da sua fala, constante na cassete n5, vendida em Fátima, cassete esta cuja cópia tenho comigo:

"O Renovamento Carismático é a grande graça da Igreja hoje e digam isso aos sacerdotes, não digam com violência, não digam com agressão, mas digam com o coração.

Os nossos sacerdotes precisam ser renovados, porque, infelizmente, os nossos sacerdotes andam envolvidos em parapsicologia, forças mentais. O padre lá do Brasil, coitadinho também, Lauro Trevisan, que inclusive teve que deixar o ministério, Lauro Trevisan escreveu coisas terríveis. Lauro Trevisan tem livros que vendem até aqui na Livraria, mas que são coisas terríveis. Hoje ele é um agente de primeira linha da Nova Era, Congresso New Age que faz lá no nosso país. Já é o segundo que ele fez. Eu fui agora em Santa Catarina, Florianópolis, onde ele ha-

via feito um congresso de bruxos, um congresso de bruxos! Vocês não sabem o que nós sofremos, o que os nossos jovens vomitaram lá, durante o encontro. Nós levamos a vitória de Deus. Havia 15/16 mil pessoas num grande estádio. Mas o que nós sofremos naquele encontro, porque meses antes tinha havido lá, promovido pelo coitadinho do ex-padre. Lauro Trevisan será sacerdote para sempre, mas nem exerce mais o ministério. Ele promoveu lá um congresso de bruxos, de bruxos! Mas os nossos sacerdotes estão cheios de si, gostam disso, de parapsicologia, de pirâmides, de forças, de mil coisas. Coitadinhos dos nossos sacerdotes. Eles têm na mão o poder do espírito, nós temos a mão no Poder do Espírito. (sic|. É o poder do Espírito que nós precisamos usar. Nós temos nas nossas mãos o poder dos sacramentos, o poder de Jesus, o poder da eucaristia, o poder da penitência, o poder do batismo, o poder do matrimônio. Nós temos nas nossas mãos o poder da unção dos enfermos. Nós temos a graça de levar a cura aos enfermos. Nós precisamos convertê-los ao Espírito Santo. Precisamos convertê-los ao sacerdócio de Jesus, porque inclusive o nosso sacerdócio não é nosso. O sacerdócio é sacerdócio de Jesus e nós não podemos trair o sacerdócio de Jesus. Então é preciso que em Portugal, no Brasil todo, nós façamos também um trabalho com os nossos irmãos sacerdotes para ajudá-los a abrirem os olhos e o coração à realidade que estamos vivendo e abrirem os olhos e o coração ao grande presente que Deus nos concedeu que é o derramamento do seu espírito, nesse século, na sua Igreja".

Inacreditável. Se eu não tivesse comigo a fita-cassete com a fala de Jonas, não consideraria, tantas foram as maluquices que ele falou. Por curiosidade, vou me dar ao trabalho de analisar o texto do carismático.

"*Digam isso aos sacerdotes, não digam com violência, com agressão...*"

Será que o que ele disse contra mim, incluindo suas inverdades, como veremos, não é violência nem agressão? Falar contra um colega de maneira tão desrespeitosa não é violência nem agressão? Por outro lado, parece dono da verdade, que deve ser instigada com urgência aos sacerdotes portugueses e brasileiros que, coitados, devem acorrer ao Espírito Santo de Jonas.

Vcja:

"*O padre lá do Brasil, coitadinho também, Lauro Trevisan, que inclusive teve que deixar o ministério...*" Obrigado pelo coitadinho, mas nunca deixei o ministério, e aqui começam as mentiras. Sou e continuo sendo sacerdote há 58 anos. Estou na ativa, nunca me demiti e nem me demitiram. Moro numa casa religiosa e celebro missa como qualquer sacerdote.

"*Lauro Trevisan tem livros que vendem até aqui na Livraria, mas que são coisas terríveis...*"

Fazer o bem, ensinar o Poder da Mente, o Poder da Fé, a mensagem de Jesus e as potencialidades do ser humano são coisas terríveis? Gostaria que me apontasse uma única coisa terrível que eu tenha escrito. Os meus livros estão aí nas livrarias do Brasil e de muitos países, é só me mandar o texto terrível que teria sido encontrado.

"*Hoje ele é um agente de primeira linha da Nova Era, Congresso New Age que faz lá no nosso país...*"

Os congressos de Santa Maria aconteceram em toda a década de noventa como preparação para o terceiro milênio, quando a humanidade vislumbrava uma nova era de amor, de paz, de fraternidade, de bem-estar e de grande espiritualidade. Este anseio também era anseio dos Papas João XXIII e João Paulo II. Eles também falaram de uma Nova Era. E hoje o Papa Francisco alimenta o mesmo sentimento.

Basta que Abib leia os depoimentos desses papas citados acima. Será que não estou repetindo demais?

Mas, vamos à fala de Jonas:

"Eu fui agora em Santa Catarina, Florianópolis, onde ele havia feito um congresso de bruxos, um congresso de bruxos! Vocês não sabem o que nós sofremos, o que os nossos jovens vomitaram lá, durante o encontro. Nós levamos a vitória de Deus. Havia 15/16 mil pessoas num grande estádio. Mas o que nós sofremos naquele encontro, porque meses antes tinha havido lá, promovido pelo coitadinho do ex-padre..."

Para começo de conversa, em 1992 não estive em Florianópolis e, se lá tivesse estado, não teria realizado congresso de bruxo, o que é uma aberração da mente de Abib. Então, é bom recolher a mentira, os bruxos e os vômitos. O que pode ter acontecido naquele evento de Abib é o vômito ter sido provocado pela fala dele. Porque minhas falas são sempre positivas, ligadas ao poder existente no ser humano, ao pensamento positivo e ao Poder da Fé, ensinado pelo Cristo. E Jesus não é bruxo e não faz ninguém vomitar.

Realizei Jornada em Florianópolis em março de 1987 e o sermão da missa foi o evangelho de Lucas,14,15-24, cujo tema era: "Feliz de quem se banquetear no Reino de Deus". Dificilmente alguém vomita ao saber que o Reino de Deus é um banquete. E no banquete de Jesus não havia bruxos. No ano 1992, citado, ministrei Jornada no Rio de Janeiro, São Paulo, Goiânia, Brasília, Belo Horizonte, Porto Alegre, Salvador, Lisboa, Porto, Rio de Janeiro novamente, Campo Grande, Natal, Manaus, Fortaleza, Belém, Recife, Buenos Aires, Rio de Janeiro mais uma vez, Santa Maria, São Paulo, Rio de Janeiro novamente em dezembro. Tenho tudo anotado. Nada em Florianópolis.

Continuemos os destemperos do Abib:

"...Promovido pelo coitadinho do ex-padre. Lauro Trevisan será sacerdote para sempre, mas nem exerce mais o ministério..."

Não sou ex-padre e nunca deixei de exercer o ministério. Posso somar mais essas duas mentiras? Isso ele falou em 1992 e, em 2009, celebrei 50 anos de sacerdócio na presença de mais de mil pessoas e de vários padres e um bispo. Desde 1959, moro na Comunidade Padre Caetano, popularmente chamada de Patronato, e celebro ou concelebro missa todos os dias quando não tenho algum compromisso extra.

"É o poder do Espírito que nós precisamos usar..."

Realmente, essa é uma boa ideia. Porque, mentir, desmoralizar colegas de sacerdócio, querer impedir o meu apostolado e dos padres de Portugal e brasileiros que anseia converter, provavelmente não é usar o poder do Espírito.

"O sacerdócio é sacerdócio de Jesus e nós não podemos trair o sacerdócio de Jesus..."

Ótimo. Concordo. Não podemos trair a palavra de Jesus, ensinada nos evangelhos, em que ele fala de amor, de compaixão, de "não julgueis", de pacificadores, de paz, de perdão, de bondade, de misericórdia, do poder da fé e do poder interior.

"Então é preciso que em Portugal, no Brasil todo, nós façamos também um trabalho com os nossos irmãos sacerdotes para ajudá-los a abrirem os olhos e o coração à realidade que estamos vivendo e abrirem os olhos e o coração ao grande presente que Deus nos concedeu que é o derramamento do seu espírito, nesse século, na sua Igreja..."

Aqui, basta a palavra de Jesus, em Lucas, 6,41-43:

"E por que atentas tu no argueiro que está no olho de teu irmão, e não reparas na trave que está no teu próprio olho? Ou como podes dizer a teu irmão: Irmão, deixa-me tirar o argueiro que está no teu olho, não atentando tu mesmo na trave que está no teu olho? Hipócrita, tira primeiro a trave do teu olho, e então verás bem para tirar o argueiro que está no olho de teu irmão. Porque não há boa árvore que dê mau fruto,

nem má árvore que dê bom fruto".

Por conta dessas ideias veiculadas por aí, as Livrarias das Paulinas, dos Paulinos, e as Livrarias Religiosas de Portugal não vendem meus livros. E a Rádio Renascença não aceita nem mesmo anúncios de Jornadas minhas em Portugal, muito menos entrevistas. O mesmo acontece no Brasil. Inclusive a revista Família Cristã, depois de contrato firmado, rejeitou anúncio da Editora da Mente, que publica minhas obras. E há pessoas dessas instituições que divulgam, com certo prazer, que não sou mais padre, tudo por conta dos equívocos do ilustre Monsenhor e de certos joãozinhos que abundam na face da terra. Então, pergunto: Quem vai recolher as penas? Quem vai responder pelos prejuízos feitos a tantas pessoas que poderiam reequilibrar suas vidas com uma boa palestra e com uma boa leitura? Quem vai rogar a essas Livrarias e suas direções para que não mintam mais a meu respeito? Vale lembrar a velha e sábia Lei: "Aqui se faz, aqui se paga".

Mas, agora, esclarecido tudo nesta autobiografia, e – como é autobiografia não posso furtar-me a relatar episódios interessantes da minha caminhada - apresso-me a dizer que sou grande admirador de Monsenhor Jonas, homem de um idealismo imenso, criador da Tevê Canção Nova, verdadeiro herói da comunicação católica. Começou praticamente do nada, tomou conta de uma rádio comunitária e de uma pequena tevê inexpressiva e, graças ao seu dinamismo e competência, hoje temos a florescente *Canção Nova* e uma vigorosa Instituição ao seu redor. Mas, infelizmente, assacou duramente contra mim, causando confusão nas mentes de muitas pessoas que me conheciam, liam meus livros e participavam das minhas palestras. Cada ano, visito Fátima duas vezes, ou mais, e um dia, uma senhora idosa, muito irritada, queria me impedir de entrar no recinto do santuário. Era uma situação muito hilária. Alguém, por certo, teria dito a ela que eu seria um herege, ou algo assim. E ela ruminava sua raiva.

Tenho um texto muito bonito de Jonas sobre perdão: *"A falta de perdão é como lixo interno. Para muitos de nós é difícil perdoar, porque isso implica tocar nas feridas e mexer em situações dolorosas, implica abrir o coração e remexer no "lixão" de nossa vida. Seria mais fácil não tocar em nada disso!"*

Bonito. Entendo que perdoar e pedir perdão são os dois lados da mesma moeda, assim como amor e perdão são também verso e reverso da mesma medalha. Errar é humano, perdoar é divino e pedir perdão é mais divino ainda.

Só o que desejo das minhas histórias é que façam as autoridades religiosas priorizarem, como princípio de vida, o amor, essência da mensagem de Jesus e base do seu reino na Terra. E ninguém falou mais alto sobre o amor, depois de Jesus, que o apóstolo Paulo, como você leu acima.

Posso dizer que nunca preguei contra os princípios da Carismática e do Pentecostalismo. Eu prego e divulgo a minha mensagem e fico feliz que outras pessoas, grupos, instituições, denominações, movimentos, também contribuam para um mundo melhor, cada um a seu modo. Que bom que existam tantos ideais quantos forem os idealistas!

Desde 1980 até hoje, nas minhas jornadas por esse mundo de Deus, tenho recebido perguntas sobre as missas do Padre Marcelo Rossi, principalmente nos seus começos, e sempre o elogiei porque trouxe alegria para as celebrações eucarísticas e com isso arrastou multidões a Jesus. Eu dizia que quem não gostasse dessas celebrações, ao invés de criticar, se dirigisse, por exemplo, às cerimônias do convento dos beneditinos.

E o surgimento dos padres cantores, que maravilha! Era o carisma que fazia falta.

FESTINVITA. FESTIVAL. Os Congressos da década de noventa se realizavam de quinta-feira a domingo, quando se fazia o encerramento solene, com missa especial. O sábado era o dia do *Festival Festinvita.* Os cânticos e os temas das palestras visavam levantar o astral, mostrar que a vida é um lindo presente de Deus, e que estamos neste mundo para desfrutar este maravilhoso paraíso, feito para nós com tanto capricho pela bondade, generosidade e amor do Criador, nosso Pai Celestial. Proclamava que a vida não é luta, nem sofrimento, nem desgraça necessária, nem purificação e preparação para a outra dimensão, mas é uma festa dos filhos de Deus: *Festinvita.* À noite era realizado um grandioso e emocionante espetáculo escrito por mim, com encenações, músicas de efeito, cânticos com letras voltadas para o tema, muita luz e muito som. Era, por assim dizer, a apoteose do Congresso.

Para fechar o assunto, ofereço aqui um e-mail que recebi, no dia 19 de junho de 2014, comentando exatamente meus livros sobre Nova Era:

"Prezado Pe. Lauro! continuo sempre, diariamente, lendo seus maravilhosos, fantásticos, estupendos e inigualáveis livros!

Ultimamente, tenho lido e estudado seus livros sobre Nova Era, ou seja: "Jesus, Precursor e Anunciador da Nova Era", e também "Aquarius a Nova Era Chegou" e "Apresse o Passo que o Mundo está Mudando". Que livros fabulosos!!! Só o senhor para escrever livros de tamanha profundidade! Realmente Deus lhe ilumina diariamente! Quanta verdade, quanta profundidade!!!...

Tenho lido e estudado outros livros seus, como, por exemplo, "A Vida é uma Festa", e também o livro que para mim é o melhor, o mais fantástico livro que já li em minha vida, denominado de "A Fé que Remove Montanhas", isto porque é ele que fala da fé, a qual eu considero a força motriz da vida!!! Além disso, nunca e jamais alguém escreveu sobre a fé como o senhor escreveu neste livro e também no seu livro "A Fé Pode Tudo, Mito ou verdade?"

Meus mais sinceros parabéns e eterna admiração por tudo o que o senhor tem escrito!

Um grandioso abraço do seu leitor
Hélvio F. M. Villanova. Santa Maria.

2013
A polêmica do livro "Kiss uma Porta para o céu"

O início do ano 2013 abalou Santa Maria, o Brasil e o mundo, com a terrível tragédia em que morreram 242 jovens no incêndio da Boate Kiss, em Santa Maria.

Naquele fatídico 27 de janeiro, estava em Tramandaí, cidade praiana distante cerca de 400 quilômetros de Santa Maria, e me abalei, a toda, para minha cidade natal, a fim de me solidarizar com o sofrimento e a dor que afogava a nossa gente. Chegado à noite, fui ao velório do filho de um amigo.

Na manhã seguinte, me dirigi cedinho ao Ginásio de Esportes

onde ainda havia alguns mortos sendo velados. Rezei junto de cada caixão e conversei com algumas pessoas. Em seguida, ali mesmo, fui entrevistado pela Globo do Rio e, uma hora depois, no meu escritório, dei entrevista para a Rádio Roquete Pinto, do Rio. Eu estava tão abalado quanto os santa-marienses.

Participei, como concelebrante, das missas celebradas no Santuário da Medianeira pelas vítimas e, na noite do sétimo dia, permaneci diante do local da tragédia, junto com muita gente, até o horário em que ocorrera a tragédia, homenageando aos mortos através da prece silenciosa. Foram momentos emocionantes.

Dias depois, amigos meus, também consternados, me sugeriram escrever uma mensagem em forma de livreto para ajudar os familiares, que sofriam a dura perda, a levantarem a mente e o coração a Deus, única forma de consolo que podia trazer paz aos corações naquele transe. Quando as palavras silenciam, quando os abraços perdem força, o Pai celestial torna-se Luz e bálsamo.

De início, não levei em conta esse pedido, depois pensei que seria omissão minha não contribuir com meus dons especiais, dados por Deus, para ajudar no alívio aos sofrimentos. Sim – pensei - um livro de força espiritual e com reanimação psicológica, mesmo pequeno, podia ser um companheiro silencioso, sempre disponível a qualquer momento, principalmente nas noites de solidão. Um livro à mão, nas horas em que não haveria por perto um abraço amigo, poderia ser companheiro amoroso. Um livro é um convite, não é um intruso. É o oferecimento de uma palavra amiga e não uma imposição de conduta. Minha mensagem carinhosa estaria aí significando eu mesmo a deitar conforto em quem quisesse estar comigo através do livro. Essa era minha intenção legítima. Nunca pensei em aproveitar o momento para ganhar dinheiro, acusação absurda e tremendamente desrespeitosa à minha formação religiosa e à minha dimensão espiritual, por menor que seja considerada.

O CONTEÚDO. Ao compor mentalmente a mensagem do livro, pensei iniciar com uma homenagem às vítimas: criei, através de uma alegoria, a revoada dos anjos levando aos céus aquela juventude alegre e, na chegada, a festa de recepção, o gaiteiro sendo convidado a continuar as alegrias da noite com suas músicas prediletas. Era uma cena imaginária, com a intenção de derramar consolo e resignação a respeito dos que partiram. Saber, ou imaginar, ou acreditar, que estão bem, na morada do Pai, seria um alívio possível diante de tanta dor. É o que os sacerdotes fazem na pregação das missas de corpo presente.

Ao mesmo tempo em que ocorria a festa no céu, imaginei que Deus, na sua infinita bondade, atenderia ao clamor dos que desejassem viver ou reviver. Quantas experiências cada um de nós têm de pessoas que, por milagre, voltaram à vida, quando os médicos já declaravam caso perdido. Deus pode tudo. E Deus é amor. E Deus é a resposta, ensinou Jesus. Então, imaginei que uns teriam sobrevivido na calçada da rua, outros sendo retirados daquele inferno de fogo, outros no hospital, outros em casa, e imaginei também a cena inusitada de que alguns poderiam ter voltado a si dentro do caminhão que levava os mortos ao Ginásio e serem retirados em tempo. Tudo com a singela intenção de mostrar que Deus tudo pode. Se eu ouvira comentários ou não de que alguém tivesse sido encontrado vivo no caminhão, isso é irrelevante, pois eu não estava relatando fatos, mas apenas queria demonstrar que Deus é Pai e alguém, em circunstâncias mortais, poderia sobreviver. Ou Deus não pode fazer milagres? E não pode atender súplicas?

A mensagem do livro eu a dividi assim:

Primeira parte: a alegoria da juventude subindo ao céu, isso para que os familiares tivessem boa recordação de quem partira.

Segunda parte: procurei entrar em sintonia com a situação insuportável e até desesperadora de quem perdeu algum jovem em plena flor da idade. De repente, o vazio, a dor impiedosa, o desespero, o grito a Deus, cheio de "por quês". Se não entrasse no furacão da dor, o leitor poderia fechar o livro e dizer:

- Você fala em conforto e em Deus porque não sabe o que é perder um filho!

Terceira parte: usei toda a espiritualidade e psicologia possível para aliviar o sofrimento, conduzir à resignação, e, por fim, levantar o ânimo para seguir em frente. Só Deus, como disse acima, teria essa Força milagrosa, por isso o coloquei no coração do leitor.

Finalmente: apontei sete lições e dois olhares para a vida:

Primeira: A vida é curta.

Segunda: Respeito à vida.

Terceira: Deus.

Quarta: Reconcilie-se.

Quinta: Solidariedade.

Sexta: O milagre.

Sétima: Uma ilusão chamada morte.

Mais dois capítulos finais:

Então viva a vida e

Reate seus sonhos.

Na última orelha, está escrito:

"Essa mensagem pode ser uma luz no túnel escuro de pessoas que sofreram a perda de um ou mais entes queridos em tragédias, aci-

dentes de estrada, assassinatos, afogamentos e outras formas cuja dor brada aos céus e não encontra explicações".

Mas, lançado o livro, começaram a soprar ventos furiosos e ameaçadores, imputando-me três acusações que me levaram a depor na polícia, exigiram apreensão do livro, jogaram pedra quebrando o vidro do meu carro e, até, para completar o momento desastroso, meu cãozinho desapareceu. Por fim, fui processado. O mais impressionante é que, no processo, tanto a acusadora que se fazia vítima do livro, quanto sua testemunha, disseram ao juiz que não tinham lido o meu livro. Vá entender.

Aqui necessito fazer uma observação: Não aponto o dedo contra ninguém e cultivo o perdão como princípio existencial, tanto para meus erros quanto para os erros ou maldades de quem quer que seja. Perdoar é uma das psicoterapias mais sábias ensinadas pelo grande Jesus Cristo. Carregar mágoas, viver de ressentimentos, de ódios, ou de revanches, é pura ignorância. Até a Medicina vem informando, há muito tempo, que a raiva produz pressão alta, afeta o sistema cardiológico, baixa as defesas, ataca o sistema digestivo e rouba a serenidade de um bom sono. Gosto dessa frase atribuída a Shakespeare: "Carregar mágoas é o mesmo que tomar veneno esperando que o outro vá morrer". Alexis Carrel, médico, filósofo e escritor, disse: "O ódio e a raiva tendem a produzir sérias lesões orgânicas". E os entendidos avisam que ódio, violência, hostilidade, irritações, raivas, vão somatizar-se em câncer, úlcera, distúrbio cardíaco e enfraquecimento do sistema imunológico.

Perdoar é o antídoto e o remédio curador. Perdoar significa demitir o mal que está na mente. A ciência do Poder da Mente traz bom esclarecimento: O subconsciente não distingue entre imagem e realidade, por isso, cada vez que se revive o mal, ou as mágoas, é recriado o mesmo mal dentro da própria pessoa.

"Tudo que remói, cresce" – diz a Lei. Perdoar é a atitude mais sábia de um ser humano. O Mestre sabia de tudo e recomendou: "Não perdoe apenas sete vezes, mas setenta vezes sete", ou seja, sempre. Perdoar só traz vantagens, não perdoar traz sérios problemas psíquicos, físicos e até sociais.

Gosto de viver feliz, me dar bem com todas as pessoas e dormir o sono da paz de espírito, por isso não carrego nada que me traga perturbação.

Perdoar não exige aceitar a verdade dos outros. Cada um tem seu estágio evolutivo, cada pessoa tem sua própria história, cada ser humano tem sua carga existencial, e eu respeito. Mesmo não concordando, o que é natural, a sabedoria manda respeitar e amar o outro. Adoto para mim a filosofia do "viva como achar melhor e deixe os outros viverem a vida deles".

Se há o mal no caminho, não se contamine – digo para mim mesmo.

Jamais recusei um aperto de mão a quem tenha me ofendido. Por sinal, o Mestre havia ensinado: "Faça ao outro o que deseja que o outro faça a você".

Na verdade, o que os outros pensam de mim não é problema meu, é deles. Mesmo me acusando, um dia a verdade brilhará. Mas, penso que posso ajudar as pessoas clarificando a verdade. É o que estou fazendo.

Dizem os entendidos que existe uma fase de revolta diante da tragédia que se abate sobre a pessoa. Trata-se do paroxismo da dor, que explode como vulcão, produzindo uma espécie de catarse.

Acabei de ler a história de um casal e duas filhas pré-adolescentes que foram passar o réveillon numa casa alugada para tal na Ilha Grande, Angra dos Reis, Rio de Janeiro. Era tempo de muita chuva, e, enquanto dormiam, houve um desmoronamento sobre a casa, causado pelo mau tempo. Nessa tragédia morreram as duas filhas amorosas do casal. Então, leio o que relatou a mãe:

"Naquele momento, uma força maior me fez ter certeza de que elas tinham partido. Minha primeira reação foi a revolta. Briguei com Deus, xinguei, mas em seguida me perguntei: 'O que estou fazendo? Que direito eu tenho de falar assim com Deus, que está recebendo minhas filhas neste momento?' Cláudia então pediu perdão e rogou a Deus que cuidasse bem de suas meninas." A história continua e é muito linda. (Revista Seleções, maio 2015).

Em junho de 2013, voltava eu de Portugal, onde fora realizar Jornada e lançar o livro *Você Consegue*, e encontrei na livraria do aeroporto de Lisboa um livro de autoria do Professor e escritor José Eduardo Rebelo, Mestre em *Psicologia da Saúde e Intervenção Comunitária*, Professor universitário de Biologia, e Fundador e Presidente das Associações *"Espaço do Luto e Apelo"*, assim como da *"Associação de Apoio à Pessoa em Luto"*.

Eduardo Rebelo sofrera a perda trágica da esposa grávida e duas filhas, (de sete e um ano), em acidente de trânsito e a sua dor o fez aprofundar-se no estudo do luto.

No seu livro *"Defilhar – Como Viver a Perda de um Filho"*, escreveu:

"Para além dos próximos, o político, o consolador da morte, Deus, o médico, o guia espiritual, o conselheiro do luto, o bombeiro, ou outra pessoa ou instituição, servem para expiar o horror de nos sentir-

mos decepados do que era essencial na nossa existência.

Qualquer pretexto, por mais insignificante que seja, é suficiente para expelir a energia negativa que se vai acumulando com as aflições do pesar.

A libertação do agror provocado pelas asperezas da perda é positiva e saudável, desde que não se revele violenta para quem sofre, ou seja alvo da agressividade". (p128, edição 2013).

Este texto, escrito por pessoa abalizada, que sofreu a experiência dura de uma tragédia, e tem cultura suficiente para explicar a psicologia dos comportamentos nessas situações, me deixou ainda mais tranquilo em relação aos agravos que sofri, quando meu único desejo era oferecer conforto. Gostaria até de acreditar que foi Deus que me conduziu àquela livraria de Portugal e me fez colocar os olhos nesse livro escrito exatamente pelo Presidente das Associações *Espaço do Luto e Apelo,* assim como da *Associação de Apoio à Pessoa em Luto.*

Escreveu outros dois livros: *"Desatar o Nó do Luto"*, em 2004, e *"Amor, Luto e Solidão"*, em 2009.

Para esclarecer mais ainda aqueles que criticaram a minha publicação, ofereço este texto publicado no jornal Zero Hora, em 21 de abril de 2014:

"Pesquisadores do Centro de Memória do Instituto do Cérebro da Pucrs, liderados pelo neurocientista Ivan Izquierdo e Josiane Myskiw, conseguiram descobrir que expor o paciente a novidades algumas horas antes do tratamento psicológico pode ajudar na cura de uma lembrança ruim. A descoberta pode auxiliar na escolha de medicamentos que atuem justamente nos mecanismos responsáveis pelo processamento do trauma no cérebro e com a ajuda de um fato novo

talvez até reduzir a quantidade da medicação usada no tratamento. Por novidade entende-se uma canção, um livro ou um filme, por exemplo, que tenha alguma relação com o trauma".

Anote, por gentileza, a última frase:

"Por novidade entende-se uma canção, um livro ou um filme, por exemplo, que tenha alguma relação com o trauma".

Mas, enfim, do que me acusavam?

A primeira acusação foi sobre a história imaginária de que alguns jovens teriam voltado a si quando transportados para o pavilhão do Ginásio de Esportes, onde eram colocadas as vítimas fatais. Isso deveu-se à má interpretação do texto inicial. Não foi percebido que este texto fazia parte da alegoria e não descrição de algo ocorrido. Já escrevi acima sobre essa questão.

Outra parte que teria causado celeuma, foi a *"fumaça funérea"* da página 11: *"Outra coisa, Deus, difícil de entender: Por que foram ceifados pela morte, sem dó nem piedade, aqueles que se dedicaram, num imenso gesto de solidariedade, a salvar os que agonizavam em meio à fumaça funérea?!"*

O que havia de errado nesse texto? Fumaça funérea significa fumaça que leva à morte, como levou muita gente. Agonizar é situação que ocorre antes da morte. Existe alguém que não agoniza antes de morrer?

Chegaram até a criticar um texto em que falava sobre o Além, sobre a outra vida, enfim, sobre o céu. Criticaram dizendo que eu afirmava que havia sexo no céu. E, então, se há sexo é bom ou ruim? Que coisa!

Veja o que escrevi: *"Anote na sua agenda que no céu há abun-*

dância conforme os desejos individuais, há muita alegria, música inesquecível e muito amor nos corações. Haverá sexo por lá? Se você achar bom, e tiver vontade, haverá. O céu é imune a qualquer possibilidade de saudade, mal-estar, carência e privação. O que você imaginar de bom e maravilhoso, ser-lhe-á dado. Esqueça essa ideia ingênua de passar o tempo todo vendo anjinhos tocar harpa. As religiões falam em visão beatífica de Deus. Nem eu nem quem diz isso sabe o que significa. Então, essa comparação deixe-a para gente sem imaginação.

Uma coisa é certa: pode haver muitas boates no céu, mas boate Kiss nenhuma.

É assim ou não é assim o Além? É muito bom ninguém saber como é, pois cada qual poderá imaginá-lo a seu bel-prazer". (P44/45).

Uma pessoa inteligente, habituada a análises de conteúdos, percebe que a única coisa que eu queria dizer de verdade a respeito do céu é o seguinte: Tudo que *lá no céu* alguém possa desejar, deve necessariamente poder conseguir, pois, se houvesse carência, não seria céu. Havendo algum desejo insatisfeito, não seria céu. Se, *estando no céu, já vivendo no céu*, alguém tivesse desejo sexual é porque no céu haveria essa possibilidade de satisfação. Mas, eu não afirmei que haja sexo no céu. Com um pouco de serenidade e raciocínio pode-se ver o significado exato do que escrevi. Só temos certeza de que sexo é dom de Deus para esta vida terrena.

Duas acusações que me deixaram perplexo:

1. *O livro seria prematuro e oportunista, e eu estaria me aproveitando da dor da tragédia, para lançá-lo em momento impróprio. Se tivesse sido lançado um ano ou mais depois da tragédia* - diziam e ainda dizem - *poderia até ter razão de ser.*

Vê-se que as pessoas que fizeram essa dura acusação – e foram também pessoas dos veículos de comunicação, psicólogos, jornalistas, sem falar dos que aproveitam qualquer motivo para jogar pedras - não pensaram no que diziam ou estariam emocionalmente perturbadas. Nas redes sociais, só não me chamaram de santo. Vomitaram as mais espúrias ofensas. Cada ladainha!

Mesmo não me sentindo acossado e nem atingido, quero afirmar que essas acusações são aberrantes.

Volto a explicar: *Kiss, Uma porta para o céu* só poderia ter sido lançado no momento em que o foi, justamente porque sua finalidade única era ser lenitivo, bálsamo e cura, para as pessoas que estavam sofrendo. Imagine um médico esperar um ano para dar remédio ao doente. Se você tem uma ferida, vai aguardar até ela cicatrizar para colocar pomada? Que diria você de psiquiatra que esperasse um ano para receitar remédios ao seu paciente que mal estava podendo suportar sua depressão? Pois, o que fizeram com essa acusação foi exatamente isso aí. E o pior é que as vozes subiram às páginas de jornais, rádios e televisão. Deu apagão em muitas mentes.

Se o livro fosse prematuro, por que chamaram psicólogos para consolar e orientar os familiares das vítimas? Se não disseram a mesma coisa que eu disse no livro, fizeram a mesma coisa que eu fiz: consolar e reanimar.

O que aconteceu foi a confusão feita entre livro de *cunho histórico* e livro de *cunho psicológico e espiritual.*

Um livro que analisa fatos históricos, este sim, quanto mais distante do episódio, melhor conseguirá abranger causas, fatos e consequências.

Meu livro foi erroneamente colocado nessa classificação. Não fiz documentário. Não tinha nenhum interesse em documentar o fato.

Escrevi uma mensagem de conteúdos psicológicos e espirituais, com a intenção de minorar o sofrimento, levar à resignação positiva e levantar o astral das pessoas que naquele momento sofriam a dor atroz da perda. Esta obra de conteúdo psicológico e espiritual, insisto, está longe de ser classificada como documentário. Por favor!

Há muita diferença entre um e outro gênero literário, daí a injustiça contra mim e minha obra.

Admirei-me como os críticos não conseguiram sequer vislumbrar essas diferenças tão evidentes. Talvez não tenham lido o livro e caíram no furacão emocional.

Vem ao caso citar aqui uma carta, pelo peso cultural e psicológico que obteve nos veículos de comunicação, carta esta enviada a Santa Maria, a respeito do meu livro, pela Mestra de Psicologia Social, Doutora Rosana Dório Bohrer, do Rio de Janeiro. Ao examinar a referida carta, tive a impressão de que também não tinha lido minha obra.

Antes de me fixar no ponto fulcral da abordagem da Psicóloga, quero analisar uma citação que ela fez, inicialmente, do jornalista Carlo Carrenho:

"O caráter de todo livro é ser objeto cultural e literário, um objeto educativo e um produto comercial. E do ponto de vista desta essência trina do livro, os livros de autoajuda são acima de tudo um produto comercial, cujo caráter educativo e literário fica em segundo lugar, seu critério de qualidade se debruça na força da embalagem e no preço acessível..."

Bom, o texto acima desmerece tanto o jornalista e consultor

editorial Carlo Carrenho quanto a Psicóloga Social, Rosana Dório Bohrer, que o citou para compor sua tese a respeito do livro *Kiss Uma Porta para o céu.*

Carrenho e, por decorrência, a doutora Rosana, só nesse pequeno texto cometem vários equívocos inaceitáveis:

1."O caráter de *TODO* livro é ser cultural/literário/, educativo e comercial".

Em primeiro lugar, penso que nem *TODO* livro é do gênero descrito por Carrenho.

Bem, existem livros não comerciais? Só os que são distribuídos gratuitamente pelo Governo, ou patrocinados por alguém ou por alguma instituição.

Eu tive um livro gratuito, mas foi patrocinado.

Mesmo assim, sinto-me compelido a dizer que o livro *Kiss uma porta para o céu* tinha uma renda destinada a vítimas de tragédias.

Mas, o que mais me chamou a atenção foi a referência a obras de autoajuda. Basta ler a lista de livros do gênero autoajuda, publicada na revista Veja, para se conscientizar da ofensa feita a escritores de renome e vasta cultura.

Autoajuda significa, pelo teor da própria palavra: "*Ajudar as pessoas a se ajudarem*". O dicionário Houaiss ensina: "*Autoajuda: prática que consiste em fazer uso dos próprios recursos mentais e morais para alcançar objetivos de ordem prática ou resolver dificuldades de âmbito psicológico; ato de realizar a autoajuda; conjunto de informações, orientações, conselhos, que visam possibilitar essa prática*".

Se quiser consultar o dicionário Michaelis, lerá: "*Autoajuda: forma ou tendência que visa a melhorar a imagem que os indivíduos têm de si mesmos".*

O dicionário é infenso a preconceitos. Que bom!

Rigorosamente falando, todos os psicólogos, inclusive a doutora Rosana, fazem autoajuda, porque sua profissão é ajudar as pessoas a se ajudarem. Não fazer isso, seria pretender tornar os pacientes dependentes deles.

Jesus, se quiserem, foi o maior mentor de autoajuda: curava, ensinava, abençoava, mostrava o caminho, iluminava as mentes e os corações. E dizia: "Vai em paz a *tua* fé te curou".

A tua fé te curou. A *TUA* fé.

A fé é processo individual.

O benefício e o valor da autoajuda – e nessa expressão pode-se incluir psicologia, psiquiatria, psicanálise, religião, grupos de aconselhamento, cursos, palestras – é ajudar a pessoa a se ajudar, nunca é demais repetir.

A palavra, o apoio, a compreensão, o carinho, a valorização, o respeito, o amor dos pais, são fortes componentes de autoajuda.

Lembro: Em cada criatura humana está a fonte e a solução para tudo.

Então, a primeiro texto, sobre o qual a Psicóloga quis fundamentar suas palavras, nasceu defeituoso. Salvo melhor juízo.

Pois bem, quando a ilustre Psicóloga se refere especificamente ao livro *Kiss, Uma Porta para o Céu,* eis o texto que escreveu:

"Comparativamente, se pudermos pensar nas razões que permeiam o conflito público entre a Associação dos Familiares das Vítimas e Sobreviventes da Tragédia de Santa Maria e a publicação do livro Kiss Uma porta para o céu, podemos pensar no tipo de exposição que

fere a individualidade do enlutado, que lê, entre os mortos relatados, uma pessoa de sua intimidade que lhe é cara. Queremos dizer com isto que quanto mais o morto é único para um enlutado, mais a dor é violenta por sua exposição.

Neste mesmo sentido, cuidar dos mortos é cuidar dos vivos e, ainda que a oportunidade tecnológica e a liberdade de expressão jornalística, artística, poética entre outras pautadas em nossas leis democráticas nos permitam a liberdade almejada por todos, o registro expositivo sobre danos de uma tragédia, precisa garantir a individualidade, o respeito e o reconhecimento ao morto, para que seja reduzido o tormento pela dor da perda.

Além disso, nossa indagação é sobre a pressa na edição do referido livro. Por que isto ocorreu em tempo tão curto? Quais razões levariam o autor a publicar em um tempo ainda tão doloroso e insuficiente para uma recomposição? Por que um livro que se propõe "ajudar" iria narrar ficções imaginativas no tempo em que ainda os fatos verdadeiros estão passíveis de investigação? Este não seria o tempo em que as pessoas, tão confusas, necessitariam antes do verdadeiro conhecimento dos fatos, para depois surgirem narrativas imaginativas? Qual razão, que Carlo Carrenho refere sobre os objetivos dos livros de autoajuda, norteou os interesses dessa publicação? Será que devemos nos preocupar com a possibilidade desta dor ter sido pensada como um bom produto de consumo?

Estas dúvidas resgatam a necessidade do tempo para o enlutado se recompor. Como exemplo, na cultura judaica existe a instituição da Shivá que tem como finalidade dar à família folgas psicológicas e espirituais para conseguir continuar depois da perda de um ente querido. Neste sentido, por que este livro surgiu tão rápido? E a serviço de quem esta ajuda está direcionada?"

Respeito a carta e os conceitos da Doutora Rosana, mas me dou o direito de discordar nos pontos principais.

1..."fere a individualidade do enlutado, que lê, entre os mortos relatados, uma pessoa de sua intimidade que lhe é cara".

Como é que minha obra pode ferir a individualidade do enlutado uma vez que ninguém é citado no livro? Se a resposta é que alguém pode se flagrar individualmente em textos genéricos, isso foge ao bom senso, pois, nesse caso, em qualquer texto de jornal, rádio, tevê, referente aos mortos da Kiss, a pessoa poderia se sentir citada. Não há o que não haja.

2. "Cuidar dos mortos é cuidar dos vivos". Se entendi bem a frase, penso diferente. Os mortos pertencem a Deus e aos vivos cumpre reencetar a caminhada, porque a vida continua. E, para ajudar nesse momento, estão a religião, a psicologia, a psiquiatria, os livros, os grupos de apoio, os parentes, os amigos e os voluntários.

3. Estas dúvidas resgatam a necessidade do tempo para o enlutado se recompor. Como exemplo, na cultura judaica existe a instituição da Shivá que tem como finalidade dar à família folgas psicológicas e espirituais para conseguir continuar depois da perda de um ente querido.

Respondo: Todo sofrimento aflige o corpo e rouba energias físicas. Então, quanto mais tempo o enlutado esperar para se recompor, mais adoecerá e, inclusive, segundo médicos de Harvard, correrá risco de desencadear doenças, como câncer. Foi por isso que Santa Maria recebeu, logo após a tragédia - repito, logo após a tragédia - psicólogos e psiquiatras e abriu uma clínica gratuita de recuperação psicológica aos enlutados. E foi por isso que as religiões buscaram de imediato amparar os sofredores. O próprio Jesus disse: "*Vinde a mim vós todos que vos achais aflitos e sobrecarregados, que eu vos aliviarei*".

Achei estranho que a Shivá judaica, citada pela nobre Psicóloga, seja dar à família folgas psicológicas e espirituais para conseguir continuar depois da perda de um ente querido.

Fui ao dicionário e consta somente isso: "*Shivá é nome dado dentro do judaísmo para se referir ao período de sete dias de luto mantidos pela morte de pessoa próxima*". Shivá significa sete. Pois bem, isso também ocorre na nossa cultura. Inclusive, temos a missa de sétimo dia, sem significar folgas psicológicas e espirituais. Se ela se referisse à necessidade de folga física de uns dias, até poderia concordar. Se bem que a psicologia aconselha a ocupação como método de superar a dor.

3. Queremos dizer com isto que quanto mais o morto é único para um enlutado, mais a dor é violenta por sua exposição.

Ninguém nega, nem eu e nem o livro, que o morto é único para o enlutado e sua dor é violenta, não só por sua exposição. Isso é óbvio. Entretanto, meu livro não expõe ninguém, apenas quer consolar e reanimar em termos gerais. Se o texto do meu livro expusesse alguém, que dizer então dos jornais, revistas, rádios e tevês, que continuaram abordando a tragédia? De mais a mais, a minha mensagem se abre a todas as pessoas do mundo que sofrem perdas em tragédias e acidentes.

Lê-se na orelha do meu livro: "*Essa mensagem pode ser luz no túnel escuro de pessoas que sofreram a perda de entes queridos em tragédias, acidentes de estrada, assassinatos, afogamentos, e outras formas cuja dor brada aos céus e não encontra explicações*".

4. "O registro expositivo sobre danos de uma tragédia, precisa garantir a individualidade, o respeito e o reconhecimento ao morto, para que seja reduzido o tormento pela dor da perda".

Muito bem, é exatamente isso que consta no livro *Kiss Uma porta para o céu:* respeito à individualidade, ninguém é citado; imenso respeito e solidariedade aos sofredores; ânimo para prosseguir a caminhada; e amável e carinhosa homenagem aos mortos.

5. "Além disso, nossa indagação é sobre a pressa na edição do referido livro. Por que isto ocorreu em tempo tão curto? Quais razões levariam o autor a publicar em um tempo ainda tão doloroso e insuficiente para uma recomposição?"

Essa colocação já foi esclarecida per longum et latum acima. A intenção era consolar e reanimar para a retomada da vida o mais rápido possível. Não é necessário voltar ao assunto. É bom, no entanto, que o texto escrito anteriormente, em especial no item 3, seja relido sob os olhares desta proposição acima.

Talvez valesse esta consideração: Se a Psicologia se orientasse para que não se mexesse na ferida para curá-la, por que vários psicólogos e psiquiatras acorreram de imediato a Santa Maria, como já me referi, a fim de ajudar os sobreviventes e familiares na recomposição do seu animus? E por que os veículos de comunicação continuaram a tratar do assunto Kiss, sem reação de Associações?

A psicóloga Rosana conclui assim a sua carta aberta publicada e comentada por alguns órgãos de imprensa em Santa Maria:

6. Para concluir nossas considerações, deixamos uma reflexão sobre o justo e necessário dever dos membros de uma sociedade em expressar ação de não-brutalização dos mortos para que não ocorra a brutalização dos vivos e se trabalhe em prol da mitigação do sofrimento humano".

Maravilha. Aqui estamos de acordo, foi exatamente o que fiz. Com respeito aos mortos, evitei qualquer cena brutal, para colocá-los, através de uma alegoria, na aprazível e festiva companhia de Deus. Nada melhor do que isso, penso eu, poderia ser desejado por familiares às vítimas.

Quanto aos vivos, compus uma mensagem de carinho, de ombro amigo, de respeito à dor e de ânimo para superar momento tão doloroso. Busquei meus melhores conhecimentos de psicologia, psicanálise, filosofia, teologia, e de longos anos de experiência, para mitigar o sofrimento humano. Diga-se de passagem: Sou formado nessas ciências.

A minha inocência quanto à intenção do livro era tão grande que o mandei, recém-editado, para o Presidente da Associação dos Familiares de Vítimas e Sobreviventes da Tragédia, com autógrafo, assim como o remeti de presente para amigos que tinham algum familiar falecido naquela noite trágica. Estava tão solidário à causa das vítimas que tinha aceitado o convite da Secretária de Educação e Cultura de Santa Maria, na época, Iara Druzian, para proferir palestra sobre o assunto na Feira do Livro de Santa Maria. Diante da situação que se criou, suspendi, não quero ser causa de conflito em lugar nenhum. Antes que me esqueça: a palestra era de graça.

Mas, tem uma crítica que me impede de calar. Essa procurou atingir-me em cheio. Não julgo a intenção, que julgamento e justiça pertencem a Deus. Por isso, repito que não estou magoado. O perdão é a mais linda bênção que eu possa trazer no meu coração.

Mas, a verdade pede que eu retifique uma crítica mordaz muito usada e abusada por esse Brasil de Deus: acusaram-me de ter lançado o livro, aproveitando-me da tragédia, com finalidade financeira.

Foi essa uma das acusações mais absurdas, mais grotescas e mais mentirosas que tenho recebido. E essa injúria foi muito retumbada, a tal ponto que, certo dia, estava almoçando no restaurante *Bella Trento,* de Santa Maria, com meus irmãos, e um rapaz passou por mim, jogou-me uma moeda de cinquenta centavos e disse: "Pode lhe fazer falta". Antes que lhe devolvesse a moeda para ajudá-lo a completar a educação que lhe faltava, ele já havia sumido. E lá fiquei eu rindo da criatividade irônica do rapaz.

Talvez seja bom lembrar que tenho formação sacerdotal, 58 anos de sacerdócio, pós-graduação em Filosofia, curso de Teologia, Ascese, Exegese, espiritualidade, Psicologia, História, Análise Transacional, Psicanálise Humanista, Jornalismo, e sigo a mensagem do meu Mestre Jesus Cristo a quem sirvo com muita fé e entusiasmo. Honestidade, correção, caráter, respeito, desapego interior, fazem parte da minha educação e do meu modo de viver. Para mim, dinheiro é consequência e não meta de vida. Sentimento de solidariedade sempre ilumina meu coração. Com mais de noventa livros publicados no Brasil e exterior, livraria, editora, por que iria eu necessitar do dinheiro de um livro escrito em momento tão doloroso? Mas, deixemos isso para lá.

Pergunto se é possível imaginar que eu seria tão mesquinho a ponto de passar por cima da dor para ganhar dinheiro? Que horror! Que pensamento mais tenebroso! Acho quem nem um bandido faria isso. Pois, não cansaram de assacar-me essa barbaridade. Seria de rir, não fosse motivo de chorar de pena de tanta baixeza. Ou ignorância.

Eu procuro fazer minhas obras de caridade e de filantropia silenciosamente. Aqui, porém, vejo-me induzido a confidenciar que, ao lançar o livro, tinha avisado à Editora da Mente que minha quota desse livro seria doada para ajudar vítimas de tragédias. Já toquei neste assunto.

Vejo-me incitado a dizer também que, durante cerca de vinte anos realizei, semanalmente, as *Noites da Cura,* no Teatro Santa Maria, de graça, para quem quisesse; durante mais de dez anos atendi capelas do interior de Santa Maria – Boi Morto e Vila Caramelo - sem cobrar um centavo; paguei durante doze anos meus programas de rádio, (Hora da Ave-Maria e outros), com dinheiro do meu bolso; há pouco, mantive contrato de um ano, com a Rede Vida de Televisão, por sessenta e cinco mil reais mensais, mais o valor das gravações, para oferecer mensagens positivas, durante quinze minutos semanais, sem onerar ninguém, (se quiser fazer a conta:780.000,00); realizei, durante onze anos, reuniões de graça para pessoas necessitadas de apoio, sem cobrar nada. Diariamente, ocupo bom tempo, respondendo consultas feitas a mim por e-mail - logicamente de graça. Nunca cobrei serviço algum de natureza religiosa. E aí vem gente de sentimentos mesquinhos querendo me imputar esse ultraje de ganância de dinheiro! Por que haveria eu de esfomear-me financeiramente no lançamento de um livro, feito para ajudar as pessoas que sofriam e sofrem em tragédias? Por favor, procurem outro argumento, que esse é de uma barbaridade insana.

Minhas obras sobre o Poder da Mente ensinam o caminho correto da riqueza. E não canso de dar este aviso aos navegantes: "O descaminho nunca leva ao caminho".

Raciocine comigo: Com a Livraria Cultural da Mente, a Editora da Mente, um pequeno Hotel, agora vendido para pagar o Programa na Rede Vida, um sobrado herdado dos meus pais, iria eu, oitenta e tantos anos, necessitar de usar métodos odiosos para ganhar dinheiro? Que coisa! Não há o que não haja!

Bem, a tempestade já acalmou, os ventos serenaram, meu ânimo nunca foi abatido, a vida continua uma festa, e abençoo a todos que me ofenderam porque me ajudaram a ser mais tolerante, compreensivo e humilde. É nesses momentos que a gente retempera o caráter. Enfim, nada melhor do que deixar os acontecimentos nas mãos de Deus, que a verdade brilhará mais alto.

Para encerrar este episódio, não posso deixar de expressar minha admiração carinhosa pela inteligência, clareza, cultura e bom senso de escritores, jornalistas e comentaristas que buscaram a verdade lúcida no meio desse turbilhão. Cito, muito grato: Luiz Antônio Araujo, jornalista de Zero Hora, em ponderado e brilhante artigo no dia 25/4/2013; Celina Fleig Mayer, destemida jornalista, professora e escritora, em artigo no jornal *A Razão*; Valdemar Roveda, sempre me defendendo no jornal *A Cidade*; o advogado Jocemir Souza de Oliveira, em Zero Hora, 4-5/5/2013 publicou mais ou menos o mesmo que o estudante Gustavo Grundi de Souza, Canoas, em ZH, 4/5/2013, que sintetizou: "*Em termos éticos, qual é a diferença entre o documentário exibido pelo Discovery Channel sobre a tragédia e o livro do Padre Lauro Trevisan? Por que um é apresentado como polêmico enquanto o outro é noticiado como algo natural?";* Também se manifestou positivamente a professora aposentada Iara Bortoluzzi; e devo menção especial às corajosas e lúcidas considerações feitas pelos advogados e escritores Adivo Paim Filho e João Eichbaum em artigos no Jornal *A Razão.*

Também, um beijo no coração desse povo maravilhoso de sentimentos maravilhosos que me apoiou sempre. E abençoo de coração a você que está me lendo e suportando essa longa dissertação. Que paciência a sua!

Quiçá você reclame: "Por que ficar falando disso tudo"?

Simplesmente porque faz parte da minha biografia.

Completo dizendo que tinha escrito mais um livro sobre a tragédia da Kiss. Título: *"Vencendo a dor, Deixando o luto, Refazendo a vida"*. Mas, não vou publicá-lo. Ficará para sempre na gaveta das boas intenções. Jesus avisou seus discípulos: *"Se a casa for digna, que a vossa paz repouse sobre ela; se, todavia, não for digna, que a paz retorne para vós. Porém, se alguém não vos receber, nem der ouvidos às vossas palavras, assim que sairdes daquela casa ou cidade, sacudi a poeira dos vossos pés. Com toda a certeza vos afirmo que haverá mais tolerância para Sodoma e Gomorra, no dia do juízo, do que para aquelas pessoas"*. (Mt, 10,13-15)

Para fechar esse assunto, afirmo que não me sinto atingido por nada do que assacaram contra mim. Na verdade, as ofensas, acusações, perseguições, ameaças, mentiras, não foram dirigidas a mim, mas a Deus, porque o personagem do livro é Deus, não eu. É Deus se manifestando e querendo consolar e reanimar as vítimas, familiares e sobreviventes. Se não acreditam, leiam o livro. Nada comigo. Por sinal, fui inocentado pela Delegacia de Polícia e pela Justiça santa-mariense. Só podia. Existe bom senso.

Pude viver uma história um tanto semelhante de dor e sofrimento em Assunção, capital do Paraguai: Em 30 de outubro de 2004, realizaria lá Jornada do Poder da Mente, cujo tema era *Maraton de la Felicidad* – Maratona da felicidade.

Por triste coincidência, dias antes acontecera a terrível tragédia do incêndio de um supermercado cheio de gente, quando morreram

400 pessoas, por não terem conseguido sair do prédio, devido, segundo a imprensa, as portas serem fechadas para que ninguém se evadisse sem pagar. O país estava de luto. Dei várias entrevistas para jornais e televisões.

Na véspera da Jornada, à noite, me convidaram para falar aos familiares das vítimas da tragédia, que estavam reunidos numa Associação que cuidava dos que sofriam a perda de algum ente querido. Dirigi a eles, durante mais de uma hora, palavras de conforto, de ânimo, de fé e de força para continuarem a caminhada. Por fim, tratei de levá-los a levantar o ânimo, dizendo-lhes:

"Pasó el tiempo de llorar los muertos. Es hora de empezar la reconstrucción sobre los escombros del alma y de la tragédia.

En primer lugar, sacar las lecciones positivas de la tragédia:

Cuantas personas, entre las que se murieron, dejaron de dar un abrazo, un telefonema, un mensaje, un perdón, y todo lo que habia se quedado para despues..... y este despues jamás llegará.

Cuantas personas hoy vivas están ahora con el disgusto abrumando el corazón, con el arrepentimiento suspendido en el aire, con una palabra atrancada en la boca para nunca más, con un sentimiento que querian expresar y nunca más.

Eh aí una lección para ser extraída de la tragédia.

La lección de la muerte es la vida.

La vida es corta demás para ser pequeña.

Hay que aprovechar la vida a partir de hoy. Hechar afuera el desánimo, la depresión, la frustración, el pesimismo!

No se quede en la cruz y sí en la resurrección.

La vida es para ser vivida y no para ser soportada.

El apóstol Pablo dijo: "Prescindindo del pasado y echandome ha-

cia delante con lo que resta".

Segui fazendo outras considerações.

Ao final da palestra, fiz algo inusitado: Como a morte pegara de repente aquelas centenas de pessoas que foram ao supermercado e de lá nunca mais voltaram para casa, levei os familiares a um relaxamento profundo e fiz com que cada qual se encontrasse, mentalmente, com o seu familiar, ou amigo, amiga, noivo, namorada, que partira.

"Imagine-se – falei eu - num jardim bonito, florido, e o seu falecido chegando até você, por uma concessão milagrosa de Deus. Vocês se abraçam. Sentam num banco aí existente. Agora diga tudo que queria dizer e não pôde devido à separação imprevista e repentina. Pode queixar-se, dizer o que havia deixado para dizer outro dia, dar o beijo que havia adiado, pedir o perdão que ficara para depois, pagar a dívida que se negara a pagar, resolver a pendenga que ficara trancada no coração. Depois de acertarem as contas, se desculpem, se abracem, se alegrem, deem-se amorosas despedidas, declarem-se amor e boa vontade. (Pausa). Agora, despeça-se e deixe seu familiar partir para sempre, ou seja, até Deus, na outra dimensão".

Os depoimentos, depois, foram muito emocionantes e lindos. Ah, antes que me esqueça: não cobrei nada.

1960-2017
Rádio e Televisão

Sempre reconheci a imensa importância dos veículos de Comunicação. Acredito piamente no poder da imprensa escrita, falada e televisionada, como se dizia antigamente. Hoje, acrescente-se a comunicação internetizada. Esta é a maneira fantástica popular de multiplicar a voz e de expandir qualquer mensagem. Muitas vezes, nesses canais é jorrada uma enxurrada de idiotices, mas ao lado do péssimo existe o bom e o ótimo.

No tempo do Cristo, apenas a voz dele ecoava nos corações que se aproximavam para ouvi-lo. A cinquenta metros de distância, ou menos, sobrava o vazio do silêncio. O púlpito da igreja, mesmo com o auxílio de caixas de som, não propaga a voz além das quatro paredes. Atualmente, eu falo para o mundo todo que quiser receber minha palavra através da internet, principalmente do facebook e youtube.

Cito aqui novamente o padre cientista gaúcho Roberto Landell de Moura, inventor do rádio, do telégrafo sem fio e do telefone sem fio. (1861-1928). Foi o primeiro a transmitir a voz humana por rádio, com sucesso. Ao serem comemorados 150 anos de seu nascimento, em 2011, seu nome foi inscrito no *Livro dos Heróis da Pátria.* Um dia, disse ele:

"Dai-me um movimento vibratório tão extenso quanto a distância que nos separa desses outros mundos que rolam sobre nossa cabeça, ou sob nossos pés, e eu farei chegar minha voz até lá".

Fantástico. Genial. Mas, sabe você o que fez algum grupo ignorante da sua época? Repudiou-o, com insultos de herege, impostor, feiticeiro perigoso, bruxo, louco, padre renegado, tudo por causa dos seus inventos e experimentos diante do povo de São Paulo. Sofreu isolamento e indiferença. Pior de tudo é que, certa vez, ao retornar de uma viagem, encontrou a porta da casa paroquial arrombada e seu laboratório e instrumentos completamente destruídos. Já relatei este episódio. Repito para que você, ao ouvir rádio e ao telefonar, se lembre não só das maravilhas da mente humana, mas também que houve fanáticos religiosos e fundamentalistas que infernizaram a vida desse grande cientista. E, se você é homem de imprensa, por favor não entre na onda de pessoas descontroladas emocionalmente que anseiam pôr fogo no circo diante de situações semelhantes.

Os veículos de comunicação são o milagre da multiplicação da palavra. Valem mais que milhões de púlpitos e oradores. São portadores dos tesouros que podem mudar o mundo para melhor ou para pior.

Ao longo dos anos, mantive, em Santa Maria, programas na Rádio Medianeira, na Rádio Santa-Mariense, na Rádio Universidade, e, durante mais de dez anos, fiz *A Hora da Ave-maria*, na Rádio Imembuí. Tenho realizado inúmeras entrevistas em rádios, televisões e internet.

No momento, tenho pequena participação semanal na Rádio Medianeira: *Portal da Felicidade,* no Programa Norton Cezar.

Na *Rádio Gaúcha*, de Porto Alegre, fui entrevistado pelo Lazier Martins, no *Gaúcha Repórter;* pelo Lauro Quadros, no *Polêmica;* no *Gaúcha Atualidade*, pelo Jornalista Armindo Antônio Ranzolin; no *Programa Flavio Alcaraz Gomes*, da Rádio Guaiba; na Rádio

Farroupilha, com Sérgio Zambiasi; No Rio de Janeiro, participei de programa da Daisy Lucidi, na Rádio Nacional, ou MEC. Na Rádio Globo, estive várias vezes no programa *Haroldo de Andrade* e uma vez no programa do Roberto Canazio. Na *Rádio Haroldo de Andrade,* seguidamente era convidado especial.

Na Televisão, fui convidado duas vezes no *Programa do Jô,* assim como várias vezes no *Sem Censura*, com Leda Nagle; uma vez no *Programa da Hebe Camargo;* também, no programa do Wagner Montes, pela Record. Em Porto Alegre, fui convidado para alguns programas de entrevistas da RBS, da Pampa, da Guaiba, assim como nos programas do Raul Moreau e do Bibo Nunes. Várias vezes fui entrevistado pela TV Boa Vontade. Sem falar das inúmeras entrevistas concedidas nas televisões das capitais brasileiras.

Em Portugal, estive várias vezes em programas de televisão, como *Praça da Alegria*, dirigido por Jorge Gabriel, em programa da Tereza Guilherme, do Manuel Luis Goucha, e outras participações que não lembro no momento. Fui convidado a programas nas Rádio Comercial, Renascença, Caldas da Rainha, Rádio Amália, Voz do Alenquer, e outras emissoras.

Seguidamente sou convidado para entrevistas de rádio, jornal e televisão, assim como para Congressos on line.

Mas, depois de trinta anos percorrendo o Brasil, a América do Sul, do Norte, e Europa, achei que era tempo de realizar um sonho: ter um programa de Televisão e, para tanto, escolhi a Rede Vida. Mas as portas estavam fechadas.

Porém, tempo vai, tempo vem, certa feita consegui ser entrevistado pelo saudoso Dom Antonio Mucciolo no programa que ele mantinha semanalmente. Gostou demais da minha entrevista e até me propiciou oportunidade de entrar em contato com o mentor maior e proprietário da Rede Vida, sr João Monteiro. Na conversa, até combinamos um programa semanal de meia hora, à meia-noite, pelo valor de vinte mil reais, na época, se não me engano. Isso foi em 1997. Dias depois, recebi fax de Dom Antônio dizendo que a entrevista estava cancelada. Respondi-lhe que era direito da emissora publicar o que conviesse de acordo com suas diretrizes, mas gostaria de saber por que a entrevista fora cancelada. Explicou-me, via fax, que Dom Ivo Lorscheiter e a CNBB não recomendavam minha presença naquela emissora. Até hoje não sei por quê.

Depois desse episódio, as portas da Rede Vida se fecharam mais ainda para mim.

Quinze anos se passaram, com alguns padres se aproveitando da própria emissora para me criticar.

Quando, finalmente, consegui um programa de quinze minutos semanais, em março de 2012, após minha primeira apresentação houve reação dos opositores de plantão e o Cardeal Odilo Scherer, apreensivo, colocou meu nome na pauta da reunião do Conselho da Rede Vida para saber quem eu era, se era padre de diocese ou de congregação, se o meu bispo tinha me autorizado a fazer o programa, se o meu superior tinha aprovado o programa, uma bela inquisição. Idade Média revivida. Enquanto isso, a Rede Vida, apesar da boa vontade dos Monteiro, teve que suspender o meu programa até esclarecimentos. Isso que eu tinha contrato assinado, com valor estipulado pago no primeiro mês, e tudo mais. Dom Odilo comentara que recebera muitas reclamações contra minha presença naquela Tevê.

O impasse durou cerca de dois meses. Finalmente, graças à

intervenção do meu arcebispo Dom Hélio Adelar Rubert junto a alguns bispos e cardeais, pude voltar a falar aos sábados, na Rede Vida. Mantive o espaço de quinze minutos durante a vigência do contrato de um ano, apresentando o *"Programa Lauro Trevisan - para ser feliz"*. Foi um período em que pude me reencontrar, via tevê, com tanta gente que me conhecera pelos livros e nas andanças por esse mundo de Deus. Valeu a pena. Todos os programas estão na Internet, no meu site. Escolha o programa, clique-o, e veja-me falando. Se quiser.

Quando foram lançados três livros meus em Barcelona, Espanha, pela Editora Obelisco, tive oportunidade de falar em três emissoras de televisão e ser entrevistado por várias rádios, jornais e revistas. Fora momento muito especial.

1959-2017
Cinquenta e oito anos de críticos e críticas

Não sou nada diferente do comum dos mortais. Quem não foi ou não é criticado? Até defunto é criticado: *"Que caixão miserável... Por que não maquiaram esse pobre homem?"*

Acha que Deus não foi criticado? Pois, foi. Certo cientista avisou que Deus estava errado quando criou o mundo: deveria ter colocado frutas grandes em árvores grandes e frutas pequenas em árvores pequenas, essa era a lógica. E fez assim no seu quintal: colocou melancias nas cerejeiras, melões nas nogueiras, abóboras nas ameixeiras, as cerejas nos pés de melancias, as nozes nos pés de moranguinhos. E tudo deu certo até o dia em que caiu uma melancia na cabeça do homem enquanto dormia à sombra de uma cerejeira. Resolveu nunca mais criticar o Criador.

Já observou que toda mesmice permanece na santa paz e tudo que é diferente é contestado? Existe alguém que atire pedras em laranjeira seca?

Além do mais, há críticos de plantão que descarregam suas baterias contra todas as pessoas e coisas que aparecem na sua frente. Não são as pessoas o alvo dessa gente, é a mente deles que não aguenta mais as perturbações internas. São como aquele castelhano que chegou na fronteira do Brasil e perguntou:

- Acá hay gobierno?

- Hay, sí señor! – respondeu o gaúcho, apertando o barbicacho do seu sombreiro.

- Entonces yo soy contra – bradou o castelhano.

Muita gente é assim. Onde quer que esteja, é do contra. São os desmancha-prazeres. São os chatos de galocha, como se dizia no meu tempo de criança.

Certa vez, dois fanfarrões conversavam, cada qual querendo ser mais que o outro.

- Tenho uma vaca que o úbere chega até na grama – disse um.

- Puxa vida, tua grama tá muito alta, compadre, tá na hora de cortá-la. Mas eu tenho uma fazenda tão grande que, para percorrê-la no meu jipão, levo três dias – blasonou o outro.

- Olha, compadre – exclamou o primeiro – tá na hora de trocar de carro, que esse aí não anda nada.

As críticas, na verdade, sejam justas ou injustas, invejosas, maldosas, ou bem intencionadas, são aprendizados. Muita gente, quando criticada, se abate, fica melindrada, se desgoverna, perde o rumo e o prumo. Alguns até entram em depressão.

Como você percebeu, acostumei-me a virar saco de pancadaria. Longe de me apoquentar, significava para mim a certeza de que estava acrescentando algo na construção de um mundo melhor.

A verdade é que tudo que é diferente desestabiliza e poucos são os que aceitam de imediato dar um passo à frente.

Alguns setores da imprensa, certos literatos e padres, me contestavam duramente, acusando-me de charlatanismo. Até a direção da minha Instituição religiosa em outros tempos se voltara contra mim e contra alguns livros, culpando-me de pretender explorar a ingenuidade do povo. Certo Superior, inclusive, se recusou a aceitar qualquer contribuição monetária minha, alegando que era dinheiro mal havido. E mandou carta aos bispos do Brasil avisando que não concordava com minhas ideias e que eu agia independentemente, sem o aval da Instituição.

Realmente, a ciência do Poder da Mente se tornara faca de dois gumes: de um lado, as pessoas que liam meus livros e se beneficiavam da minha mensagem; de outro, o grupo que atacava e procurava me desmoralizar.

Pitágoras já dizia: "Em matéria de injustiça, pior não é sofrê-las, é cometê-las".

Sempre acreditei que a Verdade um dia prevaleceria e a mentira e a ignorância sucumbiriam nos seus próprios escombros.

O apóstolo Tiago escreveu numa de suas cartas: "*A Sabedoria que vem do Alto é pura, pacífica, indulgente, conciliadora e de bons frutos, isenta de parcialidade e de hipocrisia". (3,17)*

Ainda hoje, em pleno terceiro milênio – chamado o milênio do espírito – boa parte das pessoas de cultura, comunicadores, jornalistas, gente ligada à mídia, psicólogos, religiosos, religiosas, ridicularizam tudo que se refere à ciência do Poder da Mente. Só para exemplificar: mesmo nessa semana em que estou escrevendo o texto dessa página - semana de maio 2014 - dois chargistas se deliciaram em montar piadas contra a autoajuda, que muitos confundem com Poder da Mente: o chargista Elias, do jornal *Diário de Santa Maria* na época, (hoje tem outros proprietários), fez o desenho de um livro sobre um banco e o garoto dizendo: "Pai, esqueceram um livro aí". O pai olha e diz: "É autoajuda, esquece". E o chargista Lúcio, do jornal *A Razão,* (jornal hoje extinto), coloca um garoto contando para um personagem adulto que a prova de redação da UFSM passa a ser produção de artigo de opinião ou uma carta aberta, e o homem diz: "Vou ver se consigo achar uns textos de autoajuda pra ti". O garoto: "Eu juro que vou te matar se tu não parar com essa piadinha".

São charges, e charge parece humorismo inocente, mas diz o ditado que vale mais um quadro que mil palavras. A charge, portanto, também faz opinião pública e é péssimo quando revela preconceito e ignorância.

No dia em que nada no mundo for ridicularizado ou combatido, a situação será preocupante. Haverá o império da mesmice e da babaquice. Tudo que não avança, para. Tudo que para, estagna. Mas, avançar, descobrir, mudar, sacode os nervos de muita gente e atropela os neurônios.

O evangelista Mateus conta que Jesus e os discípulos, certa vez, passaram por uma figueira exuberante. Estavam com fome, mas a figueira tinha muitas folhas e nada de frutos. O Rabi da Galileia amaldiçoou a árvore por inútil e a planta secou.

Se você tem uma missão, siga-a.

Se tem uma novidade para melhorar o mundo, divulgue-a.

Se descobriu algo em benefício da humanidade, mostre-o.

Se os seus estudos e pesquisas clarificaram novos aspectos da verdade, diga a todos.

Claro que ouvirá vozes discordantes, trombetas inquisidoras, pessoas-martelo que acham que você é um prego.

Não falo em brigar, dar soco na lua, nada disso.

Minha decisão surgiu muito clara:

"Devo cumprir minha missão. Se eu não cumprir a minha missão, o mundo se tornará menor. Se eu não fizer o meu caminho, ninguém o fará por mim. Um ideal calado é uma estrela apagada. Se a luz do meu farol estiver apagada, os navegantes poderão correr risco".

Por feliz coincidência, no dia em que escrevia esse texto, celebrei missa em que o evangelho dizia, na palavra de Jesus:

«Vós sois o sal da terra.

Ora, se o sal perde seu sabor, com que se salgará? Não servirá para mais nada, senão para ser jogado fora e pisado pelas pessoas.

Vós sois a luz do mundo.

Uma cidade construída sobre a montanha não fica escondida.

Não se acende uma lâmpada para colocá-la debaixo de uma caixa, mas sim no candelabro, onde ela brilha para todos os que estão em casa. Assim também brilhe a vossa luz diante das pessoas, para que vejam as vossas boas obras e louvem o vosso Pai que está nos céus». (Mt 5,13-16)

Vós sois o sal da terra.

Três qualidades do sal:

É alimento. O velho sal de cozinha é um dos mais preciosos alimentos de que se tem conhecimento.

Dá sabor. Sabor é propriedade que certas substâncias têm de impressionar o paladar. Sabor é agradar ao paladar. Coloca-se sal na comida, no ovo, no churrasco...

Se eu sou sal da terra, tenho que dar sabor. Como? Seguindo o exemplo de Jesus, que, com certeza, era o sal da terra: dava gosto ouvir Jesus. A mensagem dele tinha sabor agradável. Contava histórias para dar mais gosto aos ensinamentos. Falava de amor e paz e semeava compaixão e misericórdia nos corações. Falava do Pai celestial e do seu carinho para com todos. Curava as pessoas. E queria que o mundo fosse um Reino de Amor.

Comida sem sal - mensagem sem sal - é insossa, sem gosto, sem tempero, insípida, sem graça, tediosa, monótona.

Insossa é a mensagem carregada de culpas, obrigações, ameaças, medos e mesmices.

Inssosa é a palavra dura, intragável.

O sal preserva. Uma saudável propriedade do sal é preservar o alimento, evitar a deterioração.

Devo transmitir uma mensagem que preserve a vida, preserve a fé e a esperança de um mundo melhor, preserve a alegria e o amor nos corações, preserve a paz, a harmonia e a felicidade.

E Jesus continua dizendo, neste evangelho:

Vós sois a luz do mundo.

A luz brilha diante das pessoas e do mundo.

A luz é como o sol: não só ilumina como irradia calor.

A luz desfaz a escuridão.

A luz aquece corações frios.

Ser LUZ, que maravilha! Iluminar caminhos perdidos, iluminar corações apagados, iluminar almas desesperadas, iluminar mentes obscurecidas, iluminar povos sofridos e escravizados.

Há muita escuridão no mundo: violência, desamparo, desânimo, depressão, abandono, confusão, miséria, explorações, injustiças, corrupções.

LUZ - que o Cristo acenda mais e mais a minha Luz!

Infelizmente, existem aqueles que querem apagar a luz dos outros porque lhes causa mal-estar.

Tempos atrás, escrevi esta mensagem no meu cantinho do facebook:

"Leia esta fábula, que ouvi do cantor Sílvio Brito, na Rede-Vida: Um vagalume passeava à noite, irradiando sua suave luzinha e uma cobra a persegui-lo. O bichinho saltava para cá, para lá, para acolá, se desviava, acelerava, fazia de tudo para escapar da bocarra da cobra assanhada. Até que cansou demais e se entregou, mas falou à cobra:

- Está bem, você quer me destruir, mas antes posso fazer-lhe três perguntas?

- Faze - rosnou a cobra.

O vagalume:

- Primeira, eu faço parte da sua cadeia alimentar?

- Não – resmungou a cobra.

Vagalume:

- Segunda, algum dia eu magoei você?

-Não - respondeu a cobra.

Vagalume:

- Terceira, então por que você quer me devorar?

A cobra vociferou:

- Porque não suporto teu brilho".

Mas, voltando ao evangelho, chamou-me a atenção o que Jesus disse a seguir:

"Não se acende uma lâmpada para colocá-la debaixo de uma caixa, mas sim no candelabro, onde ela brilha para todos os que estão em casa. Assim também brilhe a vossa luz diante das pessoas, para que vejam as vossas boas obras e louvem o vosso Pai que está nos céus».

A lâmpada é o meu ideal, meus talentos, dom de escrever e pregar, qualidades, dimensão espiritual, formação, estudos, espiritualidade, minha mensagem. Esses talentos recebidos do Criador devem brilhar, iluminar o mundo, ter significado.

Colocar os talentos debaixo da mesa - não ajuda nada a niguém e nem melhora o mundo. É preciso colocar a lâmpada no alto para ser luz e servir de exemplo. Ser farol.

- Não se enterra os talentos - disse Jesus.

Mas, fiquei surpreso com o Mestre, quando disse:

"Assim também brilhe a vossa luz diante das pessoas, para que vejam as vossas boas obras e louvem o vosso Pai que está nos céus».

Incrível! E eu que tinha aprendido no seminário a ser modesto, quase apagado, colocar minha lâmpada debaixo da mesa, para não ser tomado de soberba e para não me sobressair aos outros! E os meus mestres que ensinavam modéstia, apequenamento e situar-me entre os últimos!

O que o mundo está fazendo é exatamente o contrário do que ensinou Jesus. Os veículos de comunicação colocam sobre a mesa, no foco, os bandidos, os estupradores, os exploradores, os corruptos, os presidiários, os vândalos.

No dia em que os veículos de Comunicação e as religiões se dedicarem a colocar sobre a mesa o Bem, os que fazem o Bem, os arautos do Bem com suas boas obras, criaremos um inconsciente coletivo do Bem e esses bons ventos mudarão a face da terra.

No meu caso, refleti que não seria de bom tom ficar esbravejando contra adversários, nem seria condizente me meter em tiroteio verbal. Até porque ninguém provava qualquer ponto que eu estivesse errado. Pior, sequer apontavam erro específico. Todos os que me combatiam, não o faziam assinalando algum texto de livro meu. A não ser um teólogo que escreveu algo argumentando que eu pregava a riqueza quando Jesus ensinara o valor da pobreza. Não o avisei do seu equívoco grosseiro porque não me enviara seu arrazoado. Sobre essa questão, deixo de me reportar aqui uma vez que a tratei suficientemente ao comentar o meu livro: "Você tem o Poder de Alcançar Riqueza".

Mas, o ponto fulcral da oposição veemente se situava na própria expressão Poder da Mente, como se tal afirmação contradissesse o poder de Deus, a mensagem de Jesus e o poder do Espírito Santo.

O Poder da Mente e seus significados já foram tratados neste livro. Não há por que voltar ao assunto. Mas, gostaria de me reportar ao que escrevi no dia 7 de julho de 2014, no meu espaço do facebook:

"Será que Poder da Mente significa que o homem quer ser mais do que Deus? Há aqueles que combatem o Poder da Mente porque acham que desmerece o Poder de Deus. Veja: Deus é o poder, o homem

tem o poder que Deus lhe deu. Tudo que temos e somos vem de Deus. Inclusive o Poder. Jesus revelou muitas vezes que Deus nos deu o poder de autorrealização. "Quanto ao poder, quem tem fé tudo pode" - garantiu ele. O ser humano, portanto, tem poder, tudo pode, e esse poder só tem uma forma de ser usado: pela mente. Conhece você outra maneira? Pela mão é que não é, nem pelos pés. O Poder da Mente é o poder de Deus usado pela mente. Consegue entender? Beijos. Bom-dia".

Mas, podem me criticar, é bom sinal. Significa que estou fora do mundo das mesmices e dos complexos de inferioridade.

No entanto, é bom que eu diga: Ser diferente não é ser contra.

Os fundamentalistas viram com apreensão que a ciência do Poder da Mente, também chamada de autoajuda por muita gente, se fortalecia cada vez mais no mundo, com novos livros, seminários, cursos, e proliferação do pensamento positivo. Eu mesmo, nesses trinta e tantos anos de andanças, tenho falado para aproximadamente quinhentas mil pessoas e lancei mais de noventa livros, como já lhe contei.

Para esses combatentes contra moinhos de vento, a situação não podia continuar e passaram a vociferar, me chamando de herege, charlatão, expulso da Igreja, condenado pela Papa João XXIII. Até o Papa botaram nesse "imbróglio". Como nada disso era verdade e não pegava, resolveram atentar contra a minha pessoa, buscando me desmoralizar. Então, começaram a divulgar que eu deixara de ser padre, que casei, que tenho filho, coisas desse tipo. Os mais raivosos aproveitavam espaços da internet para me encher de pragas, ofensas e nomes de baixo calão. Fazer o quê! Cada qual diz o que tem no coração.

O famoso pregador e escritor Padre Antonio Vieira, escreveu, certa vez:

"Não há coisa boa sem contradição, nem grande sem inveja".

O brilho alucina algumas cobras.

2000

Concentrando o foco

No início do terceiro milênio fiz uma reviravolta nas minhas atividades: deixei de lado qualquer trajetória material ou comercial para me dedicar unicamente à minha mensagem. Entendi que minha missão merecia todo meu empenho, dedicação e carinho. Fechei o *Parque Oásis*, já que não encontrara ninguém para administrá-lo, e hoje está à venda. Entreguei a *Livraria da Mente* à responsabilidade e cuidados de outras pessoas, assim como a *Editora e o Teatro Santa Maria.*

Meu prazer de escrever recebeu e está recebendo minhas melhores horas de atividade. As Jornadas foram encerradas no dia 3 outubro de 2015. Palestras e encontros e congressos continuam acontecendo. Também, posso passar mais tempo na minha comunidade, situada na Casa Padre Caetano, dos padres palotinos, onde resido desde 1960.

Há os que me perguntam por que não faço algo para os necessitados.

Respondo que estou fazendo, como é que não percebem? Estou dando o melhor de mim aos necessitados e à humanidade. Muitos pensam que ajudar os pobres e necessitados é abrir uma casa de assistência. Sim, esta é uma das muitas formas de ajudar. Cada pessoa tem um carisma. Há pessoas maravilhosas cuja missão amorosa é se dedicar às crianças, aos adolescentes, aos idosos e aos enfermos carentes. Como admiro essas pessoas e instituições! E colaboro com várias.

E há pessoas, como eu, que se dedicam às crianças, adolescentes, pobres, necessitados, idosos, enfermos, oferecendo-lhes o outro pão, o pão da instrução, da formação, da ajuda psicológica, espiritual, mental, emocional. Jesus já falara desse aspecto importante, quando disse: "Nem só de pão vive o homem", ou seja, nem só de comida, casa, roupas, trabalho, vive o ser humano, mas também, e necessariamente, de amor, de felicidade, de paz, de cultura, de alegria, de acolhimento e crescimento mental e espiritual.

No entanto, já que estou falando de Santa Maria e já que esta é uma biografia inteira, vou abordar dois aspectos santa-marienses um tanto curiosos em relação a mim.

O meu Bispo Dom Ivo Lorscheiter, quando à frente da Diocese de Santa Maria, não via com bons olhos minhas atividades em relação ao Poder da Mente e alertou outros bispos e a CNBB, como você já leu nessa obra. Os Congressos da década de noventa não se coadunavam com seus conceitos e até impediu que os Irmãos Maristas voltassem a me ceder seu ginásio de esportes para o segundo Congresso e Festival Festinvita, em 1992. Nada do que viesse de mim era bem visto por ele. Mas, também, nada desfez nossa amizade e bom relacionamento.

Quando da inauguração do *Teatro Santa Maria,* em 1986, criei o *Troféu Santa Maria*, para homenagear as pessoas e instituições que mais se destacassem em benefício da cidade. O procedimento era este: escolhiam-se seis pessoas de nome e projeção na cidade para que se reunissem e chegassem ao consenso sobre cinco pessoas ou instituições que merecessem o *Troféu Santa Maria*. Num desses anos, o grupo escolheu o Banco da Esperança, criação benemérita de Dom Ivo. Alertei o grupo de que provavelmente Dom Ivo não iria aceitar e eu não queria entregar Troféu para quem o rejeitasse. Falaram com a Irmã Lourdes Dill, diretora do Banco, e com o bispo auxiliar, e ficou tudo às mil maravilhas. Então foram divulgados os agraciados. Eis que chega Dom Ivo de viagem e proíbe o recebimento do Troféu. Não adiantou tentar convencê-lo. Ele não percebeu, ou não quis perceber, que o Troféu não tinha a ver com minha pessoa, mas se tratava de uma Homenagem da cidade de Santa Maria.

Para que você, meu amável leitor e leitora, tenha uma ideia da grandiosidade do evento, dou-me a alegria de relatar todos os agraciados, porque é mais uma oportunidade de homenageá-los:

1988

Constantino Cordioli, Fundador do Lar das Vovozinhas - Dr. José Mariano da Rocha Filho, Fundador e por muitos anos Reitor da Universidade Federal de Santa Maria - Dr José Haidar Farret, duas vezes prefeito e homem reconhecidamente benemérito - José Moacir Teixeira, Fundador da Empresa de Ônibus Planalto - Luizinho de Grandi, proprietário do tradicional jornal *A Razão*, (Homenagem póstuma, troféu recebido por sua esposa Zaira de Grandi)

1989

Mons. Floriano Cordenonsi, ilustre personalidade eclesiástica de Santa Maria - Salvador Isaia, criador das Casas Eni e benemérito da cidade

- Frederico Richter, maestro e incentivador da Orquestra Sinfônica de Santa Maria - Abdon Barretto Filho, o maior mentor do turismo em Santa Maria - Carmen Moraes, pessoa muito ligada a obras sociais e filantrópicas.

1990

Dr. Nelson Schuch, santa-mariense pesquisador do Instituto Nacional de Pesquisas Espaciais, (INPE), com pós-doutorado pela Universidade de Cambridge, na Inglaterra - Dr. Vinício João Motti, médico oncologista muito humanitário - Fábrica Cyrilla de Bebidas, a mais histórica e tradicional fábrica de bebidas de Santa Maria - Aldeias SOS, conhecidíssimas pela ação social aos necessitados - Banda Marcial da Escola Manoel Ribas, que elevou grandemente o nome de Santa Maria.

1991

Dr. Ronald Bossemeyer, médico ginecologista de fama internacional - Oscar Mombach (Irmão Gelásio), figura exponencial da educação, no Colégio Santa Maria, dos Irmãos Maristas - Profa. Águeda Brazalle Leal, educadora de grande expressão em Santa Maria - Pe. Francisco Luís Bianchin, sacerdote de larga atividade espiritual e social em Santa Maria - Ottomar Vontobel, Diretor-Presidente da Fábrica de Coca-cola de Santa Maria.

1992

Dr. Waldir Veiga Pereira, eminente médico hematologista, de projeção internacional, que muito vem fazendo pela Medicina de Santa Maria - Prof. Vítor Francisco Schuch, professor universitário profundamente conceituado - Dr. Denizard da Silva e Souza, grande médico, humanitário, fundador do Sampar e do Centro Médico Hospitalar - Clube Recreativo Dores, um dos mais grandiosos clubes do Brasil, de fama internacional - Thor Máquinas e Montagens Ltda, pelo arrojo e prosperidade trazida a Santa Maria.

1993

Banco da Esperança - criação de Dom Ivo Lorscheiter, de extraordinário significado social e filantrópico - José Roberto De Nardin, personalidade de influência positiva, diretor de obra de assistência social e Presidente da Cacism, além de industrial - Nelson Borin, pessoa benemérita muito popular e de grande conceito social - Dr. Riograndino Denardin, cuja fama de médico humanista transcendeu sua vida - Escola Coração de Maria, cuja atividade centenária muito contribuiu para a educação de gerações.

1994

Jornal *A RAZÃO*, tradicional órgão de imprensa que há muitas décadas vem sendo porta-voz dos sonhos e fatos da cidade - Liga Feminina de Combate ao Câncer, cujo nome por si só recomenda todos os aplausos - Irmã Consuelo, baluarte da Educação do Colégio Santana, depois FIC, por fim universidade Unifra -- Helmuth Staggemeier, pessoa sempre presente nos eventos especiais e sociais da cidade - Estela Castagna, durante muitos anos dedicada à assistência social no Lar das Vovozinhas.

1995

Universidade Federal de Santa Maria, realidade de primeira grandeza em Santa Maria, com repercussões internacionais - Dr. Cyrillo Zadra, médico psiquiatra muito humano e atencioso para com os necessitados - Serviço Social da Indústria (SESI/FIERGS), cuja sigla já fala do seu significado em Santa Maria - Abrigo Espírita Oscar Pithan, casa que sempre derrama amor e assistência aos carentes - Vó Dinah (Dinah Eva Rodrigues Lau), muito conhecida e estimada por suas obras de benemerência.

A todos, tanto os vivos quanto os que já partiram para outra dimensão, renovo minha gratidão pessoal. Tenho certeza de que todos merecem os mais altos degraus do panteão de Santa Maria e também deste livro.

De todos esses agraciados, o único que recusou a Homenagem foi Dom Ivo Lorscheiter.

Um dia, tivemos um encontro Dom Ivo e eu, na Casa Episcopal. Depois de longa conversa cujo assunto não lembro mais, lá pelas tantas determinou que eu não rezasse missa no *Teatro Santa Maria* e no *Parque Oásis*, ou seja, fora das igrejas. Respondi-lhe que estranhava muito essa recomendação. Achava que, como mensageiro de Jesus, me entusiasmasse a fazer o povo rezar em qualquer lugar. Até porque – disse--lhe - a Teologia da Libertação, que ele prezava muito, alinhava reuniões e missas nos campos, nos galpões e onde se reunisse o povo.

– Mas lá – objetou ele - o povo está preparado.

- Quer dizer – retruquei – que, ao falar durante doze horas ao meu publico, não consigo prepará-lo para uma missa? Digo-lhe mais – voltei à carga – nas missas campais da Romaria da Medianeira, celebrada pelo senhor e concelebrada por vários bispos e muitos padres, eu tenho visto, lá nos finais da aglomeração, muita gente batendo papo, comendo picolé, brincando com crianças, vendendo lembranças e calendários, e nem por isso o senhor tem deixado de celebrar.

Bom, aí foi avançar demais, porque recebi um sonoro:

- Mas, eu não quero!

Com essa, a conversa foi encerrada.

Dom Ivo não queria que eu rezasse missa fora das igrejas, além de colocar suas restrições sobre a minha mensagem.

Tempos depois, vi padres celebrarem oficialmente missa nas

esquinas, no Dia do Vizinho. Tenho recorte do jornal A Razão de 14/15/08/1993 em que se publicava a realização de missa campal em pelo menos três esquinas de rua de Santa Maria. E eu estava proibido. Se há algo que fere meu cerebelo primitivo, volto a dizer, é a incoerência. Meus neurônios ficam aflitos e confusos, sem saber para que lado devem ir as conexões e os dendritos, quando vejo incoerências escancaradas.

São histórias que não deslustram a grandeza da presença de Dom Ivo na Diocese de Santa Maria, isso é verdade. Realizou obras sociais e religiosas de larga benemerência. E digo mais: éramos amigos. Eu não concordava com ele em alguns pontos e ele não concordava comigo. Mas éramos amigos. Assim é a vida.

1959-2017

Afinal, sou ou não sou padre?

Quando entrei no seminário, aos onze anos, com certeza não tinha ideias claras sobre vocação e sacerdócio. Acredito que o impulso de dizer ao meu pai, naquele janeiro de 1945, que queria ir para o seminário, tenha vindo de um comando desconhecido ou uma intuição. Mas, o tempo foi passando, os anos foram se sucedendo durante as quinze etapas de estudos no seminário e a ideia foi se solidificando mais e mais. A suave luz da vela inicial foi se tornando intensa luminosidade no meu coração.

Hoje, tenho 58 anos de padre, nunca deixei de ser sacerdote e jamais fui destituído ou suspenso da Ordem Presbiteral pela Igreja. Então, vocês que vivem dizendo que não sou mais padre, continuem lendo. E parem de falar bobagem.

Sou feliz por essa missão e quanto mais o tempo avança, maior é minha paixão por Jesus, mais gratificante minha convivência com ele e mais entusiasmo sinto por seus ensinamentos de suprema sabedoria e perene atualidade. Sinto alegria imensa de levar ao mundo a palavra do Mestre, contribuindo para a construção de um Reino de Amor. Muitos avisam que o Reino de Amor, apregoado pelo Nazareno, é utopia. Para mim, não é utopia. Um dia, há de acontecer. Fiquei assustado quando, tempos atrás, um teólogo apregoava que o catolicismo iria minguar cada vez mais até situar-se apenas em guetos aqui e acolá. Que horror! Que previsão mais disparatada! Que mente mais opaca! E me disseram que são palavras de um grande teólogo da atualidade. Acredito piamente nesse sonho de Jesus: o nascer de um Reino de Amor, o Reino dos Céus aqui na terra. Foi o encanto desse ideal que me fez padre.

Há os que pensam que ser padre é caretice, é nadar contra a correnteza, é estar enquadrado, é só pregar o que a hierarquia eclesiástica manda, é olhar sempre para o mesmo lado, é ser tendencioso. Para mim, pessoalmente, isso não existe. Sou livre, estudioso, analista da mensagem do Nazareno, e prego o que consigo extrair da sabedoria do Filho de Deus. É por isso que muita gente percebe que minha palavra nem sempre bate com o linguajar do rebanho. Jesus é Fonte inesgotável cujas águas se renovam sempre no decorrer dos dias e dos séculos. Jesus é como sol: nunca perde seu brilho.

Tenho o hábito de fazer passar pelo crivo dos ensinamentos

do Mestre tudo que eu digo e faço e tudo que digam ou façam contra mim. Se minhas atitudes e palavras e ensinamentos tiverem amparo na verdade do Nazareno, assentada nos evangelhos, podem cair o céu e a terra, podem me transformar em prego e martelar-me à vontade, que me sinto em paz comigo mesmo. E uma das maravilhosas mensagens de Jesus é esta: "Buscai a verdade e a verdade vos libertará". Grande Mestre! Um beijo no seu coração divino!

O meu foco é a verdade, não a ideologia. Li, certa vez, do padre jesuíta Anthony de Mello, (Bombaim1931-1987 Nova Iorque), escritor e conferencista:

"O homem não é cruel por natureza. Faz-se cruel quando é infeliz, ou quando se entrega a uma ideologia".

Mas, há algo que pouca gente percebe na palavra do Cristo: ela nunca perdeu e nunca perderá a atualidade. Seus pregoeiros sim, muitas vezes se desatualizam, repetem o passado, ficam parados na noite do tempo, apenas lembrando o sol do dia anterior. E não tem nada mais insosso do que falar a linguagem de ontem para o mundo de hoje.

Descobri, por mim mesmo, que não falar ao coração do ser humano de hoje é falar a surdos. E falar ao coração das pessoas é auscultar suas angústias, suas necessidades, suas aspirações, e encontrar a palavra de ânimo nos Evangelhos.

Mas, por que sempre há por aí os que teimam em propalar que não sou mais padre? Pelo jeito, para essa gente não adianta eu dizer, provar, insistir, argumentar, que fui, sou e continuarei a ser sacerdote. Eles acham que sabem mais sobre mim do que eu. A esses eu digo que não adianta ficarem negando, porque, mesmo que matem o galo, o dia não deixará de amanhecer. Se o morcego não vê a luz, não é por culpa do sol.

Talvez ajude a fortalecer a verdade a respeito do meu sacerdócio, uma carta que enviei a um senhor, chamado Dr. Gabriel Pinto, em resposta a uma publicação que ele fez no jornal *Diário de Santa Maria*, acusando-me de não ser padre e ficar usando o título para enganar as pessoas. E o jornal, para jogar mais brasa na fogueira, publicou em letras especiais, e a cores, a frase nervosa do doutor:

"Até quando a mídia vai continuar a chamar o senhor Lauro Trevisan de padre?"

Isso aí, mandou só esta frase.

Até hoje não sei por que esse descarrego intempestivo para cima de mim. Será que eu sou um bom saco de pancadaria? Vai ver que tenho costa larga.

Liguei para a chefe de redação do jornal querendo saber o endereço do Doutor a fim de entrar em contato com ele, mas ela, a Fabiana Sparrenberger, se negou a me informar. A Fabiana, naquele momento era a chefe interina de redação. Não sei se o Jornal tem ou não direito de manter sigilo. Só que para publicar uma mentira o fez delirantemente às pressas. Para desfazer o equívoco, os caminhos se fecharam. Não usei o Jornal para contestar aquela doidice, por duas razões muito simples: primeira, porque percebi que, tendo em vista a situação muito emocionalizada provocada por meu livro *Kiss, uma porta para o céu,* poderia estar colocando mais lenha na fogueira. Segunda, porque cabia ao Doutor Gabriel fazer o reparo, não a mim, como se verá no conteúdo da carta enviada ao autor daquela frase.

Vou transcrever a carta, não para me voltar contra o doutor, mas apenas porque serve para esclarecer a todos os que alimentam dúvidas sobre meu sacerdócio.

Santa Maria, 2 de maio de 2013.

Meu caro Dr Gabriel Pinto

Bom-dia!

Quero conversar com o Sr a respeito da frase colocada no Diário de Santa Maria, 30 de abril 2013:

"Até quando a mídia vai continuar a chamar o senhor Lauro Trevisan de padre?"

1. Se a mídia for fiel à verdade, responderá: "Sempre". Porque sou padre.

2. Embora alguns mal-avisados sintam prazer em dizer que não sou padre, ou me chamem de ex-padre, informo-lhe que sou padre e tenho imensa alegria de sê-lo. Nunca pensei em deixar de ser sacerdote. Para mim, a missão de levar ao mundo a mensagem do Divino Mestre, que tem como fundamento a trilogia do amor e a construção de um mundo cada vez melhor, sempre me fascinou e continua me fascinando. Tanto que já escrevi sobre Jesus: "Os Poderes de Jesus Cristo"; "A História Viva de Jesus"; "Jesus Psicanalista de Resultado"; "A Fé que Remove Montanhas"; "A Fé pode tudo – mito ou verdade?"; "O Poder da Fé"; "Jesus Precursor e Anunciador da Nova Era". A sabedoria do Mestre é o maior presente que o mundo já recebeu e eu me sinto feliz em espalhá-la.

3. Tenho 54 anos de sacerdócio sem interrupção, rezo missa junto com meus confrades, na capela do Patronato Antonio Alves Ramos, (hoje Casa Padre Caetano), onde resido desde 1960. Nessa Instituição, fui diretor da Tipografia; depois, durante 15 anos, fui redator e diretor da revista Rainha, pertencente à Sociedade Palotina. Por essa colocação, já fica claro o equívoco de muitos que pensam que todo padre trabalha em paróquia. Nós temos sacerdo-

tes que atuam em paróquias, outros são professores, outros mais dirigem colégios, são capelães de hospitais, dirigem rádio, gráfica, e outras necessidades para o bom funcionamento da Instituição à qual pertenço, que é a Sociedade do Apostolado Católico. Eu, de minha parte, depois das atividades acima relatadas, passei a atender pessoas, dar palestras no Brasil e exterior, e escrever livros que são publicados também fora do Brasil.

Nasci em Santa Maria e sempre vivi em Santa Maria, daí que me admira que o Dr Gabriel, com a idade e o currículo cultural que possui, não me conheça. Mas isso não desabona a grandeza dos seus conhecimentos em outras áreas. Apenas entendo que não deveria publicar o que não conhece.

4. Posso lhe mandar de presente a revista especial comemorativa do meu Jubileu de Ouro sacerdotal e o DVD das cerimônias dos 50 anos de sacerdócio, celebrados solenemente, inclusive com a presença do hoje Arcebispo Hélio Rubert. O evento ocorreu nos dias 4 e 5 de abril de 2009, com mais de mil pessoas presentes.

5. Se necessitar de mais comprovação de que sou padre, no pleno exercício do sacerdócio, tenho o prazer de lhe comunicar que possuo carteira de padre emitida pela CNBB e outra emitida pela Sociedade Vicente Pallotti, à qual pertenço.

6. Então, prezado Dr Gabriel Pinto, como creio em sua honestidade, com certeza desejará desfazer o equívoco jogado sobre os leitores do Diário de Santa Maria, mandando uma outra frase ao Diário, em que explica que agora sabe que Lauro Trevisan é realmente padre da Igreja Católica.

Desejando saúde, felicidade, com abraço:

Padre Lauro Trevisan"

Pois bem, até hoje estou esperando resposta.

Na verdade, eu não me preocupo com o que dizem. O que cada indivíduo pensa de mim, ou faz contra mim, não é da minha conta, esse assunto é da alçada de Deus, que julga o certo e o errado, a verdade e a mentira, a maldade e a boa intenção. Eu me inspiro na Lei de que "aqui se faz, aqui se paga". Dessa Lei ninguém escapa. Jesus também consagrou a Lei de que cada qual colhe o que semeia.

Por fim, gostaria de lembrar que não sou perfeito. Estou a léguas de distância dessa palavra. Procuro ser correto e fazer da vida uma festa.

Assim como têm os que seguem um político, uma sigla, um astro de cinema, uma artista de tevê, um filósofo grego, um Sigmund Freud, um cronista de jornal, um Che Guevara, um Getúlio Vargas, eu me sinto feliz e realizado em seguir o Grande Jesus Cristo, cuja mensagem acredito, desfruto, colho frutos maravilhosos e faço questão de transmiti-la à humanidade.

Mas, o Jesus Cristo que eu conheço é o peregrino do amor, da paz, da felicidade, da bondade, da compaixão, da misericórdia e da fraternidade universal.

O Cristo que eu conheço é o Ser de Luz, que veio reatar a ligação entre o céu e a terra, entre Deus e os homens, entre o Pai e os filhos. A esse Ser eu tenho o prazer e a honra de seguir e convidar as pessoas a segui-lo.

O que penso do padre em si mesmo

No dia cinco de abril de 2010, aniversário da minha ordenação, ao agradecer os familiares e amigos que me prestaram carinho com um gostoso churrasco, sintetizei-lhes dez ideias que tenho sobre o padre:

1. Padre não é uma instituição, mas um ideal.
2. Não é uma filiação, mas uma missão.
3. Não é um apartado, mas um no meio de todos.
4. Não vem pregar leis e obrigações, mas o amor.
5. Não é mensageiro do sacrifício, mas da felicidade.
6. Não é guardião do tesouro, mas distribuidor de todos os bens.
7. Não é proprietário de Deus, mas pregoeiro dele.
8. Não é lutador contra o mal, mas arauto do bem.
9. Não é um solitário do altar, mas um solidário do mundo.
10. Não é desmancha-prazeres, mas mestre da alegria e dos prazeres benéficos.

No dia 5 de abril de 2004, estava caminhando na praia de Tramandaí e pus-me a refletir sobre quais seriam os dez mandamentos do padre. Eu gosto de caminhar sozinho na praia. Sinto-me bem diante da imensidão do mar, pisando aquela areia deliciosa que recebe os pés com jeito de aconchego, e ouvindo o marulhar das ondas a ninar cantigas no meu coração. Os pensamentos e sentimentos giravam em torno dos meus quarenta e cinco anos de sacerdócio, pontuados naquele dia.

Então, pensei os dez mandamentos do padre:

1 – Estejas sempre centrado em ti mesmo, pois em ti está a imanência

e a transcendência.

2 – Guarda no âmago da tua sabedoria que a religião tem apenas duas bases: Deus na vertical e amor na horizontal. Tudo o mais é acréscimo.

3 – Não entres na religião, mas a faças entrar em ti.

4 – Estejas sempre acima do Poder, do Prestígio, da Fama, das Regras, da Riqueza, da Obediência e das contrariedades. Poderás usar tudo isso em teu benefício somente quando estiveres acima.

6 – Teu ideal pessoal é a marca divina em ti, por isso está além dos demais ideais. Se houveres por bem, põe os outros ideais no teu e não o contrário.

7 – Tu és o que pensas. Teu destino é conviveres com pensamentos benfazejos.

8 – Tua palavra é Deus se manifestando em ti e através de ti. Sejas bom semeador.

9 – Só fales no quê e do quê acreditas. A vida da tua palavra tem o tamanho da tua verdade.

10 – A tua essência e destino é a felicidade. Ela é a medida da tua santidade.

1945-2017
Prazer de escrever

Gosto de escrever. Desde meus onze anos aprecio escrever.

Nos tempos do curso primário, mandava artigos para a revistinha interna *A Casca*, que existia no seminário, mas, nos primeiros anos, os artigos eram rejeitados. Faltava-lhes a qualidade necessária. Mais tarde, criei um jornalzinho humorístico de um único exemplar. Ao invés de ser distribuído, era lido por mim, no pátio, aos seminaristas que tinham paciência de ouvir e vontade de rir.

Mais adiante, empolgado com os livros de aventuras, como *O Fantasma de Sandokam* e *O Corsário Negro*, de Emilio Salgari, resolvemos eu e meu colega João Sartor escrever um livro de aventuras a quatro mãos: eu escrevia um capítulo, ele o capítulo seguinte. Meus personagens lutavam contra os dele de capítulo a capítulo. Não deu certo porque ele matava os meus aventureiros e eu os dele, e assim acabou o livro por falta de personagens.

Já como estudante de filosofia, passei a escrever dramas, tragédias, comédias e trovas, para grupos teatrais de povoados e cidades vizinhas. Encomendavam-me um programa teatral e eu lhes escrevia. Certa vez, reuni essas peças e as enviei para a revista *Leituras Católicas*, que assinávamos, no seminário. Não publicaram e não me devolveram. Mas, devem existir peças por aí. Esse gosto de escrever peças teatrais sempre me acompanhou. Lembro várias comédias, como *Os Três Recrutas, Rádio Patati Patatá, Radio Vaiabreca Pelocano, Rádio Xamixunga, Rádio Marmhelada Confarofa, Rádio Vaiprascara Bola-*

chada, Casamento Caipira, O Guarda-o-Morto-e-o-Diabo, O Doutor Espinafre. Dramas: *Na Caverna do Rei da Morte; Guerra do Paraguai; O Ladrão Inocente; O Descobrimento do Brasil; Dois Mil Anos Numa Noite*; e outros que não recordo.

Durante anos, escrevi crônica semanal para o jornal *A Razão.* Publiquei muitos artigos em jornais e revistas do Brasil e exterior. Hoje me dedico à imprensa escrita através de livros que escrevi e continuo escrevendo enquanto Deus não colocar o ponto final. Espero que durante muitos anos Ele só ponha vírgulas.

Fui entrevistado pelas revistas: *Manchete*, do Rio de Janeiro; *Veja*, de São Paulo; *Rolling Stone*, de São Paulo; *Athanor*, da Espanha; GuiaTV, de Portugal; *Itália Nossa*, do Rio de Janeiro; *Malu*, do Rio; *Zen-Energy*, de Portugal; *Saúde Interativa*, de Santa Maria; *Profile*, de Santa Maria. São as que recordo.

Todos os dias, escrevo mensagem no facebook, lida por cerca de cinco mil pessoas, ou mais.

Atualmente, venho publicando artigos, contos e poesias em lançamentos anuais da Academia Santa-Mariense de Letras, também na Academia Rio-Grandense de Letras, na União Brasileira de Escritores, e eventualmente em outras revistas.

Vinte e cinco anos depois do lançamento do livro *O Poder Infinito da Sua Mente*, fiz uma revisão do que havia escrito e pregado e, para minha alegria, nessas duas décadas e meia a ciência passara a confirmar tudo, não necessitando eu de retirar uma vírgula sequer. Foi então que lancei, em 2003, *O Poder Infinito da Sua Mente2*, contendo os avanços da compreensão dessa visão do microcosmo humano e das descobertas das potencialidades humanas. Hoje se fala em Poder da Mente e poder do pensamento positivo como coisa óbvia. Qualquer revista trata disso normalmente. *O Poder Infinito da Sua*

Mente2 está na 20ª edição. Até este momento. Mas, *O Poder Infinito da Sua Mente1* está em mais de setecentas edições no Brasil.

Em 1998, lancei *"O Poder Infinito da Oração"*, com 97 edições até aqui. Esta obra caiu no gosto dos que confiam mais nas verdades colocadas em linguagem de religião.

Não se faz necessário repetir-lhe que Jesus foi o primeiro a falar abertamente, com todas as explicações necessárias, sobre a existência de um poder infinito, a que deu o nome de Fé, garantindo que remove montanhas, produz milagres, cura enfermidades, tudo alcança e torna possível até mesmo o que é considerado impossível.

Antes desse livro, lancei, em 1983, *Os Poderes de Jesus Cristo,* atualmente na 45ª edição. Bom, esse livro teve problemas. Não sei por que cargas d´água, meu Superior viu o livro na Gráfica da nossa Instituição e mandou suspender a confecção. O diretor da Gráfica me telefonou preocupado, avisando-me da situação. Disse a ele que não aceitava censura a priori. Depois de lançado o livro, sim, seria até oportuno o debate e, se houvesse algum erro, o corrigiria. O Diretor da Gráfica acabou por me ajudar à surdina: pediu para a Gráfica de uma Universidade, de Porto Alegre, completar a impressão e o livro pôde ser lançado integralmente. Na verdade, nunca foi necessário refazer ou corrigir algum texto. Há críticos que querem impor suas convicções, entendendo que suas crenças são o paradigma da verdade.

Naquele tempo, era exigido o *Nihil Obstat* (Nada obsta) de censores eclesiásticos para os livros serem aprovados pela Igreja. Nunca aceitei censura prévia e jamais um livro meu teve o carimbo do *Nihil Obstat*. A posteriori, ou seja, depois de publicado, aceitava argumentações contra qualquer texto, e até gostaria que alguém comentasse ou avisasse de algo possivelmente errado. Mas, os comentários eram feitos longe de mim, em revistas, jornais e televisões, sem citar textos. E sempre me davam a impressão de que se baseavam em vozes discordantes radicais e não na leitura dos livros.

Eu seguia firme na caminhada para melhorar a performance humana, amparado nos longos e continuados estudos e reflexões. E as experiências confirmavam que eu estava no caminho certo.

Em 2010, publiquei o livreto: *A Oração que Tem Poder.* Por experiência própria, você percebeu que nem toda oração é atendida. Este livrinho lhe informa qual a oração que tem poder.

Destaco mais estes:

Os Outros Puderam, Você Também Pode, 1985. 8 edições. O título é um estímulo para as pessoas acreditarem que o êxito na vida não é privilégio de ninguém. A todos foi dada condição essencial para vencer e realizar os sonhos acalentados no coração. A diferença entre os bem-sucedidos e os malsucedidos está na diferença de conhecimentos, nada mais. O caminho é saber como os outros puderam.

Conhece-te e conhecerás o teu poder, 1992, atualizado em 2012. (24 edições).

Infelizmente, o ser humano é o grande desconhecido de si mesmo.

A orelha do livro comenta:

"Quem não se conhece não é ninguém. Conhecer-se pouco é desaproveitar as potencialidades. Você vai mergulhar na sua dimensão verdadeira para extrair o melhor da vida. E o melhor é sua saúde física, mental, emocional e espiritual, assim como sua felicidade desejada.

O autoconhecimento é a descoberta mais importante da sua vida".

Em 1999, lancei: *Aprenda a usar o seu Poder*, revisado em 2012. Dez edições.

Consta na orelha:

"Tenho encontrado, nas minhas andanças pelo mundo, muita gente que tem conhecimento da existência de um Poder maravilhoso, no âmago do seu ser, mas não sabe como usá-lo. Este livro quer ensinar o caminho e facilitar as coisas".

Na página de frente, avisa:

"Não existem privilegiados no mundo de Deus. Se um ser pode, todos os seres da mesma espécie, usando os mesmos métodos, também podem. Não inveje ninguém, inspire-se nos que subiram e são o que são".

Em 2004: *Sete Passos Para Dar a Volta por Cima*, 4 edições.

Motivação:

"Encontrar o caminho é a chave do sucesso. Nem sempre é fácil, principalmente quando a pessoa está em crise ou com sérios problemas. Esta obra oferece, de maneira sucinta e sábia, os passos que você vai dar para sair de qualquer situação sofrida e difícil.

Veja os sete passos desenvolvidos no livro:

Tudo tem solução.

Retomada da vida.

Reveja seus projetos.

Descubra suas forças superiores.

Desperte suas qualidades pessoais.

Relacione-se. Não seja uma ilha.

Acima de tudo, seja feliz.

Percorrendo apenas esses sete passos, seus caminhos se abrirão. Não seja daqueles que gritam: "Sou infeliz, por isso não acredito em felicidade".

Faça Sua Vida Dar Certo, 2006, obra revisada e atualizada em 2011. (Cinco edições). Tema: Só existe o problema porque existe a solução, mas nem todos têm tempo para estudar, pesquisar e fazer novas experiências. Este livro aborda suas dificuldades existenciais e ajuda você a encontrar o caminho do sucesso e fazer com que sua vida dê certo.

A Chave do Maior Segredo do Mundo, 2007, reescrito em 2013. Seis edições. Lançado também na Europa.

O livro *The Secret,* de Rhonda Byrne e demais participantes, revela o segredo que permaneceu oculto por milênios: o poder existente na criatura humana. Já esta minha obra ensina a usar este segredo. Dá a chave para tornar o segredo fácil de ser utilizado na vida de cada dia. Não basta saber o segredo. É preciso saber usá-lo.

Lá pelas tantas, cito o início do evangelho de João:

"No princípio era a Palavra
E a palavra estava com Deus,
E a Palavra era Deus.
Esta estava com Deus, no princípio.
Por ela foram feitas todas as coisas,
E nada do que foi feito
Foi feito sem ela.
Nela estava a vida,
E a vida era a Luz dos homens,
E a Luz brilha nas trevas,
Mas as trevas não a compreenderam". (Jo, 1, 1-5).

Já me reportei a este texto.

No princípio era a Palavra. Primeiro a Palavra, depois a criação. Deus e sua Palavra – unidade intrínseca, perfeita, inseparável.

Deus é o poder criador máximo, total, absoluto.

Sua Palavra é a forma pela qual exerce a ação criadora. Da Palavra nasceu o mundo, a vida, o ser humano.

"E a Palavra estava com Deus".

A palavra é o exercício do poder e o poder é Deus. Em Deus, o poder e a palavra.

"E a Palavra era Deus".

Deus e sua manifestação são unívocos, de tal forma que a Palavra pode ser considerada sinônimo de Deus.

Palavra-Deus, Deus-palavra.

"Esta estava com Deus no princípio".

Nunca houve separação ou distanciamento entre Deus e sua palavra.

Tanto que, desde o começo, foi assim:

"Por ela (a Palavra), foram feitas todas as coisas, e nada do que foi feito, foi feito sem ela".

João insiste que tudo o que existe é resultado da palavra.

"Nela estava a vida".

Aqui João clarifica a verdade de que a Palavra é vida, contém a vida, cria a vida, se faz vida. É a semente da vida.

"E a vida era a Luz dos homens".

A vida é a Luz do ser humano, que se expressa pela Palavra. A Palavra é a vida e a vida é Deus.

O único ser a quem Deus deu o poder da Palavra foi o ser humano, porque feito à sua imagem e semelhança.

A Palavra se manifesta pela mente. Assim, Poder da Mente, poder da palavra, poder do pensamento, poder de Deus no ser humano, expressam a mesma coisa.

Se formos buscar a sabedoria de estudiosos, espiritualistas, profetas, pensadores de todos os tempos, descobriremos que a palavra é a maneira como se clarifica o poder.

- Por que, então, nem sempre se consegue que a palavra produza resultados reais?

- Por falta de fé. A fé é a fusão entre a palavra e o seu significado. Se existir esta univocidade, o resultado jamais falhará. Este é o segredo.

Você Consegue*, *2012, três edições. Chamo a atenção para este livro. Considero uma das melhores obras que já escrevi, até porque contém 34 anos de estudos, experiências, conhecimentos e vivências. Não há porque desanimar. Você consegue. Saiba superar facilmente as barreiras, os não-consigo, e situar-se entre os vencedores. Se eu pudesse dar-lhe um conselho, seria esse: Leia este livro.

Tudo Tem Solução*, *2013, duas edições.

É uma publicação bem recente. Lançado na Feira do Livro, de Porto Alegre, com três horas de autógrafos. Foi tema de palestras em 2014.

Diz na contracapa:

"Sempre existe um caminho, sempre há uma ponte, sempre encontrará uma receita milagrosa, sempre haverá uma prece atendida, sempre lhe será colocada uma escada. Basta abrir os olhos e ter a mente alerta. Tudo tem solução. Também o seu caso. Com certeza. Pode duvidar, mas leia esse livro, resultado de longa trajetória de conhecimentos e experiências".

Felicidade. É tema que aprecio muito por ser essencial à vida humana. Escrevi várias obras sobre o assunto: *A Vida é Uma festa (1991); As Regras da Felicidade (1992); Otimismo e Feli-*

cidade (1994); Abrace a Vida - Você Merece Ser Feliz (2002); Porque as Pessoas felizes São Felizes (2003). Esta obra desfaz a crença de que felicidade é utopia.

Tenho convicção de que a felicidade é a essência da vida humana, já que somos originários da Suprema Felicidade, nascemos felizes para sermos felizes.

No livro ***Porque as Pessoas Felizes São Felizes***, *(*4 edições), faço esta chamada na primeira página:

"Sem felicidade não há saúde, nem autorrealização, nem sucesso, nem estabilidade emocional, nem religião, nem progresso, nem riqueza, nem casamento estável".

E o livro demonstra essa verdade. Então, fica claro que felicidade não é diletantismo nem opção individual. Quem não é feliz está fora de si, está desviado do seu eixo original.

No baralho *Os Mestres da Felicidade*, coloco essas cinco frases:

"Felicidade é sentir-se bem consigo mesmo, com a humanidade, com o universo e com Deus".

Mais esta:

"A felicidade faz o mundo exterior à sua imagem e semelhança, mas o mundo exterior não faz a felicidade".

Também esta:

"A felicidade expressa a harmonia do ser humano em si mesmo – corpo, mente, coração, espírito – e na sua relação íntima com a humanidade, o universo e Deus".

Ainda, a seguinte:

"Somos originários da Suprema Felicidade, portanto nascemos intrinsecamente felizes. A felicidade faz parte do nosso DNA. Nossa essência contém o genoma da felicidade".

Por fim:

"Felicidade é estado mental. Como só você pode penetrar os domínios da sua mente, só você pode fazer você feliz".

Essas cinco afirmações dão fim a duas grandes dificuldades.

Primeira dificuldade resolvida: finalmente é definida a felicidade. Até hoje não vi nenhum livro de psicologia, religião, teologia, ou filosofia, definir a felicidade.

Segunda dificuldade sanada: acaba com o equívoco de situar a felicidade onde ela não está. O mundo exterior – onde normalmente as pessoas colocam a felicidade – não pode oferecer nada além de poucos dias ou horas prazerosas. Mas, felicidade, a própria, é estado de ser. Não é, como muitos pensam, incontrolável, feita de momentos, de situações esporádicas. É essência humana. Está no nosso DNA. Ainda que mal comparando, seria como seus sapatos: onde quer que você vá ou esteja, a felicidade vai junto.

As pessoas me perguntam, assombradas, se eu sou feliz.

Respondo:

- Não só sou feliz como acho fácil e simples ser feliz.

Posso dizer que ser feliz é a melhor oração, porque é todo o ser na sua plenitude que se manifesta a Deus. Completo: o paradigma da santidade é a felicidade. É só ler meus livros sobre a felicidade e o caminho estará aberto para essa maravilhosa realidade humana.

Sucesso. Dediquei também escritos para os que desejam sucesso na vida e em seus empreendimentos.

Já falei sobre o livro "*Você Tem o Poder de Alcançar Riquezas*".

Cito aqui também: *Explodа a Crise Faça Sucesso* (1996, 13 edições).

Na orelha, consta: "*Este livro ensina você a concretizar seus desejos, projetos, metas, apontando-lhe, com clareza, as qualidades, passos, atitudes, segredos e regras do sucesso..."*

Outra obra: *Faça da Crise o seu Sucesso*, 4 edições. Lançado em 2013, é uma das obras mais recentes e mais atualizadas.

A orelha assinala o seguinte:

"Neste momento em que se fala muito em crise, quando o desânimo e o pânico agridem os sonhos de progresso e felicidade, o autor ajuda as pessoas a fazerem da própria crise a arrancada mais forte e vigorosa para o sucesso. Aqui, o leitor encontra tudo que é necessário para ter lugar exitoso no mercado, sair da falência, superar deficiências do negócio, iluminar o coração em face de conflitos amorosos, vencer a solidão, superar o medo e realizar grandes sonhos".

Diz a contracapa: "Sucesso não é sorte, é o destino de todo ser humano. Mas, como tudo na vida, o segredo é saber o caminho".

Saúde. Cura. Sobre a saúde, lancei, em 1998: *Cure-se, Você é seu Próprio Remédio*. Revisado em 2011. 15 edições.

Nesta obra, explico que a vida do corpo não é o corpo, mas a mente. Até porque, se for retirada a mente, ou alma, do corpo – é o que acontece na morte – não adiantarão mais remédios, injeções, cirurgias, qualquer tipo de tratamento. Falta a vida. O corpo entra em decomposição fatalmente. Se fossem os médicos e os remédios que curassem, por certo ninguém morreria.

A mente está em todas as células do corpo, portanto, a doença entra pela mente, assim como a cura se manifesta através da mente. Mens sana in córpore sano - mente sadia, corpo sadio. Diz um velho ditado que "o médico trata da ferida, mas quem cura é Deus", ou seja, é o Poder curador interno.

Tomar remédios e fazer tratamento sem acreditar na cura prejudica a ação dos remédios. Exemplo: se você come uma raposa pensando que é um coelho, o subconsciente aceitará como carne de coelho e o corpo reagirá de acordo. Não acredita?

Em última análise, toda cura é, na verdade, autocura.

Se eu tomo remédios? Se vou a médico? Claro, pois o médico e os remédios me ajudam a curar-me. A curar-me.

Cure-se, você é seu próprio remédio esclarece bem a questão e estimula as pessoas a envidar suas energias mentais e físicas na direção da saúde.

Depressão. Editei também uma obra dedicada à cura da depressão, um dos males que mais afligem a humanidade de nossos dias. Já que o deprimido não gosta de ler e sente profunda apatia, escrevi o livro em forma de uma história gostosa que conta como duas pessoas mergulhadas na pior depressão foram conduzidas a um velho castelo onde vivia um monge idoso, muito sábio, que conhecia a cura através dos arcanos da bíblia. Muito surpreendente, interessante, agradável e proveitoso o livro. Lançado em 2010, com este título: *"O Velho Monge do Castelo – A cura da depressão pela bíblia"*.

É bom anotar que os livros sobre felicidade também são remédios de cura. Como diz a sabedoria: Contrária contráriis curantur, ou seja, o contrário cura o contrário. E felicidade é o contrário de depressão.

Viver sem estresse. 2008. Com CD e cartão que marca o nível de estresse. Três edições. Preocupado com um mal que grassa cada vez mais no mundo de hoje, em que as pessoas aceleram a vida, atiçam ambições, buscam sucesso e dinheiro a qualquer custo, mesmo incorrendo em estresse e doenças - resolvi escrever um livro com todas as condições de ajudar qualquer pessoa a libertar-se deste mal, que é a porta de todas as enfermidades. Ou quase todas, se quiser.

Diz a contracapa:

"Este livro é uma obra-prima de bem-viver, escrito em estilo agradável, contagiante e bem-humorado, dedicado a todas as pessoas que querem desfrutar a vida e não apenas passar por este planeta".

O livro é três em um: além do livro, a pessoa recebe junto um cartão medidor de estresse. Trata-se de uma película sensível, criação do Dr Alfred Barrios, PhD em Psicologia, EUA, pela qual você verá se está, no momento, estressado ou tensionado ou normal ou relaxado. Quando alguém está estressado, suas mãos estarão frias e o cartão registrará a cor preta. A solução está no relax, que a pessoa pode fazê-lo através do CD que acompanha o livro. Por isso, três em um. No CD, foram gravadas algumas mentalizações breves, de dois ou três minutos, que podem ser usadas a qualquer momento, e uma mentalização mais longa, de cerca de trinta minutos, para a pessoa relaxar calmamente e entrar em estado de saúde física, mental e emocional".

Amor. Casamento. Família. Publiquei: *Ame - ou você morrerá no próximo domingo.* (1997, atualizado, 10 edições). Morrerá no próximo domingo é simbólico, pois o domingo é um dia em que as atividades e compromissos cessam, ficando a pessoa sozinha consigo mesma, eis então que a solidão parece destruir a alegria de viver.

Veja o que diz a página de frente do livro:

"Mesmo que você esteja mergulhado na solidão, afundado em mágoas e desilusões, o amor existe.

Mesmo que sua tristeza seja mais gelada que o polo norte, o amor existe.

Mesmo que tenha sido abandonado, ludibriado, escorraçado, o amor existe.

Onde está?

Dentro de você.

O caminho do amor é para dentro.

E, a partir do interior, expande-se, alcançando as dimensões do corpo, impregnando o próximo, permeando o universo, chegando a Deus.

Amar é tudo, é essência, é a única saída. É o caminho"

Outra obra sobre o Amor: *Guia para atrair o amor.* Com CD incluído. 2014.

Diz na abertura:

"Amar é a suprema invenção do Criador. Não podia oferecer presente mais prazeroso ao ser humano do que o sentimento de afeto, que funde dois seres num só corpo, num só coração, numa só mente e num só espírito".

Na página seguinte:

"A sorte no amor surge quando o caminho está aberto. Sorte é quando você se prepara para que aconteça. É isso que lhe oferece essa mensagem".

O CD conduz à dimensão da Sabedoria e do Poder. Siga a inspiração. E sinta o amor no seu coração. Amor atrai amor. Assim, Deus e o universo, que são amor por excelência e vibram nessa mesma energia – conspirarão a seu favor.

Coleção pensamento positivo. O

segredo da vida humana é o pensamento. Pensar é ação existencial. A vida corre nos trilhos dos pensamentos. Pensar é ser e ter. Poucos sabem disso e os que sabem não levam a sério. Ou melhor: poucos levam a sério.

Lancei dois livros que poderão ser extremamente úteis para que a pessoa use o pensamento na direção do próprio sucesso e felicidade.

Pode Quem Pensa Que Pode. 1989. (49 edições). O título já avisa que o desconhecimento sobre o poder do pensamento leva muita gente ao fracasso e à frustração. Quem não conhece o poder do pensamento fica, muitas vezes, enredado nas suas desgraças e sente-se afetado pelo desânimo. Esta obra ensina a usar o pensamento de forma positiva e firme na direção dos desejos da vida.

Sem Pensamento Positivo Não há Solução. 1996. revisado e atualizado em 2012, 16 edições.

Consta na orelha:

"Existem coisas muito simples, mas definitivas, na vida de uma pessoa que, por incrível que pareça, passam despercebidas. Poucos sabem que nós somos o que pensamos. Tudo que acontece na sua vida é resultado dos seus pensamentos. No entanto, a maior parte das pessoas recebe e cria pensamentos, sem se dar conta de que são eles que dominam a vida. Este livro ensina os segredos do pensamento positivo".

Jesus Cristo. Sobre Jesus, dediquei vários livros. Sou empolgado por Jesus.

O primeiro foi este: ***Os Poderes de Jesus Cristo.***

1983. Reescrito com nova ortografia em 2010.

Na contracapa da edição de 2010, está registrado:

"Depois de 27 anos de publicação, 43 edições, grande sucesso de leitores, entendi dar a esse livro novos contornos e ampliar a dimensão da grandeza desse personagem que passou pelo nosso planeta há dois mil anos, semeando amor, curando enfermos, ensinando o caminho, a verdade e a vida.

Este livro é Jesus visto pela geração do terceiro milênio.

Relata a trajetória fantástica do Ser de maior sabedoria e poder que já pisou este mundo.

Chegou a hora da compreensão da mais incrível revelação do Mestre: Todos fomos feitos para a felicidade e temos o dom de alcançar o que desejarmos, usando o poder que ele usava.

Sinceramente, penso que é o livro mais adequado para cair nas suas mãos, neste momento da história humana. Beijos no coração. Lauro Trevisan. Maio, 2010".

A História Viva de Jesus. 2005. Posso dizer que o livro sobre Jesus que me deixou mais apaixonado, quando o escrevi, foi *A História Viva de Jesus.* Por um motivo muito especial: Em maio de 2005, quando estive em Fátima, Portugal, fui à igreja agradecer os 25 anos de caminhada pelo mundo. Ao sair da igreja, na primeira loja que entrei vi de imediato um Jesus com um livro na mão e tive a impressão de que ele me dizia: "Quer me agradecer? Escreve minha história". Ao retornar a Santa Maria, encantonei-me na Casa da Península, pesquisei, meditei, estudei, e então lancei este livro: "*A História Viva de Jesus*". História viva porque o leitor percorre a vida de Jesus acompanhando-o passo a passo, como testemunha ocular.

E poderá conhecer os hábitos e costumes, moedas, comidas, personagens do tempo do Cristo. Gosto deste livro, gosto mesmo, embora seja um dos menos procurados de minha coleção.

Jesus Psicanalista de Resultado. (Duas edições). Depois de fazer o curso de psicanálise, em Santa Maria, estudei o método de cura de Jesus e entendi que podia ajudar a psicanálise a diminuir o tempo de tratamento, até porque hoje a vida é acelerada e ninguém aprecia longos períodos de visita ao psicanalista. Além do mais, um tratamento mais curto ajudaria no fator financeiro do consulente. Então, escrevi a tese que se tornou livro com este título: *Jesus Psicanalista de Resultado.* 2006. Na Europa, foi lançado com o título: *Jesus - Grande Psicanalista.* Achei interessante terem colocado um semblante na capa em que metade era rosto de Jesus e outra metade era rosto de Freud.

Na contracapa, está assinalado:

"Quando a Psicanálise e a Psicologia tropeçam na alma, no tempo e no percurso, Jesus, o maior sábio, ensina a obter resultados a curto prazo".

Quem deseja seguir a psicanálise segundo Jesus, deve ler este livro.

Poder da Fé. Também me detive a estudar profundamente a mais fantástica revelação do Cristo: o poder da fé. E escrevi três obras: *A Fé que Remove Montanhas (15 edições) - A Fé Pode Tudo, mito ou verdade? - O Poder da Fé. (Ambas 2 edições).*

Este tema sempre me assombrou. Foi a revelação do Nazareno mais revolucionária, mais explosiva, mais incrível, mais inimaginável e mais contestada. Pior do que tudo: mais desabonada.

Avisou ele que existe um poder, chamado fé, que tudo alcança. Ora, a ser verdade, aí estava a redenção da humanidade. Seria o fim das desgraças, da miséria, dos sofrimentos, da violência e das frustrações. Foi tão impressionante o que revelou ele que ainda hoje teólogos, filósofos e ascetas continuam fazendo de conta que ele não falou nada disso. Passam ao largo. Eu não consegui ficar insensível ao ler os vários trechos em que ele disse, tornou a dizer, e insistiu nessa verdade. E essas três obras estão aí provando que o Mestre tinha razão.

Romances. Em 1988, lancei meu primeiro romance: *Só o Amor é Infinito*. Segundo os leitores, é muito emocionante. Está na 15ª edição. No momento, está sendo atualizado para a nova ortografia. Posteriormente, lancei o segundo romance: *"O Expresso Balnesul - A um Passo da Eternidade"*. Em 2015, escrevi mais um romance: *"Um Violino na Noite"*. Lançado em 2016.

Infantis. Entre os infantis, destaco o livro *No Reino da Pata Leca,* em versos, com muitas ilustrações coloridas, lançado em 1982, 10ª edição.

Também acho interessantes os demais: *Uma História de Amor; As Crianças que fizeram o Tempo Voltar; O Príncipe que queria Casar.*

Talvez se possa colocar nesta coleção meu recente livro colorido e agradável: *Eu e o Meu cachorro,* (2014), que conta a história do meu cachorrinho Help.

Lancei, ainda, em 2014, o livro *"O Passarinho e o Padre"*, uma história muito gostosa, bem aceita por todos os públicos, inclusive o infantil.

Humorismo. No terreno do humorismo, publiquei *A Enciclopédia Maluca, 17 edições,* e, posteriormente, *Rir é o Melhor Remédio, 7 edições.*. Muitas piadas, muitas histórias engraçadas. Aqui também caberiam as várias comédias e contos que publiquei. Gosto de escrever humorismo.

Houve vários eruditos que estranharam ter eu escrito livros de humorismo. Acostumados a me verem falar de assuntos grandiloquentes e profundos, de repente estou publicando humorismo! Mal sabem eles a importância de rir, para a saúde, para a vida social e para o fortalecimento do sistema imunológico. Por sinal, um dos meus propósitos diários é rir o mais que puder. Sorriso puxa sorriso e essa semeadura gera simpatia e empatia. Às vezes, eu digo que o riso é uma das mais belas orações. Riso significa acolhimento, braços estendidos, energia positiva, bem-querer. Uma das mais fascinantes linguagens universais. Nunca dei importância aos mestres que proclamavam: "Muito riso, pouco siso". Contesto afirmando: "Muito riso, muita sabedoria".

Certa vez, escrevi um conto sobre um homem de vida severa, introvertida, rígida e duramente ascética, que, ao morrer, São Pedro olhou a sua ficha e mandou de volta à Terra para cumprir as 3.750 risadas que ficara devendo.

Poesias. Sempre fui metido a poeta, aquele tipo que adora fazer poesias com rima e silabação correta. Entendo que a rima é a música da poesia e a métrica corresponde aos compassos musicais. Em tempos de antanho, até fazia trovas improvisadas. Escrevi inúmeras trovas para amigos, em seu dia de aniversário.

Lancei o livro *O Poder da Inspiração*, em 1996, 30 edições.

Em 2007: *Poesias de Lauro Trevisan para uma Vida Melhor,* essas mais caprichadas e mais significativas.

Meditações. *Sabedoria de Cada Dia – Meditações diárias.* Foi lançado em 1990, hoje na 30ª edição. Contém 180 meditações positivas de cerca de um minuto cada. Importante para o dia a dia.

Explica inicialmente o título:

"Sabedoria. Mais do que o acervo de tudo que se aprendeu na vida, a sabedoria consiste em alcançar a essência superior, imanente no ser humano, imagem e semelhança divina, onde o conhecimento existe como um todo, independentemente de tempo e espaço.

A verdade universal e absoluta já está em você, nas recônditas profundezas, protegida, na sua limpidez e integridade, pelo distanciamento da mente consciente.

"Conhecereis a verdade e a verdade vos libertará – ensinava, com sabedoria inexcedível, o grande Mestre".(p9)

"Meditação - é o estado mental em que você consegue atingir o nível alfa.

O ritmo cerebral baixa a uma média de catorze ciclos por segundo e você vai descendo às profundezas da sabedoria, do poder e das forças interiores.

Poderá alcançar esta inefável interiorização que o põe em comunhão com o universo e com Deus através do relaxamento, da calma profunda, da paz de espírito, da concentração, da contemplação, da meditação e da oração.

A meditação é via direta de ligação ao Poder Infinito e à Sabedoria Infinita, ou, por outras palavras, é a via direta para a ligação com Deus.

Meditar é chegar à Luz. Ao Pai. À Fonte".

O Poder Interior. Este é feito de quarenta meditações positivas. Nas dez primeiras, o leitor percorre o corpo; nas outras dez, faz meditações derivadas da mente; depois, dez sobre o coração afetivo; e as últimas dez formam um todo para uma vida maravilhosa. (Lançamento em 1982, reescrito em 2008, 70 edições).

Contos. Parábolas. Histórias.

Muita gente gosta de ler e aprender e se divertir através de histórias e contos. Jesus foi exímio contador de histórias. Inúmeras parábolas contou ele para ilustrar seus ensinamentos.

Escrevi estas obras:

"Historietas do Baú do Meu coração; O Homem Só; Contos de Natal; Viagem a Dois Planetas; Uma história de Amor (Infantil); As Crianças que Fizeram o Tempo Voltar (Infantil); O Príncipe que Queria Casar (Infantil); O Velho Monge do Castelo - a cura da depressão pela Bíblia; Eu e o meu cachorro; O Passarinho e o Padre.

Igreja, Papas, Profecias. Não posso deixar de dar ênfase à minha obra de título: *O Último Papa,* lançada em 2012. Em 2014, o livro recebeu o prêmio máximo em literatura de ficção, *Primo Premio Assoluto,* no concurso promovido pela Academia Il Convivio, de Messina, Itália.

O livro é uma ficção e conta a história da eleição de um papa, até então cardeal desconhecido da Galileia, Terra de Jesus. Na capa, há esta chamada: "Sonhos, angústias, intrigas, atentados, luz no fim do túnel".

Este papa galileu, de nome Pedro Segundo, subiu ao trono do Vaticano visualizando ansiosamente uma nova Igreja, mais atual, mais aberta, mais atenta aos avanços da Ciência, mais liberta, sem os tabus e tradições que emperravam a mensagem de Jesus no mundo. Seus primeiros passos foram acolhidos com entusiasmo pela cristandade, mas os fundamentalistas e ferrenhos tradicionais da Cúria e de outros setores da Igreja desfecharam forte e feroz oposição, inclusive chegando a ponto de tramar contra a vida desse Pontífice. Entendiam que a barca de Pedro estava soçobrando. Pedro Segundo dedicou-se a revisar todos os pontos que entravavam a modernidade da Igreja e abriu as portas para o diálogo com todos os credos, promovendo congressos de aproximação. Vítima de atentados, chegou a ponto de abandonar o Vaticano na calada da noite, mas um emocionante encontro com Jesus, durante a fuga, o fez retornar ao seu lugar, com ânimo maior.

Poucos meses depois do lançamento deste livro, ocorreu a renúncia do Papa Bento XVI, fato que deixou perplexos os católicos e até mesmo o mundo inteiro. Há seiscentos anos não acontecia renúncia de papa. E os motivos não eram nada benfazejos.

Disse o vaticanólogo Giancarlo Nardi: "Posso afiançar que a renúncia do Papa não é problema de saúde, não é problema de marca-passo, não é problema de nada. É uma luta interna que ocorre na Igreja".

Tempos antes, novos documentos secretos tornaram-se públicos com o livro *Sua Santidade – As Cartas Secretas de Bento 16*, do jornalista Gianluigi Nuzzi, relatando complôs e intrigas no Vaticano. As queixas de Bento XVI continham termos como "divisões internas, sujeiras nos bastidores da Igreja, hipocrisia religiosa, vaidades e oportunismos".

Eleito o novo Papa, Cardeal Jorge Mario Bergoglio, da Argentina, este deu-se o nome de Francisco, homenagem a São Francisco de Assis, que seria seu modelo de simplicidade, de bondade e de renovação da Igreja. Desde logo, Francisco renunciou aos apartamentos papais e foi morar na *Casa Santa Marta,* sem maiores regalias, mas privando dos demais hóspedes Cardeais e Bispos. Para ele, o amor é a essência da Igreja de Jesus e não as Leis e decretos e bulas. Publicou *A Alegria do Evangelho.*

O acolhimento singelo e o contato direto com o povo, além de um novo modo de mostrar a Igreja ao mundo, mais a permissão de serem colocados em discussão vários tabus, como o celibato, segundas núpcias, comunhão, anticoncepcionais, já lhe estão valendo críticas menos veladas.

Nessas alturas, vários leitores começaram a pensar que o livro *O Último Papa* tem ares de profecia, tanto pelo que aconteceu quanto pelo que se presume que os bons ventos trarão à Igreja e aos cristãos.

Diz a orelha do livro:

"Nada fascina mais do que perscrutar o futuro. Desde as mais remotas eras, sempre houve oráculos, profetas, videntes, muitos deles famosos até nossos dias, como Nostradamus e São Malaquias, este um santo que teria vislumbrado os papas que se sucederiam desde Celestino II, eleito em 1130, até o último.

Essa é uma das mais estranhas obras de Lauro Trevisan. Pense, junto com os personagens, os caminhos, as angústias e as mudanças discutidas no âmago da Igreja de Galileu, o último Papa".

A contracapa contém a foto de São Malaquias, o profeta, e o seguinte texto:

"A intenção é escancarar conceitos e preconceitos para o debate de questões que apaixonam os que pensam a Igreja do século 21.

O cenário, os ritos e a geografia física, sobre os quais assenta a história, são verdadeiros; argumento e personagens são fictícios; e o final é um absurdo provocado pela imaginação para chegar próximo da profecia de São Malaquias sobre o último Papa".

Hoje se pode dizer que se trata de uma antevisão do que vem ocorrendo nesses últimos anos e estará acontecendo na Igreja de Francisco.

Quem deseja identificar os principais temas polêmicos da Igreja, terá, nessa obra, os questionamentos de ambos os lados, tanto dos inovadores quanto dos conservadores.

Coleção livro-cd. Continuando a mencionar minhas obras, refiro-me aqui a quatro livros da Coleção CD:

Dê fim aos conflitos da vida.

Diz a primeira página: "*Você está recebendo, através deste livro-Cd, uma mensagem dupla, de grande e poderoso efeito, porque verá e ouvirá a palavra que há de acabar com seus conflitos e colocá-lo finalmente naquele estágio existencial que tanto anseia...*"

Os segredos da terceira idade. Com CD.

Traz na capa: "*Nas outras idades o prazer é tudo. Na sua idade tudo é prazer*".

A primeira frase da primeira página: "*Agora sim você descobrirá os segredos que fazem da terceira idade a melhor idade*".

A página seguinte começa assim: "*A partir dos sessenta anos, você começa a idade mais linda da vida. Inaugura o sonho da plenitude, da ventura e da maturidade*".

O CD, com meu texto e voz, se oferece como um amigo para abrir sua mente às belezas da vida e lhe mostrar as maravilhas inima-

gináveis da sua idade. É um coração falando ao seu coração, naquela intimidade de quem deseja o melhor para você".

Manual para ganhar dinheiro. Com CD.

Traz na capa: *"Dinheiro é cheque de Deus para que você adquira e usufrua as coisas boas da vida". Todos querem ganhar dinheiro, pois ele é essencial à vida, mas poucos sabem como fazê-lo. Esse manual ensina o caminho.*

O CD, que acompanha o livro, vai gravar na sua mente consciente e subconsciente a energia mental poderosa que o conduz à abundância financeira".

Guia para Atrair o Amor. Com CD. 2014.

Esta obra faz parte desta coleção, mas foi apresentada na temática sobre *Amor, Casamento, Família.* Muita gente é tímida, não tem coragem de chegar até a pessoa desejada. Outros são espertos, mas não sabem como abordar. O *Guia para atrair o Amor* pode resolver ou ajudar a resolver essa dificuldade.

Coleção PEQUENAS MENSAGENS, seis livretos, duas cores.

Em poucas palavras, você tem uma síntese clara e perfeita dos conteúdos desses livretos.

O Poder da FÉ. Eis o segredo que mudará a sua vida. Disse Jesus que a fé move montanhas, cura enfermidades, produz milagres, tudo alcança e torna possível o impossível. Use essa prerrogativa e vença os obstáculos.

A Oração que tem Poder. Entenda, neste livreto, que Deus é o Poder. Você, como filho de Deus, dele recebe o Poder. O poder é usado principalmente pela oração. A oração verdadeira tudo pode. Mas, qual é a oração verdadeira? Veja nesta obra.

O Poder contra o mal. Ao ler este livreto e colocá-lo em prática, as forças do mal se desfarão como pó.

Vire a mesa, faça a sua vida. Se não está de bem com a vida, este livreto ajudará você a virar a mesa cheia de insatisfações e partir para a realização dos seus sonhos.

Feliz Aniversário. Esta é uma mensagem para ser oferecida a alguém de aniversário. Faz apologia da vida e estimula a pessoa a iniciar um belo ano existencial e ser feliz.

VESTIBULAR, Saiba como passar. É um guia precioso que ensina os segredos para passar nos testes, seja de vestibular ou de qualquer outra entrevista profissional.

Não é quem sabe mais que passa. Conheça aqui o segredo do sucesso quando tiver que ser sabatinado para ingressar em alguma atividade ou empresa.

Juventude e Adolescência. Tenho me interessado muito pelos jovens. Embora meus livros sobre o Poder da Mente sejam escritos em estilo leve, direto, jornalístico, para todas as idades, mesmo assim escrevi o *Poder do Jovem e Eu Adolescente,* na linguagem deles para eles.

O Poder do Jovem.

Lançado em 1971, 73 edições, revisado e ampliado em 2010.

Veja a orelha: *"Depois de 29 anos de sucesso, alcançando 73 edições, o autor entendeu que devia reescrever e atualizar o livro, para estar à altura da juventude de hoje. Esta obra é o resultado desse trabalho, tão importante para a juventude. O jovem atual, envolto num emaranha-*

do de liberdades, liberalidades, conceitos, preconceitos, procura resposta para suas questões existenciais e, acima de tudo, quer acreditar que tem todas as condições e chances de se dar bem na vida e ter sucesso".

Na contracapa, consta:

"Abordando os sonhos, as realidades, os temores e os caminhos do sucesso, esta obra abre as portas da autorrealização. Não é preciso repetir as mesmas frustrações que os outros já cometeram. Você, jovem, que busca lugar ao sol, que quer ter vez no mundo de hoje, que anseia realizar-se no amor, na felicidade, nos estudos e na profissão, encontrará aqui as balizas simples e claras para chegar lá com sucesso".

Eu Adolescente. 2001, 5 edições.

Não se trata de um livro escrito por um adulto sobre adolescentes e adolescência, mas, sim, de adolescente falando para adultos, como adolescente.

Eu Adolescente diz de suas angústias e temores, fala de seus conflitos de relacionamento com pais e adultos, observa seus desagrados a respeito da religião, focaliza suas dúvidas sobre o futuro e reflete sobre suas próprias tristezas.

Como diz a orelha:

"Aqui, o adolescente refletindo sobre sua idade. Ótimo para qualquer adolescente encontrar-se consigo mesmo e muito bom para o adulto saber o que o adolescente pensa de si mesmo e dos adultos. O conhecimento é o caminho do bom entendimento".

O livro começa assim:

"Olá!

Eu sou um adolescente. como você.

Sonhador , como você.

Desligado, como você.

Inquieto, como você.

Instável, como você.

Fanático, como você.

Apressado para descobrir o mundo, como você.

Sentindo a fogosidade do sexo, como você.

Com vontade de conhecer a vida fora de casa, como você.

Doido por fofoquinhas, como você.

Tomado de certos medos, como você.

Valente, como você.

Tímido, como você.

Ansioso por um bilhetinho atrevido, cheio de promessas e desenhinhos de beijos, como você.

Com temor de gravidez, como você.

Assustado com a aids, como você.

Rebelde, como você.

Querendo ser eu mesmo, como você".

Como se faz um Craque de Futebol. 2007.

Está admirado de eu ter escrito um livro ensinando futebol? Desde criança, joguei futebol nas ruas, terrenos baldios e potreiros. Como seminarista, sempre fiz parte do time principal. Mais: Criei um time de futebol no seminário maior, no tempo da Filosofia e, como padre, fui campeão de futebol de salão no campeonato da cidade de Santa Maria, pelo Atlético Clube, inclusive tendo feito o gol da vitória. E, ainda, joguei, embora por pouco tempo, num time profissional de futebol de Santa Maria, o Riograndense F.C.

Também: organizei um time de futebol amador, de nome Lepal, e fundei um time de futebol de salão, o Rainha, nome que lhe foi dado por causa da revista Rainha que, na época, eu dirigia.

De mais a mais, sempre assisto, pela tevê, a todas as partidas do Grêmio, as copas do mundo, sintonizo os comentários e verifico as apreciações sobre os jogos, no jornal, tv e rádio. Inclusive, em 20 novembro 2003, proferi palestra de motivação para os jogadores do Grêmio, que passava por perigo de cair na Série B. Dos últimos quinze pontos precisava fazer doze. E conseguiu. Muitas vezes fui assistir jogos no Estádio Olímpico e, posteriormente, na Arena do Grêmio.

Pois bem, resolvi colocar toda essa bagagem de experiências num livro, para ajudar, ensinar e motivar os jovens jogadores e os que desejam fazer sucesso no futebol.

Diz na orelha:

"Todo jogador sonha com o sucesso, o aplauso, a fama, os milhões. Para tanto, é preciso ser craque. Aqui está o caminho. Se um pode, você pode.

No início, cito Goethe:

"Agarra-te a este momento. O que puderes fazer ou sonhar que podes fazer, começa a fazê-lo. A coragem traz em si a genialidade, o poder da magia. Empenha-te somente e a mente se aquecerá. Começa e o trabalho será completado"

Na outra página, lê-se:

"Não se preocupe com o ponto de partida. Todos os grandes e famosos começaram como você. Assim, simplesmente. Sem mistério. Comendo sanduíche na hora do almoço. Pegando ônibus na vila. Para o pontapé inicial nada será exigido a não ser a vontade de ser craque. A decisão definitiva de ser craque é sempre gerada pelo entusiasmo soprando fogo no coração".

Já que estou falando em futebol, apresso-me a dizer que nos tempos atuais nada ganhará um time composto de "medalhões" que querem a bola nos seus pés dourados, e nada ganhará um time que compensa a falta de qualidade pela correria sem fim. Os grandes vencedores são os que juntam técnica e aceleração. Técnica e intensidade permanente até o apito final. Técnica e intensidade. Qualidade e velocidade. Rapidez mental para leitura do jogo e para os passes. Qualidade de conjunto. Fora disso não há salvação, meus caros técnicos e jogadores que visam sucesso e vitórias. Esse modelo de jogo que fica enrolando bola na defesa, voltando passes para trás, já é obsoleto. Futebol se faz buscando o gol, única razão de ser dos jogadores. Futebol moderno é vertical. Futebol moderno é dez atrás, dez no meio e dez na frente. Todos em tudo. E dar o sangue, afinal não se trata de trabalho de oito horas, mas apenas de 90 minutos. E que o jogador lembre que lhe espera uma recompensa salarial de dar inveja a qualquer executivo do mundo. Eu corria três horas jogando futebol, no meu tempo de colégio. Treinador que não conseguir o máximo de seus jogadores não é líder e não tem competência. No livro, há capítulo para treinadores e para dirigentes.

****

Outros livros foram escritos, mas fico por aqui. E outros serão escritos, se Deus quiser e São Pedro tiver boa vontade de não me chamar assim no mais.

****

DVDs

Os Quinze Poderes que Mudam Sua Vida.

Tudo tem solução.

A chave do maior segredo do mundo.

Maratona da felicidade.

Dê a volta por cima – e seja feliz!

Faça sua vida dar certo.

Saúde, doença e cura – pelas forças interiores.

CDs

Tudo tem solução.

Se você pode sonhar, pode realizar.

Relax com programação positiva – mensagem para o amanhecer.

Seja calmo e viverá melhor.

Programa de cura por meio de Jesus.

Jovem de sucesso.

Criança Sadia – Jesus e a criança.

Em busca do Amor da sua vida – mensagens de amor.

Casal feliz – mentalização a dois.

Liberte-se do nervosismo e das preocupações.

Relax para gestante – conversando com o nenezinho.

Ame e viva – Perdoe e seja feliz.

Liberte-se da Insônia – descanso no lago azul.

Para deixar de fumar/emagreça pela mente.

Vença seus medos/seja seguro de si.

A cura pela mente/mentalização da saúde total.

O poder da riqueza.

Acabe com o estresse/livre-se da angústia.

A cura da depressão/a vida é uma festa.

Realize seus sonhos/você pode.
Conhece-te a ti mesmo/você é comunhão universal.
Poesias para uma vida melhor.
As mais belas mensagens do mundo.
Regressão de idade para a libertação total.
Um brinde à vida/abrace a vida.
Maratona da felicidade.
Proteção divina ao viajar.
Dê a volta por cima – vença e seja feliz.
O seu pensamento faz a sua vida.
Melhore a sua imagem.
A chave do maior segredo do mundo.
Saúde, doença e cura pelas forças interiores.
Faça sua vida dar certo.

2017
Estarei eu certo ou errado?

Neste momento, cumpre-me fazer uma pergunta única e indispensável:

- Diante de tudo que escrevi, sou uma pessoa certa ou errada?

A indagação é válida, principalmente para mim, neste momento. Sou agora a minha própria inquisição e me obrigo a responder a esta questão fundamental. Cabe aqui argumentar-me e buscar comprovação até que a verdade brilhe como sol diante de mim.

Descobri que a chave de ouro para discernir o certo e o errado foi apresentada pelo Mestre:

"Pelos frutos se conhece a árvore".

Esta revelação do Nazareno é tão simples quanto sábia. Sim, pelos frutos se conhece a árvore. O certo não é resultado da autoridade, nem do muito palavreado, nem da muita reza, nem da tradição, nem da charge, muito menos da inveja - é pelos frutos.

Pelos frutos – disse Jesus.

Se o que eu estiver falando ou fazendo é coisa boa, faz bem, melhora a vida, torna feliz, respeita os seres humanos, produz bons frutos - o meu dizer e fazer está certo.

Schiller, (1759-1805), filósofo, foi um dos grandes homens de letras da Alemanha do século XVIII.

Alertava ele:

"A opinião da maioria não é prova de que a causa é justa".

Diante de tantas histórias ocorridas ao longo da minha caminhada, nem por isso me considero magoado ou ofendido pelos críticos. Não sou ninguém para julgar ninguém. Apenas estou contando fatos que fazem parte da minha trajetória. Tudo que me aconteceu é porque tinha que me acontecer. E, como ser inteligente, cumpre-me tirar lições, aprender algo, e seguir em frente.

- Mas, então - dirá você - por que está falando sobre esses assuntos?

- Porque se trata de uma autobiografia. Não estou jogando pedra em ninguém, até porque uma verdade, ou uma forma de agir, poderia estar sendo adotada como evidente em determinado período do tempo e já não ter fundamento décadas ou séculos depois. Não combato ninguém, não julgo ninguém, apenas conto minha versão dos fatos que ocorreram comigo. Nunca saí a discursar contra quem quer que seja. Nunca falei mal de padres ou bispos ou Cardeais ou Papa em minhas prédicas. Quero ser fiel àquele meu compromisso, que já lhe relatei:

"Só vou pregar o Bem e mostrar a visão e o lado positivo e benfazejo de tudo".

Mas, devo respeitar o leitor que comprou minha biografia e não pode ser enganado. Ainda que contando a verdade, estou fazendo o maior empenho para não ferir susceptibilidades. No entanto, a vida é uma escola e todos os episódios são lições de belo aprendizado.

O fato de haver pessoas, jornalistas, padres, sociólogos, psicólogos, carismáticos, que não concordam com o Poder da Mente, ou comigo, é muito normal. Cada um fala e escreve tendo por base a sua verdade. O que não dignifica é a ofensa, o insulto e a mentira. Estes são indícios de baixeza moral e ignorância.

Procuro me espelhar em Jesus. Ele - o Mestre, o bom, o justo, o guia, o misericordioso, o compassivo, o sonhador de um mundo de amor, o curador dos males - acabou condenado à morte pelo suplício da cruz. Quem o condenou? Nada menos do que as autoridades políticas, religiosas e culturais da época. E, acossados e insuflados por eles, o povo.

Existe alguém com bagagem cultural capaz de contradizer Jesus? Eu? Você? Seu pároco? Seu Pastor? Seu Professor da Faculdade? Seu jornalista preferido? Seu guru?

Todos falam do que conhecem até hoje, mas Ele falou do que Conhece desde sempre até sempre.

"Passarão o céu e a terra, mas minhas palavras não passarão"

– proclamou.

Ele não disse apenas a verdade de dois mil anos, nem a verdade conquistada até hoje; falou a Verdade de todos os tempos até o fim dos séculos. A existência de um poder ilimitado no ser humano foi, a meu ver, a mais fantástica revelação do Nazareno. Não só fantástica como incrível, tida e havida como impossível pelos grupos mais cultos do planeta. Já entrei nesse assunto anteriormente. Chega.

Então, se você não aceita, nem por isso deixará de ser pessoa de respeito e ponderada. A diferença, porém, está no fato de você só falar do que viu, ouviu e aprendeu até hoje, nada podendo dizer do que a humanidade saberá daqui a mil anos. Jesus é o todo sabendo tudo. Por isso, tem ideias avançadas. Muitos pregadores não conseguem atinar com a dimensão da palavra do Cristo, daí que se perdem em sermões que não resistem ao tempo e ferem os tímpanos dos ouvintes.

Eu compreendo porque muitos me chamaram de charlatão, ou de herege, ou excomungado, ou sei mais do quê. Não lhes passava pela cabeça que o ser humano tivesse o poder da fé que move montanhas e tudo alcança. No rol dos incrédulos somam-se teólogos, autoridades eclesiásticas, psicólogos e líderes de várias denominações cristãs.

Pensando pela cabeça deles, é compreensível esse modo de julgar. Acreditar num poder ilimitado e transcendental no ser humano seria como dar uma cambalhota total nas crenças tradicionais. Tive Superiores que me acharam uma espécie de ovelha tresmalhada por causa dessa tese e, inclusive, avisaram os bispos que eu era um pensador independente e que não admitiam minhas ideias. Mas, graças a Deus, nunca fui condenado ou descartado do rebanho. E jamais sairei do rebanho, porque aquele que recebeu uma missão não deve fugir da tempestade. O Filósofo grego Epicuro, (441-270ac), me ensinou: "Os grandes navegadores devem sua reputação aos temporais e tempestades".

Se acreditar na existência de poder era difícil por parte de alguns círculos, para o povo era muito natural, porque se acostumou a crer no milagre. Houve jornalistas, na década de oitenta, que se divertiam no afã de me ridicularizar, como se eu estivesse pregando coisas do arco da velha. Cheguei a rejeitar entrevistas a jornais das cidades por onde passava, porque o repórter, do alto da sua autossabedoria, interpretava minhas palavras como bem entendia e registrava o que eu nunca tinha pensado e nem dito. Mas, sempre aceitava entrevistas de rádio e televisão, porque eram do tipo "dá cá, toma lá". Podiam dizer o que quisessem, mas aí estava eu para repor a minha verdade.

Ao longo do tempo, algumas ciências vieram ao encontro dessa descoberta. São várias as vertentes que, por uma forma ou outra, confirmam o Poder da Mente: a Física Quântica, hoje em alta compreensão, a Psiconeurolinguística, O Poder Mental Transformacional, do Dr Lair Ribeiro, O Movimento Perfeito, da psicóloga Rosalia Schwark, a Seicho-no-ie, os métodos coaching, a PNT, Psiconeurotransformacional, da Dra Tânia Zambon. Atualmente está fazendo muito sucesso e ajudando milhares de pessoas o Instituto Tânia Zambon, esta considerada a Coach Número Um do Brasil. O início de sua virada existencial, há anos, quando passava por situações de pobreza e dificuldades na vida, foi a leitura do meu livro *O Poder Infinito da Sua Mente.* Tânia tem sabedoria e carisma, além de ser maravilhosa pessoalmente. O *Instituto Joseph Murphy.* do dr Erhard F. Freitag, de Munique, que conheci pessoalmente, é especializado em Poder da Mente. Assim poderia mencionar tantos Institutos, Centros e Movimentos cujo tema é Poder da Mente.

A Igreja, de um modo geral, tem certa ojeriza a ideias novas. Proclama que a sua verdade nasceu há dois mil anos e deve permanecer intocável. Qualquer carisma, qualquer ideal diferente, qualquer dom excepcional em suas fileiras, causa frisson e, de imediato, o sistema imunológico eclesiástico entra em ação para separar, depurar e extirpar a planta pela raiz.

Por outro lado, a Instituição clama por sangue novo, quer aggiornamento, busca analisar as causas de certos marasmos, anseia por encher novamente as igrejas e reencontrar-se com os católicos que migraram para outras denominações cristãs.

Tenho observado que é muito difícil meter o bisturi na própria ferida, dói muito. Pior ainda quando os analistas concluem que está tudo bem na Igreja e tudo errado no povo que debanda à procura de novidades. Não é bem assim. Apontar ferida nos outros é mais compensador. Mas, não cura as próprias.

Até onde tenho acompanhado, os cristãos que buscam outras respostas são vituperados, pois estariam abandonando o catecismo. Seriam pessoas incultas que vão aonde sopra o vento, à procura de solução fácil para seus problemas e doenças. Esses cristãos, por sua vez, pensam que a Igreja só traz moralismos ultrapassados, pregações da Idade Média, não transmite alegria de viver, não fala do poder infinito da fé, deixa de lado a palavra de cura, torna a consciência pesada, faz da religião um fardo a ser carregado com os problemas da vida, inverte valores, faz de Jesus um contestador das coisas boas e dos prazeres normais da vida. Muitos reclamam que saem do templo mais culpados do que quando entraram. Outros alegam que as orações e pregações não respondem aos anseios da vida de hoje, muitas vezes sobrecarregada por conflitos matrimoniais, depressão, estresse, insegurança, medos, preocupações materiais e falta de perspectivas de felicidade.

Nas rádios e televisões abundam pregadores evangélicos. É preciso pensar duas vezes antes de criticá-los. Quantos crentes foram retirados da marginalidade, das ruas, da violência, das drogas! Bem-aventurados os que fazem o Bem!

De minha parte, procuro estar a cavalo da verdade. Busco-a sempre como paradigma das minhas ideias e crenças. Essa atitude me traz muita paz de espírito. Do lado que estiver a verdade, para lá me bandeio. Não tenho nenhuma dificuldade de corrigir minha rota se descobrir caminho melhor. Muitos acham que ser diferente é ser errado. Se não houvesse o diferente, o mundo estaria velho demais.

Não tenho medo de errar, tenho medo de permanecer no erro. Só não erra quem nunca faz nada, quem jamais acrescenta algo.

Pascal, (1623-1662), foi um matemático francês e filósofo. Disse ele que "O homem está sempre disposto a negar tudo aquilo que não compreende".

Michel de Montaigne, (1533-1592), pensador e ensaísta francês, bateu na mesma tecla: "É uma presunção perigosa e fútil, além de uma absurda temeridade, ter desprezo pelo que nós não compreendemos".

Os relatos que faço não tem nenhum sentido de atingir ou rebater quem quer que seja. São episódios interessantes, que, entendo eu, devem fazer parte de uma biografia. Será que não estou sendo repetitivo?

A multiplicidade de pensamentos e crenças merecem meu respeito. Tenho convicção de que o ser humano é essencialmente bom, mas tem seu estágio evolutivo. Não se pode exigir que todos possuam a mesma compreensão da vida, os mesmos conhecimentos, e consigam vislumbrar a mesma dimensão da verdade e da ciência.

Mas, por outro lado, existe uma Sabedoria Infinita no âmago da criatura humana que projeta luz sobre o Bem a ser seguido e a felicidade a ser vivenciada.

Jesus e a Igreja

Há duas palavras consideradas inseparáveis no cristianismo ao longo dos séculos: Jesus e Igreja. Consideradas, mas não é bem assim. Jesus é Jesus e a Igreja nada mais é que mensageira de Jesus e só tem sentido enquanto se identificar com a palavra do Cristo. Ele, apenas Ele, é o Caminho, a Verdade e a Vida. Significa que a Igreja jamais poderá desatrelar-se de Jesus.

Jesus é pessoa. Igreja é instituição.

Jesus é pessoa física, encarnou-se, viveu em nosso planeta, pregou uma linda e salvadora mensagem, curou enfermos, reanimou os decaídos, fez misericórdia, ergueu o ideal humano até o Infinito. Amar a Jesus é fácil. Segui-lo é fácil.

Igreja é instituição, palavra abstrata, impalpável. Impossível beijar a Instituição. Impossível abraçar a Igreja. Impossível a Igreja abraçar você, sorrir para você, beijar você, dizer "eu te amo". Eis a dificuldade de amar a Igreja. Pregar o amor à Igreja não exerce tanto fascínio quanto pregar Jesus. Entusiasmar o candidato ao sacerdócio a dedicar-se à Igreja é menos atraente do que entusiasmá-lo a ser discípulo de Jesus, essa pessoa extraordinária, herói irresistível, mensageiro do amor, da fraternidade, coração compassivo, bondade personificada, Palavra que ilumina os destinos humanos.

Às vezes, tenho a impressão de que a Igreja é muito ciosa de si mesma, com isso esquecendo, de certa forma, que deve tudo a Jesus Cristo e só existe enquanto for pregoeira de Jesus Cristo.

Quando a Igreja olha demais para si, corre o risco de pensar-se como Instituição e exceder-se em burocracias religiosas, funcionalismos eclesiásticos, legislações excessivas, mandamentos complicados. Pode surgir então a tentação de pretender ser a mestra de todas as ciências, quando, na verdade, deve ser, acima de tudo, a mestra do amor, da paz, da felicidade e do pensamento de Jesus.

Por outro lado, a Igreja envolvida no manto do Cristo é o aconchego dos cristãos, a Luz que ilumina o coração de tantos santos e santas, a alegria de viver de multidões que buscam no templo a força para as dificuldades da vida. Cada vez que olho para dentro da Igreja e contemplo essa multidão imensa de pessoas idealistas, humanitárias, espiritualizadas e generosas, que deixam tudo para se dedicar aos necessitados, aos doentes, aos idosos, às crianças, aos jovens, aos abandonados nas ruas, aos extraviados pelos descaminhos, aos que vivem isolados no submundo das matas, eu sinto meu coração dobrar-se de emoção. Não existem, no universo religioso, colégios, asilos, creches, orfanatos, albergues, casas de assistência, hospitais, que não estejam impregnados de pessoas iluminadas de amor e espírito solidário.

Jesus e seus opositores

Certo dia, me perguntei por que certas pessoas cultas do tempo de Jesus o menosprezaram e o acusaram de endemoniado, demente, herege, traidor, subversivo e enganador. Os opositores mais acirrados eram exatamente pessoas de alto nível cultural, social, religioso e político: doutores da lei, sumos sacerdotes, fariseus, saduceus, membros do sinédrio e reis.

A primeira razão, a meu ver, é que Jesus falava para todos os tempos e eles pensavam apenas o seu tempo. As verdades não se conciliavam. As ideias de Jesus eram distantes das ideias da elite judaica. A mensagem do Mestre avançava pelos milênios futuros e seus ouvintes e analistas a comparavam com o minúsculo universo deles. O lago não divisava a dimensão do oceano. Ora, se Jesus não pensava o pensamento do seu tempo, não era de admirar a existência de conflitos e preocupações por parte das autoridades.

Sempre que possível, apareciam fariseus e doutores da lei a perquirir Jesus e tentar fazê-lo incidir flagrantemente em erros e contradições.

Diziam que o Cristo era enganador e ele demonstrava a veracidade dos seus ensinamentos, inclusive argumentando pela bíblia, que era o livro-padrão da verdade na época.

Diziam que explorava o povo e ele continuava a pregar, a abençoar e a curar a gente humilde, assim como a gente rica e bem conceituada, sem cobrar nada.

Diziam que estava mancomunado com Lúcifer e ele falava do Pai Celestial.

Diziam que era contra Roma, ou seja, contra o Poder Central, e ele respondia com clareza: "Dai a César o que é de César e a Deus o que é de Deus".

Diziam que era subversivo, no entanto ele pregava amor, solidariedade, paz, compaixão e misericórdia.

Mas, então, por que essa perseguição?

Simplesmente porque o pensamento de Jesus sobre Javé, a lei e os profetas, não era exatamente como as autoridades entendiam. Para Jesus, o amor era a síntese da lei e os profetas, mas os fariseus eram rigorosos cumpridores da Lei judaica, assim como dos costumes e tradições. De mais a mais, os sumos sacerdotes não aceitavam nada que desestabilizasse o status quo, ou seja, o sistema implantado. Naquele tempo, como ainda hoje, tudo que não fecha com o pensar vigente, é perigoso, ou herético, ou charlatanismo ou traição.

Sim, também diziam que ele era traidor, mas traidor de que e de quem?

E a decepção por não encontrarem crime no Nazareno, somada à raiva por não conseguirem uma acusação de fundamento, levou os seus contrários a planejarem a sua morte.

A situação se deteriorou a tal ponto que agora só importava destruir o Cristo. Reuniu-se o sinédrio. Os pontífices e os fariseus diziam: "Que faremos? Pois que esse homem faz tantos prodígios? Se o deixarmos nesse andar, acabarão todos por ter fé nele; e então virão os romanos e nos tirarão a nossa terra e a gente".(Jo11,45-53).

Caifaz, Sumo Pontífice daquele ano, depois de ouvir o sinédrio, que era o senado deles, exclamou: "Vós não sabeis nada nem considerais que é melhor para vós morrer um homem pelo povo do que perecer a nação toda". (Jo 11,45-53).

Percebeu você o argumento fatal? Acabem com esse homem

para não nos incomodar mais e para que não venhamos a perder as terras que possuímos.

Como podem pessoas consideradas cultas, de bem, com altos cargos e responsabilidades, agir com tamanha insensatez?

Caifaz não buscou a verdade, mas a conveniência. Isso é muito perigoso, porque essa atitude pode liquidar definitivamente com mensagens e missões de urgente necessidade para o mundo.

Viver exclusivamente do passado é perder o bonde da História. O mundo corre, a tecnologia abre caminhos, a ciência desvenda mistérios, os anseios humanos ganham novos contornos, as chagas da humanidade são diferentes, novas exigências pedem nova visão.

Muito bem, mas onde se situa a fronteira entre a verdade com outra roupagem e os modismos? Como distinguir entre o ouro e o ouropel? Por via das dúvidas, uma das filosofias adotadas é segurar o patrimônio cultural e espiritual existente, pois este está consagrado e confirmado ao longo dos milênios. Então, agudiza-se a crise entre o novo e o velho, o modelo tradicional e a novidade abrindo espaços e adeptos. A Igreja se sente responsável pela mensagem fidedigna de Jesus, tecendo cuidados extremos para que não seja ferida a pureza da doutrina consolidada ao longo de dois milênios. Nem o papa, nem os cardeais, nem os bispos, nem os sacerdotes e nem os cristãos acordados, querem ser omissos e culpados de alguma rasura na verdade histórica do Mestre e da Sagrada Escritura.

Quem terá coragem de mexer numa Instituição milenar? Este é o nó górdio da questão. Se surgir um Profeta, tudo indica que será inicialmente condenado, pois todo profeta aponta para frente. O Profeta tem a sensibilidade de ver o que os outros não veem. Hasteia a bandeira e avança com seus seguidores. A Igreja prefere ir devagar com o andor. Dá-se melhor com o método da precaução e dos passos a serem dados sem riscos. Mas, o método sem riscos também cria riscos. Aí estão os casos Galileu Galilei, Lutero, Vicente Pallotti, José Kentenich, Tomás de Aquino, Francisco de Assis, Joana D´Árc e tantos outros.

O Nazareno foi até mais além: quando os discípulos foram pedir-lhe que desautorizasse um homem, que não era do seu grupo, mas pregava a sua mensagem e em seu nome fazia curas, respondeu ele:

- Deixai-o fazer o bem. Quem não é contra vós é por vós. (Mc,9,40).

Que sabedoria!

Este conceito lembrou-me as vezes em que fui convidado a dar palestras para outras denominações religiosas. Por exemplo, falei sobre *O Poder Curador da Fé*, em Abadiania, a convite do médium João de Deus. Discorri sobre a trilogia *Amor, Paz e Fé*, num centro de Umbanda, de Portugal; preguei sobre o Poder da Fé no templo da Igreja Católica Vétera de Portugal, a convite de Dom Antonio José da Costa Raposo, e participei de vários eventos ecumênicos. Há um provérbio sábio que diz: "Faça o bem sem olhar a quem".

Dizia o Nazareno: "Se a vossa justiça não for maior que a dos fariseus, não entrareis no reino dos céus".

Política

Houve época em que fazia questão de manter-me alheio à política. Eles na deles, eu na minha. Mas, não precisou muita reflexão para perceber que, quer queira ou não, necessariamente tenho que navegar nas águas da política, que é o caminho pelo qual se dá a condução do país e a vida dos cidadãos. E eu sou cidadão. Ou penso política ou sou levado pela política.

Não me basta entregar dinheiro aos governantes através dos impostos, tenho o dever de saber escolher as pessoas idôneas, dignas e competentes, que vão gerir o meu dinheiro e o de todos os habitantes desta pátria. Se eu não fizer a minha parte, serei omisso e responsabilizado pelo que ocorre na vida da nação. Devo saber o que se faz na educação, no transporte, na saúde, no campo social, na assistência filantrópica aos necessitados, na Justiça, na política, nas relações com outros povos, no comércio exterior e interior, na valorização dos que produzem, na distribuição de renda, na estratégia de pleno emprego, na formação de profissionais, na garantia das liberdades, na segurança do povo. Todas essas questões são improrrogáveis, vitais. Mas, de todas as urgências, entendo que a mais imprescindível é o pleno emprego. O desemprego de quem precisa sustentar a vida, me assusta. Tire o emprego de um pai de família e quem levará comida, roupa, remédio, produtos de higiene para casa? Só de pensar nessa desgraça de ver alguém chegar em casa e ter que dizer “perdi o emprego, acabou o dinheiro, não sei como vamos fazer”, sinto calafrios.

Sou sócio do governo e preciso estar a par do que é feito com as finanças e a economia. Melhor dito, sou patrão do governo, pois democracia é governo do povo. Devo estar atento à escolha de pessoas que fiscalizem as ações governamentais para deter a corrupção e as falcatruas. A mim e a cada cidadão cabe o compromisso de verificar o melhor aproveitamento das verbas.

Compete-me exigir transparência nos empreendimentos do Governo. Tudo que faz ou promete o Governo, através do Presidente e seus ministros, deve constar na internet para o conhecimento do povo. Inclusive a contabilidade de arrecadação e gastos.

Pois bem, essas considerações me despertaram para ficar atento e dar minha contribuição de cidadão.

Regimes. Nas minhas meditações, percebi três regimes: democrático, pseudodemocrático e ditatorial.

Democracia. A democracia é chamada: Governo do povo, pelo povo e para o povo. Mas, na verdade, não é o povo que governa, são os eleitos pelo povo que vão governar e, não raro, a portas fechadas, daí podendo resultar drástica dicotomia entre os eleitores e os governantes dos seus votos. A vantagem da democracia é que o regime de liberdade pode permitir troca de representantes de tanto em tanto. Um dos valores da democracia está na alternância de poder. Esta é muito salutar. Muito mesmo. Mal-aventurado é o governante que faz de tudo para se perpetuar no poder. É o pior inimigo da democracia e do povo.

Pseudodemocracia. Quando ocorre a pseudodemocracia, a desgraça está feita, o país retrocede e o povo amarga contingências severas.

Pseudodemocracia é a que faz de conta que segue as regras democráticas, mas usa métodos eleitoreiros, confunde, mente, inventa, se socorre da demagogia desbragada, oferece propinas ao povo, sob qualquer pretexto, para induzi-lo a votar na sua chapa e no seu nome, a fim de manter-se indefinidamente no poder.

A pseudodemocracia frauda a contagem dos votos. A pseudodemocracia tenta desmoralizar e congelar a oposição.

A pseudodemocracia avança sorrateiramente contra os veículos de Comunicação, tentando freá-los com restrições, censuras e desestruturação de empresas ligadas à Comunicação. E, por outro lado, sonha em monopolizar a imprensa.

Pseudodemocracia é a ditadura que se autodenomina democrática.

Ditadura. Bem, ditadura está fora de cogitação. A ditadura não olha para o povo, olha para si mesma, busca-se a si mesma, garante-se a si mesma, custe o que custar. Não importam as cabeças que devam rolar. É única e absoluta.

Wiston Churchill dizia: "Tem-se dito que a democracia é a pior forma de governo, salvo todas as demais formas que têm sido experimentadas de tempos em tempos".

Ideologias políticas. No campo das ideologias políticas, questiono as formas de conduzir um país. No pico mais exacerbado das ideologias, situam-se o socialismo-comunista e o capitalismo-selvagem. Entre esses, as variantes menos agudas.

Socialismo-comunista é literalmente estatal. Privilegia o Estado como patrão do povo e justo e único dispensador das benesses. Arroga-se o poder de exigir para si tudo o que o país produz, com a justificativa de que só ele pode distribuir igualitariamente a renda a cada cidadão e cuidar da vida do povo. Neste caso, torna-se detentor da vida dos cidadãos, porque é ele que sabe como cada um deve viver e se conduzir. Já que se considera o único capaz de promover a igualdade, não entrega o poder a ninguém mais, então não aceita oposição e nem fiscalização e muito menos troca de mando. Resumindo, é a ditadura do Estado nas mãos de uma casta. Essa ideia de que no socialismo comunista é o povo que manda não passa de falácia. Balela. O povo cai nas mãos de um grupo que se diz carismático e redentor da vida humana. É o pior sistema, porque domina e não aceita oposição e nem o direito de liberdade. Os poloneses se divertem dizendo que o socialismo é apenas o trecho acidentado de uma estrada que sai do capitalismo e leva ao capitalismo. Todos os que tentaram abandonar o sistema capitalista no mundo se deram mal. Nenhum teve sucesso. A grande virada da China ocorreu quando Deng Xiaoping resolveu adotar o capitalismo econômico no estatismo político.

Socialismo democrático. A partir dessa tese exacerbada do socialismo-comunista, surgem várias correntes socialistas que mantém todas as regras da democracia, mas se dedicam mais especificamente a dar atenção às necessidades do povo. Estes partidos conservam certo equilíbrio político e olham mais de perto para a parte social da nação. Nada têm a ver com comunismo.

Capitalismo. Por outro lado, sempre existiu a corrente capitalista como ideologia e partido político.

Capitalismo se baseia no direito de liberdade para produzir, escolher o trabalho, buscar o lucro e usufruir do resultado, depois de pagar os impostos devidos. Oferece aos cidadãos o direito de ir e vir e escolher.

Capitalismo selvagem. Na sua exacerbação mais desbragada, o capitalismo torna-se selvagem, defendendo a total liberdade econômica das pessoas. Paga os impostos, e fica com restante para seu uso e usufruto, como direito do seu trabalho. Até aqui tudo bem, mas o capitalismo selvagem é brutal e cruel, porque não lhe interessa a situação dos outros. Não se importa de derrubar os concorrentes, fazer cartéis, usar truculência para dominar o mercado. Aqui os fins justificam os meios. O capitalismo selvagem é desumano, seu único deus é o dinheiro. Não se peja de destruir a natureza e emitir danosas poluições ambientais se por trás disso há lucro.

Capitalismo cristão. **No equilíbrio do capitalismo selvagem se situa o** capitalismo cristão. Liberdade com responsabilidade e espírito de solidariedade. Veja mais abaixo.

Comparando ambos

O Comunismo retira do ser humano o prazer do trabalho, porque ao produtor não lhe cabe a recompensa pelos seus sacrifícios. Dizia Churchill: "O Socialismo é a filosofia do fracasso, a crença da ignorância, a pregação da inveja. Seu defeito inerente é a distribuição da miséria". Com certeza, na época desse grande político, socialismo significava comunismo. Se nada é meu e tudo é do governo, por que vou me empenhar, uma vez que tanto ganham os que trabalham quanto os que não trabalham?

O capitalismo selvagem diz: "Tudo que ganho é meu, não tenho nada a ver com os outros". Deixado às soltas, trava-se a luta do maior engolindo o menor.

O comunismo diz: "Tudo é meu e faço de conta que distribuo aos outros, sendo que os primeiros outros se chamam "nomenclatura".

O capitalismo selvagem diz: "Tudo que posso ganhar eu ganho e o resto que se dane".

De que lado me situo?

Capitalismo cristão. Estou do lado do Capitalismo Cristão. Duas palavras inseparáveis. Composto único. Corpo e alma. É o único sistema que pode funcionar bem. Todo o ser humano tem direito à recompensa pelo seu trabalho, pelos seus sacrifícios, pelo seu empenho. Se trabalho, ganho; se não trabalho e posso trabalhar, não tenho direito. Se produzo, fico com a produção, que é fruto do meu trabalho, depois de pagar os impostos. Este é o capitalismo equilibrado. Mas, necessita do termo que lhe dá sentido humano de justiça e solidariedade: Cristão.

O capitalismo cristão reconhece o valor do trabalho e o direito sobre seu resultado, mas, ao mesmo tempo, leva em consideração que todos somos irmãos, que o amor é essência humana, por isso reparte o que for possível com os necessitados, ajuda a encaminhar os pobres, favorece as ações comunitárias, se condói da miséria, e dá sua contribuição para a melhoria dos decaídos. Esse capitalismo que compartilha, não perde a alegria do ganho e, ao mesmo tempo, se sente gratificado pela compaixão.

O capitalismo cristão paga a justa remuneração e faz partilha razoável dos ganhos aos que com ele colaboram. Sabe que deve ajudar aos que não têm condições de trabalhar por doença ou problemas específicos, mas também entende que essa atenção deverá ser dada pelos governos, pois, para esses cuidados ele dá a sua quota, que são os impostos e encargos que paga.

O Capitalismo Cristão se ancora, a meu ver, em cinco colunas básicas: produção, ganho, usufruto, justiça, solidariedade.

Partidos. Em termos de partidos políticos, ouço por toda parte a classificação entre progressistas e conservadores. Os partidos socialistas se arrogam o título de progressistas e à outra corrente atribuem a alcunha de conservadores. Será isso mesmo?

Segundo os socialistas, o Capitalismo é conservador, o Socialismo é progressista. Pela minha análise, ocorre exatamente o contrário. O Capitalismo é progressista, busca aumentar, progredir, evoluir, crescer, criar tecnologias, ampliar seu campo de ação, conquistar o mundo, se possível.

Já o Socialismo quer o dinheiro dos que produzem para repartir entre os necessitados. Visa a igualdade. Para tanto, o Governo recolhe tudo que puder da produção e dos produtores e diz que vai distribuir igualitariamente ao povo. Ele mesmo faz suas regras e as executa a seu bel prazer. Castiga a vaca e distribui o leite. Se for desarvorado, chega até a matar a vaca para dar a carne e o leite ao seu povo apático. É a nivelação por baixo. Na sua essência, nada tem de progressismo. Repartir a pobreza não gera riqueza e, sem riqueza, nada acontece num país, que ficará marcando passo nos piores estágios produtivos. Isso é progressismo? Valha-me Deus!

A pregação socialista visa conservar e distribuir o que existe. Os ricos e produtivos que estendem para frente as fronteiras do progresso ficam fora dessa gleba, e, não raro, são odiados.

Enfim, há progressistas em partidos conservadores e conservadores em partidos progressistas.

Eleições. Quanto às eleições brasileiras, inúmeros cidadãos votam na pessoa, independente de partido. Conhecem o candidato, suas experiências administrativas, a idoneidade, a competência, o descortino, e optam por votar nesse perfil. Mas, uma boa fração da população vota em quem lhe oferece alguma benesse, como casa, bolsa-família, aumento de salário ou de aposentadoria. Esses buscam, em última análise, o interesse próprio, pouco ou nada se importando com temas abrangentes, como saúde, educação, segurança, transporte, produção, inflação, coisas que irão influenciar sobre seu bem-estar.

Meu voto vai para quem é democrata, competente, tem lisura, abomina corrupção, compreende a situação do povo e da produção, visa melhorar a vida dos cidadãos e se empenha em resolver as dificuldades existentes em qualquer área.

Voto em quem é transparente com a coisa pública, faz do Estado um poder moderador contra abusos e excessos de legisladores e exploradores.

Voto no candidato inteligente, genial, idealista, que empurra o país para cima, com sabedoria, fazendo subirem todas as classes sociais, estimulando a melhoria de vida.

Voto em quem reconhece que o emprego, ou melhor, o trabalho, é a base do bem-viver e tudo faz para que haja no país pleno emprego.

Então, procuro conhecer bem aquele em quem votarei. E depois verifico se ele se cercou de gente competente para o cargo ou acomodou seus amigos, apoiadores e correligionários, pelo simples fato de aplicar a ideologia do "toma lá, da cá".

Brasil é democracia? Mas, aqui surge intempestivamente uma questão: O Brasil é uma democracia?

Vamos ver o que acontece. No nosso país, o povo elege os cabeças de governo e estes escolhem todos os mais que com ele governarão. Aqui está o xis da questão: o povo não escolhe os que vão governar. O bando que na verdade vai governar é feito de pessoas estranhas à população eleitora. O eleito, agora dono do poder, chama para si pessoas amigas que recebem os postos de ministros, secretários, diretores, presidentes, assessores, chefes, assistentes. Estes podem ser competentes ou incompetentes, honestos ou corruptos, interessados no povo ou em si mesmos, não raro nada mais são do que amigos do rei. Além de tudo, há cargos distribuídos para acomodar partidos aliados, assim como para recompensar ajudas de campanha.

O povo, marginalizado do outro lado, deve engolir tudo, queira ou não queira. E vai mastigando falcatruas, corrupções e superfaturamentos. Até a próxima eleição.

Isso não é democracia. É engodo. Nessa altura, a palavra povo é riscada do dicionário político, voltando à tona apenas nas próximas eleições. Até lá, os bons patriotas ficam lambendo as feridas, aguentando péssimas administrações e pagando impostos e encargos, cada vez mais pesados e nunca desejados, para sanar os rombos da má governança. Enquanto prevalece essa bagunça, viveremos aos sobressaltos, pois ninguém nos pergunta sobre aumento dos impostos, da energia elétrica, da taxa da água, do combustível, do pedágio, dos pardais, dos juros. E viva a democracia, com a Saúde mais do que doente, a Segurança em declínio, os presídios apodrecendo, os hospitais defasados, a educação com inúmeros gargalos, as estradas quase leitos de rio. Mas, tudo bem, viva a democracia! Santa democracia brasileira! Bem-aventurada democracia! Palmas. Quem quer bacalhau?!

Jean-Jacques Rousseau, (1712-1778), famoso por suas teses políticas e educacionais, avisou que "é aceitável apenas a democracia direta e participativa". E completa: "Assim que as pessoas se permitem ser representadas, perdem a sua liberdade".

Em tese, concordo com ele. Todas as regras, impostos, encargos, onerações, mudanças de rumo, juros, desvalorizações da moeda, deveriam receber a consulta e o aval do povo.

Para evitar intermináveis consultas populares e plebiscitos, faça-se uma Constituição aplaudida e aprovada por votação popular e então esta seja a linha mestra oficial de governança e vivência no país. A partir de então, sempre que houver necessidade ou desejo de mudança, ocorra consulta popular via internet. Hoje o mundo da internet facilita imensamente a participação do povo nas decisões, inovações e rejeições. Além disso, os projetos, licitações e valores destinados às obras principais sejam publicados na internet. Assim, pode-se dizer que existe legítima democracia. Com isto, a imprensa e o povo nos seus variados escalões de cultura podem avaliar os passos administrativos.

Lincoln, numa de suas falas, acentuou: "Reconheço aos cidadãos de um país o direito de se governarem a si mesmos; mas, nego-lhes o direito de governarem os outros sem o apoio da opinião geral".

E as promessas de campanha? – Que coisa mais ridícula as promessas de campanha eleitoral! Cada candidato se esmera em prometer mais que o opositor. Se este promete dez milhões de casas, o outro no dia seguinte prometerá doze milhões. Este vai oferecer um hospital em cada rua, já o outro avisará que vai construir um em cada esquina. E a Segurança será um paraíso, a educação ao nível da mais alta civilização, estradas free way por toda parte, bolsa-família mais recheada, distribuição de renda por parte do governo a todos os pobres, e por aí vão as promessas. Eleito, o candidato sorri da credulidade do povo e diz que é impossível cumprir as promessas, já que a realidade é outra. E aí, como nós ficamos? Nós que escolhemos o candidato pelo que ele prometeu? Somos os maravilhosos otários. Como resolver? Muito simples: obrigar todos os candidatos a executivo a registrarem num livro, ou apostila, suas promessas para serem entregues ao Judiciário que, no caso de não-cumprimento no tempo indicado, seja o governante demitido por improbidade e estelionato eleitoral. Está na hora de acabar com essa farra eleitoral.

Clarividências e futurologia

Sempre me fascinou o mistério, o fenômeno, a paranormalidade, a clarividência, a precognição.

Quando, ao longo desses anos de viagens pelo mundo, me convidavam a conhecer algum vidente, aceitava de imediato, pois colheria subsídios para meus estudos sobre o assunto. Não sou daqueles radicais que bradam: "Não vou, não quero ir e tenho raiva de quem vai".

Se a gente fecha a porta a todos os erros, a verdade também fica do lado de fora.

Até que ponto os videntes chegam a pôr a mão no futuro?

Todos os videntes são sinceros ou há manobras interesseiras por trás dos apregoados dons de conhecimento do futuro?

Como tudo na vida, existem esses dois tipos de clarividentes ou pseudoclarividentes. Tive oportunidade de conhecer os dois modelos.

Mas, antes de tudo, vale a pergunta: É possível conhecer o futuro? Bom, negar essa possibilidade seria ir contra os fatos: Jesus revelou o futuro, os profetas revelaram o futuro, Nostradamus acertou várias profecias sobre o futuro, São Malaquias é considerado o profeta dos Papas, o Santo Pio de Pietrelcina tem várias predições, o Santo Padre João XXIII também visualizou o futuro em alguns momentos, enfim há muitos videntes respeitados.

Eu mesmo cheguei a vários videntes desconhecidos que disseram verdades sobre meu passado e futuro, que se confirmaram.

Mas, os perspicazes logo objetarão: Se é possível conhecer o futuro, então vale dizer que o futuro existe, e, se existe o futuro, há que reconhecer que existe o fatalismo.

Respondo que existe o futuro, mas não existe o fatalismo.

O futuro que existe é o futuro cristalizado: se nada se modificar, é isso que vai acontecer. Como o ser humano tem o poder de modificar e criar pensamentos, e o pensamento faz a vida, não existe fatalismo. Suba ao alto de uma montanha e veja lá embaixo o trem percorrer o vale. Você conhece o futuro daquele trem: sabe que ele vai contornar o vale e chegar à próxima estação. Isso, se nada alterar seu roteiro. Ora, pode cair uma ponte, ou descer uma avalanche da montanha, ou alguém colocar uma bomba nos trilhos, e o trem não chegará àquela estação lá no fim do vale, como estava previsto.

Quantas vezes, o médico prognosticou um mês de vida ao paciente e, graças a algo inusitado, ou por milagre, o ex-paciente está vivo até hoje, esbanjando saúde!

Um indivíduo viciado em crack, por exemplo, sabe do seu futuro no cemitério. Isso se nada se modificar. Hoje mesmo ele pode decidir definitivamente a abandonar o vício, e pronto, mudou o futuro pré-conhecido.

Após meus encontros com videntes e astrólogos, ao chegar em casa sempre procurei escrever tudo que fora dito. Isso me ajudaria a uma análise global que pretendia fazer mais tarde. São passados cerca de trinta anos e, pela primeira vez, meto-me na empreitada de recolher a papelada do fundo da gaveta e fazer um estudo, claro, mais curioso do que pretensioso.

Sinto-me aqui instigado pela vontade de rever o que apontaram de mim indivíduos que se diziam clarividentes, místicos, médiuns, adivinhadores, astrólogos, quiromantes, numerólogos, cartomantes, adivinhos pelos búzios, pela borra do café, pelas cartas, pelo tarô, e outros métodos. Estou tão curioso quanto você para saber o que prognosticaram de mim ao longo desses trinta anos. E corro à pasta onde depositava as futurologias.

Ao percorrer as anotações, deparei-me com uma situação constrangedora: os prognósticos a meu respeito são, em grande parte, de elogios, dons de escritor, promessas de sucessos, caminhos que se abrirão, assim por diante. Falam também de invejosos, setores que buscariam criar obstáculos, coisas assim. Como disse, no início do livro, que não iria lançar uma autobiografia para autoincensação, decidi neste instante não colocar as previsões e revelações feitas sobre mim. Acho que não vêm ao caso. Ponto.

De vez em quando me aparecem pessoas assustadas sobre anúncios de vidente que revelam futuros pessimistas e alguns até exigem pagamento alto para desfazerem tais agouros trágicos. Há videntes que querem que o consulente frequente seu centro para desfazer e descarregar o mal que alguém jogou sobre eles.

Antes de tudo, aviso que tive vários pseudovidentes que queriam se aproveitar de mim inventando tragédias e fracassos para que eu dependesse deles na recuperação da honra e das perdas. Não me conheciam. Não sabiam dos meus estudos e do meu espírito crítico. Não entre nessa onda. Não tenha medo, Deus está com você e você e o Pai que habita seu secreto são a Força todo poderosa contra a qual nada nem ninguém pode.

Vieram-me casos em que o vidente disse que o filho da pessoa tal iria morrer se não fossem feitos trabalhos especiais de proteção e esses trabalhos seriam muito caros para salvar esse ente querido. Quem não se apavora sabendo que o filho está em perigo, provocado por fenômenos misteriosos e pelo poder dos bruxos? Muita gente é crédula e dá dinheiro, mais dinheiro, e mais dinheiro, para salvar o filho. Não entre nessa onda. Ponha Deus no controle.

Volto a insistir: Afaste de si esses pensamentos maléficos, e essas pessoas maléficas, porque ninguém pode mais que Deus.

Uns me dizem que falo sobre o poder inerente nas pessoas e que os malfeitores podem usar esse poder para praticar o mal contra alguém.

Vamos ao que eu ensino:

1. Todos têm poder; ora, se todos têm poder, ninguém tem maior ou menor poder sobre alguém. Todos os seres humanos são iguais em poder e sabedoria. Isto porque somos iguais perante Deus e temos a mesma origem e natureza.

2. O meu poder é ilimitado em relação a mim, o seu poder é ilimitado em relação a você. O poder do vidente é ilimitado em relação a ele e não em relação a você ou a qualquer outra pessoa. O poder de um bruxo esbarra no poder que você tem, porque ninguém tem mais poder sobre você do que você mesmo.

3. Mas, o poder alheio pode atingir alguém quando existir uma brecha e essa brecha se chama medo, sugestionamento, deixar-se influenciar, acreditar no que o outro diz ou faz. Com isso, a pessoa está dando poder ao outro. Mas, em última análise, é a própria pessoa que está atraindo para si, através do seu próprio pensamento e crença, aquilo que o outro está projetando. Tudo no qual você acredita, torna-se sua verdade.

Resumindo, só você tem poder sobre si. Só você e aqueles a quem você der poder. Não dê poder negativo a ninguém. Ligue-se em Deus e reze este trecho do salmo noventa:

"Nenhum mal há de chegar perto de mim,
nenhuma desgraça baterá à minha porta,
pois o Senhor deu uma ordem aos seus anjos

para em todos os caminhos me guardarem".

Neste salmo, Deus diz: *"Ao invocar-me, eu ouvirei e atenderei".*

2017
Meu dia a dia atualmente

Como já foi dito, moro em Santa Maria, cidade onde nasci, situada na região central do Rio Grande do Sul, estado mais meridional do Brasil. Desde 1960, vivo numa comunidade da nossa Instituição Religiosa, chamada Casa Padre Caetano Pagliuca, cujo nome anterior era Patronato Antonio Alves Ramos, hoje com cerca de vinte sacerdotes, uns enfermos, outros aposentados, outros mais em plena atividade, como o meu caso. Nossa casa situa-se no final da Avenida Presidente Vargas, Bairro Patronato. Faz parte de um complexo, com colégio, Faculdades Palotinas, FAPAS, Gráfica, Indústria de Cerâmica e Indústria de Artefatos de Cimento para construção.

Minha rotina começa às seis horas da manhã, ao acordar. Realizo poucos minutos de ginástica, orações, televisão, chimarrão, até às 7,00h, quando me dirijo para o café matinal em confraternização com meus colegas. Nossa mesa comporta seis pessoas. Aí sentam confrades que tomam café silenciosamente e outros que apreciam boa conversa, como eu e os colegas Dorli Signor, Vicente Pilon, Chico e Peca. Abordamos de tudo, desde futebol até os problemas do mundo, política, Igreja, filosofias, teologias e tudo o mais que a mente e a tevê sugerirem. Na refeição, quem quiser, pode servir-se de iogurte natural, soja em pó, levedo de cerveja, chia, aveia e linhaça em pó. E o café é servido com polenta, pão de centeio, mel, queijo, às vezes um ovo esquentado na água, requeijão e, de vez em quando, o mal-aventurado salame. Estas iguarias, acomodadas na mesa, terão que ouvir Platão, Aristóteles, Parmênides, Heráclito de Éfeso, Santo Tomás de Aquino, misturados com jogadores de Grêmio e Internacional e críticas ousadas contra a medíocre atuação de algum treinador em questão. O Vicente, lá pelas tantas, não resiste a pôr suas ideias sobre o evolucionismo; o Dorli defende a filosofia de Aristóteles e seu amigo Aquiles Rubin e eu me atribuo o título de filósofo de mim mesmo. Mas, não adianta, o Dorli insiste que eu sou "platãonista". Se me chamasse de plantonista, vá lá. Piadas, versinhos improvisados, comentários de notícias, críticas ao conservadorismo religioso e por aí caminham assuntos sem fim e sem fundo.

Feito o desjejum, sigo pelo corredor da galeria para tomar o carro, não sem antes dar uma breve paradinha de dois minutos na capela – que é caminho – a fim de pedir a bênção de Jesus e orar pelas pessoas queridas que guardo no coração. Peço sabedoria, discernimento e a capacidade de entender e interpretar a mensagem do Mestre.

Sigo de carro até o centro da cidade, onde tenho minha sede de trabalho no Palácio da Mente, que comporta a Editora, o Teatro Santa Maria e um piso da diretoria. Inicialmente, faço o Ritual com as pessoas que estão comigo. Aliás, há anos realizo o chamado *Ritual* em qualquer lugar que esteja, com as pessoas que estiverem comigo. Já explico sobre o Ritual. Funciona assim: ponho água em tantos copos quantas forem as pessoas que estiverem presentes, adiciono guaraná em pó, que mando vir de Maués, Amazonas, abençoo, energizo mental e espiritualmente, e entrego para cada qual beber. É sabido que a água é o elemento da natureza que mais sofre interferência de energias mentais e espirituais. Haja vista as experiências do cientista japonês Masaru Emoto (1943-2014), autor do livro *A Vida secreta da Água*. Por sinal, a Igreja tem usado a água benta há séculos. Quanto ao guaraná em pó, da Amazônia, trata-se de um energético físico e mental, que é também tônico para o coração e ótimo estomacal. E sem contraindicações. Pois bem, em seguida, cada um retira uma carta do *Baralho da Felicidade*, do *Baralho dos Mestres da Felicidade* e do *Baralho de Jesus Cristo.* O *Baralho da Felicidade* mostra o que vai acontecer de bom durante o dia; o *Baralho dos Mestres da Felicidade* aponta uma mensagem de alto astral para o dia; e o *Baralho de Jesus Cristo* assinala o ensinamento que o Mestre quer transmitir para a pessoa. Cada um lê em voz alta as suas cartas. Assim termina o Ritual. Muitas vezes, debates e comentários surgem durante o carteado e a conversa avança além do esperado.

É importante que, desde o amanhecer, a pessoa assuma o comando do seu dia e o inunde de pensamentos positivos e otimistas. Somos o que pensamos. Colhemos o que semeamos. Deixar a mente vazia é oferecer abrigo a lembranças negativas e a problemas mal administrados.

Realizado o Ritual, ligo o computador, entro na internet, e escrevo a mensagem diária que ofereço carinhosamente a cerca de cinco mil pessoas amigas que me curtem no facebook. Gostaria que você também me acompanhasse no facebook, pois, como disse acima, o mundo bom e positivo que se cria na mente desde o amanhecer é o mundo bom e positivo que acontece no dia e na vida. Mil anos antes de Cristo, o sábio rei Davi já dizia: “Aquilo que o homem pensa com todo fervor, aquilo ele é". E Paulo escreveu aos gálatas: "Aquilo que o homem semear, isto também colherá".

Meu computador é meu amigo inseparável. É o receptáculo dos meus escritos, dos livros que escrevo, dos versos que componho e das mensagens que transmito.

Em seguida, chega minha amiga quase inseparável – a cachorrinha *Luna*, bichón frisé, branquinha como ela só – e avisa que quer estar comigo. Tenho que me ajeitar na ponta do assento e ela então pula e se acomoda atrás de mim, feliz da vida.

Dedico algum tempo da manhã a responder os pedidos de conselhos que me chegam através de e-mails.

Sempre me perguntam por aí se estou escrevendo mais um livro. Minha sede de escrever é inesgotável.

Ao meio-dia, as cachorrinhas começam a latir avisando que é hora do almoço. E ficam no entorno da mesa, como mendigas, esperando que caia alguma migalha. Mas, por condescendência, no final da refeição distribuo minúsculo quinhão de sobra de comida como prêmio à paciência delas.

Ao retornar do almoço, faço três coisas ao mesmo tempo: leio os três jornais do dia, assisto tevê, e cochilo um pouco. Bem, não é nada provável que as três coisas aconteçam ao mesmo tempo. E, ainda, fico dando atenção às três cachorrinhas – a *Luna*, a *Giuli* e a *Belinha*, – que fazem questão de se aconchegar juntinho de mim neste horário. Às vezes, aparece a outra yorkshire de nome *Uende*, que gosta de ficar na Editora.

Prossigo, na etapa da tarde, minha atividade no computador, entremeada de leituras, consultas ao Google, saídas para qualquer compromisso, às vezes alguma entrevista, às vezes meia hora de Academia, raros atendimentos pessoais.

Às 18,30, temos missa concelebrada na capela da nossa comunidade. Nas terças-feiras, cabe a mim ser o celebrante oficial. À hora do evangelho, o oficiante diz umas palavras. Eu gosto do meu dia de celebrar porque reservei essa oportunidade para me aprofundar em leituras, reflexões e pesquisas a cerca das palavras de Jesus relatadas no evangelho do dia. Atualmente estou lendo uma biografia de Jesus pesquisada e escrita apenas do ponto de vista histórico e também a biografia de Maria Madalena, personagem que admiro demais. Após a missa, acontece o jantar na comunidade. Novamente tomamos posse dos nossos lugares na mesa e a conversa gira sobre o dia, fatos, algo especial, notícias, assuntos polêmicos, brincadeiras, coisas da vida. Os momentos à mesa são muito especiais. Jesus também valorizava muito esses momentos, tanto que realizou o primeiro e o último milagre à mesa. Mesa não é lugar de silêncio, nem de meditação, mas de descontração e de alegria compartilhada. Mesa não rima com seriedade.

A partir de então, quando não há qualquer compromisso, dirijo-me ao quarto e fico buscando canais que me ofereçam reportagens, ciência, História, pesquisas, entrevistas de interesse. E quando tem Grêmio em campo, lá fico eu assistindo o time que aprendi a torcer desde pequeno. Torcer por um time de futebol e ter um cachorrinho para entretenimento e convivência são mais interessantes do que se pensa, pois trazem alegria, prazer, momentos desestressantes e, até, para muitos, ajudam a dar um chega pra lá na depressão.

Se há programas de tevê que não me atraem? Sim, jamais assisto a algo tenebroso, escabroso, sanguinário, doloroso e trágico. Não aprecio novelas porque, no meu caso, além de nada me acrescentarem, ficam remoendo sofrimentos, cenas desagradáveis de ciúmes, traições, intrigas, desajustes de personalidade, desentendimentos sem fim. É sabido que toda cena negativa afeta o timo, baixa as energias e enfraquece o sistema imunológico, além de poluir a mente e o coração. Também, já me interessam muito pouco os noticiários, porque estão eivados de assassinatos, acidentes, corrupções, maldades, cenas deprimentes. Sempre penso que, se tivesse uma televisão, os noticiários seriam feitos de acontecimentos maravilhosos, encantadores, extraordinários, desconhecidos, envolventes, incríveis, adoráveis, inusitados, fenomenais; enfim, seria um noticiário para deixar o assistente mais feliz, mais encantado, mais de bem consigo mesmo, com a vida e com a humanidade. Seria alienação? No meu caso não, porque há mais de cinquenta anos o meu ideal é ser feliz e fazer as pessoas felizes.

Depois disso, uma pequena reza e boa-noite, até amanhã.

Nos sábados, ao meio-dia, participo do almoço com meus irmãos e familiares deles no Restaurante *Bella Trento*. É tradição. Desde que faleceram meus pais, para que nossa família não se dispersasse, tomamos a decisão de almoçarmos juntos todos os sábados. Somos ainda nove irmãos vivos. Os que se encontram em Santa Maria aparecem para um convívio agradável. Os familiares dos meus irmãos também são convidados.

Após o almoço, pego as quatro cachorrinhas e subo a serra rumo à Casa da Península, que possuo em Itaara, (11 kms de Santa Maria), à borda de um cânion. Lá permaneço até domingo à tardinha. As cachorrinhas brincam e passeiam comigo. Às vezes, vamos até a cascata. Leio bastante, principalmente nos dias chuvosos e frios, ao aconchego da lareira. É lá que acontecem os Encontros anuais que realizo em fim de semana para levar as pessoas a deixarem o passado no passado e descobrirem e vivenciarem uma vida melhor, mais exitosa e mais feliz.

De vez em quando, os amigos e amigas lá se reúnem para um churrasquinho gostoso ao som de um bom papo, molhado com bom vinho.

Essa é minha rotina atual. Bem diferente do que acontecia ao longo dos trinta anos em que peregrinei por esse mundo afora, viajando quase todas as semanas para levar a mensagem do Poder da Mente às populações. Segundo dizem as somas, tive a alegria de falar para mais de quinhentas mil pessoas. Eu até brincava que vivia mais no avião do que em terra. Como Santa Maria situa-se no fim do Brasil, ou no começo se quiser, o percurso de Santa Maria a Porto Alegre e de Porto Alegre a Santa Maria era feito sempre de madrugada, com chuva, sem chuva, no verão, no inverno, no frio, no calor, às vezes pneu furado em plena solidão da noite, mas ficava sempre a alegria de uma missão benfazeja. Foram anos ativos, corridos, e maravilhosos. Você não acredita, mas havia viagens em que sobrava tempo apenas para duas ou três refeições de verdade na semana. Questão de hábito. Como diz a bíblia: ***"Tudo tem sua ocasião própria e há tempo para todo o propósito debaixo do céu. Há tempo para nascer e tempo para morrer; tempo de plantar e tempo de colher"." (Eclesiastes, 3,1-2)***

Hoje, quem viaja não sou eu, mas meus livros, Cds e DVDs. Claro, às vezes viajo para algum seminário ou palestra, mas não com a intensidade de outros tempos. É lindo poder semear a boa semente no coração da humanidade. É gratificante ver cerca de cinco mil pessoas lerem todos os dias minha mensagem no facebook e pequenas palestras no Youtube .

É assim que levo a festa da vida de todos os dias.

De gústibus et colóribus non disputantur

Nos meus tempos de seminário, ouvia com frequência esta expressão latina: De gústibus et colóribus non disputantur. Significa: Sobre gostos e cores não se discute. Cada um tem suas preferências. Há muitos fatores que influem nas escolhas, fatores que se originam na infância, na educação, na religião, na mentalidade dos pais, nas publicações dos veículos de Comunicação, nas emoções subconscientes. E, ainda, se for levado em conta a misteriosa individualidade, calcule as diferenças de gostos.

Eu respeito os gostos e cores e flores e estilos de cada pessoa. Sou partidário do velho ditado: "Viva e deixe os outros viverem".

Meu assunto aqui é sobre gostos, melhor dito, sobre meus gostos. E repito que "sobre gostos e cores não se discute". Colocarei aqui algo do que gosto e do que não gosto só por curiosidade e não como modelo de vida. Nem como sugestão. Longe de mim tal pretensão.

Gosto de reunir amigos na Casa da Península e gosto mais ainda quando me acrescentam ideias e conhecimentos.

Gosto de aprender tudo sobre tudo, até mesmo como são feitos os saltos dos calçados ou como são fabricados os tijolos, só para exemplificar singelamente.

Gosto de escolher minhas roupas. E gosto de me vestir segundo minha estética pessoal e de acordo com o ambiente e a situação. E, na missa, entendo que o uso de alva e estola me colocam em traje respeitoso e adequado diante do Cristo e da comunidade.

Gosto de músicas com melodia. Que melodia? - perguntará você. Digo-lhe: Melodias que sensibilizam meu coração, tanto me despertando doces emoções e elevados sentimentos, como me movendo à alegria, a vibrações festivas, a ímpetos épicos ou conduzindo-me a estados de serena meditação. Em todos os gêneros musicais há melodias maravilhosas que aprecio.

Gosto de pinturas que me encantam e que fortalecem meu timo – centro das energias – como quadros ensolarados, alegria infantil, expansão de energias jovens, natureza que reflete beleza, harmonia, alegria, arroubos de glórias ao Criador. Não gosto de cenas macabras, trágicas e miseráveis, até porque baixam as defesas imunológicas.

Gosto de praia, de mar, de lagos, rios e cascatas. Sinto a energia boa da natureza nas montanhas, regiões rupestres, picos nevados, cânions e rochas imponentes. Aprecio a beleza deslumbrante das neves e os arrulhos das chuvas invernosas dessa região sul, onde vivo. Não gosto de raios, relâmpagos e trovoadas. Nem as cachorrinhas gostam. Mas brinco dizendo que é São Pedro jogando bolão lá no céu.

Gosto da exuberância da primavera, da leveza ensolarada do verão, das mudanças de clima do outono com os frutos que ele oferece, das investidas chuvosas do inverno com seu convite à lareira e ao sabor de um bom vinho, com pratos quentes.

Gosto de crianças, são o encanto da vida.

Gosto de animais, aves, peixes, todos vivos, soltos, livres, fazendo a festa da vida. No outro dia, colhi uma frase insinuante atribuída ao grande Leonardo Da Vinci: *"Chegará o dia em que os homens conhecerão o íntimo dos animais. A partir desse dia, todo crime contra um animal será considerado crime contra a humanidade"*.

Gosto de receber elogios verdadeiros, sinceros e proporcionais. Será que existe alguém que não goste? O elogio é energia positiva, saudável e estimulante. Receber mensagens dizendo que tal livro fez um bem imenso ou mudou a vida da pessoa, que coisa mais gratificante! Quando o elogio é, nos meus conceitos, exagerado, vejo-o como meta, não como realidade. Sempre que recebo elogios e honrarias me faço autoanálise para me situar nas minhas verdadeiras dimensões. As apologias à minha pessoa são estimulantes e benéficas, e um belo exercício para que eu consiga manter-me nos limites da humildade.

Gosto de ler. E como gosto! Transformo aquelas longas horas de espera nos aeroportos em momento agradável, indo às livrarias para degustar livros e revistas expostos. Como tudo tem solução, uso atualmente uma estratégia para me sentir bem em filas de espera: levo um livro ou revista para ler. Os livros sempre me acompanham, são meus companheiros fiéis.

Gosto de rir. Gosto demais. Ouço episódios pitorescos e alegres com o maior senso de humor. Aliás, já escrevi dois livros de humorismo e várias comédias. Concordo que rir é o melhor remédio. E é bom remédio inclusive para os doentes e deprimidos, pois o riso libera endorfina, hormônio que alivia as dores e produz bem-estar. Divirto-me ao escrever textos de humor. Ontem li esta piada: o sujeito foi de manhã cedo à padaria e pediu pão.

- Só temos no momento pão dormido.

- Então acorde cinco para mim.

Gosto de cachorrinhos. São criaturas mimosas e especiais. Amam incondicionalmente, entretém e divertem a gente, carregam no DNA os dons das criancinhas, e permanecem sempre à disposição para dar e receber carinho.

Gosto de plantar fruteiras, não só para mim, mas também para as aves do céu.

Gosto de usar a criatividade, construindo lagos, grutas, pinguelas, trilhas, cascatas, tudo que possa encantar e dar prazer. Até no salão de entrada da Casa da Península tem uma cascata.

Gosto de decoração, de refeições bem valorizadas com pratos, talheres, taças e travessas de boa apresentação. Não gosto de xícaras sem alça, pratos rachados, travessas faltando pedaços nos cantos, porque deprimem o sentimento de abundância e jogam no subconsciente ideia de carência.

Gosto de orar sozinho, na paz do meu coração, com minhas palavras, dialogando com Deus ou com algum santo da minha devoção. As bênçãos e orações que me solicitam, faço-as apropriadas ao momento e de acordo com as pessoas presentes.

Gosto de pensar Deus e em tudo que a ele conduz. E gosto de entender que todos somos irmãos, por isso iguais diante do Pai Celestial.

Gosto de abacate, bergamota, ameixa, uva, figo roxo. Gosto de sobremesa de laranja azeda, de figo, de ameixa, de abóbora, de batata, sagu, canjica, mousse de chocolate e de maracujá. Gosto de chocolate amargo, quanto mais amargo mais aprecio. Mas, sem exageros.

Gosto de vinho de qualidade e já estou na idade de escolher vinhos Gran Reserva. Vinho, para mim, é coisa de degustar e não de beber, daí que me sinto satisfeito com uma taça pequena na refeição. Aliás, costumo dizer que vinho não é bebida, é remédio. Estive há algum tempo no Spa Kurotel e me chamou a atenção o fato de eles não servirem vinho à mesa, talvez para não atiçar o desejo dos que necessitavam evitar bebidas alcoólicas. Mas, que é saudável, isso é indiscutível, pois contém resveratrol, flavonoides, fenóis, antioxidantes, ajuda a evitar acidentes cardiovasculares e favorece a longevidade. E, para completar, diz a bíblia, livro do Eclesiastes: "*O vinho é vida para o homem, quando o bebe com moderação. Que vida se vive quando falta o vinho? Ele foi criado para a alegria dos homens. Gozo do coração e alegria da alma, eis o que é o vinho, bebido a seu tempo e o necessário*".(31,27-28). A seu tempo e o necessário – sábio conselho, bem ao gosto do bafômetro.

Gosto de viajar de carro, dá-me sensação de liberdade.

Gosto de viajar de avião, mais ainda atualmente, porque as longas distâncias se tornaram menos cansativas graças ao entretenimento da televisão individual. Fiquei sabendo que estão lançando aviões imensos, com mais de 850 lugares, e que, apesar do tamanho, gastam menos combustível e quase eliminam as turbulências. Que venham! Também estou aguardando aviões que façam o percurso Brasil-Europa em menos de cinco horas. Está na hora de a tecnologia melhorar a performance do tempo de voo. Hoje o voo Porto Alegre-Lisboa leva onze horas. Muito tempo. Não gosto de assentos tão estreitos que se tornam constrangedores para os gordos e sacrifício para os vizinhos. É urgente que sejam reservados assentos mais largos para pessoas obesas. Se é que já não existem. Afinal, avião é veículo nobre e não transporte de gado. Certa vez, escrevi um bilhete para o presidente da Companhia em que viajava: "Por gentileza, senhor Presidente desta Companhia Aérea, se já viajou na classe econômica deste avião, me explique onde o senhor colocava os braços".

Gosto de alguns petiscos que conheci no nordeste: aquele pedaço de queijo-coalho que enfiam num espetinho e assam no forno, ou sobre fogo lento, ou brasa, nas feiras e nas praças. Que delícia! Já experimentou? Na Bahia, aprecio o bolinho do estudante e a tapioca.

No Rio Grande do Sul, meu prato típico é churrasco com mandioca. Em Portugal, é o irrecusável bacalhau com batatas ao murro, as castanhas assadas na brasa vendidas na rua, o leitão assado, e adoro choco frito. Este é meu petisco preferido. Também descobri a Pota, que coisa boa! E o vinho português é de tirar o chapéu. Também aprecio feijão com arroz, bolinho de arroz, ovo estrelado, café com leite, pão, polenta, e todos os pratos que colocarem diante de mim.

Gosto de gente que duvida do que escrevo, mas se interessa em pesquisar e aprender.

Gosto de caminhar na praia, com bermuda, camiseta branca e boné do Grêmio.

Gosto do Grêmio, mas respeito e admiro o Internacional e os demais times. Sem fanatismos.

Gosto de filmes positivamente românticos e biográficos.

Gosto de escrever peças teatrais, representar e também dirigir teatro.

Gosto de escolher os tipos gráficos e a paginação dos meus livros, como também de opinar sobre o modelo das capas.

Gosto de orientar as pessoas que me pedem conselho.

Gosto de saber que você se interessou em conhecer os meus gostos.

Por fim, gosto de jogar futebol, quero dizer, gostava. E joguei muito, muito mesmo, e sempre que podia.

Como meus irmãos me consideram

Somos, como foi dito, onze irmãos, filhos de Cezar e Maria Helena Rorato Trevisan. Aqui vai um esclarecimento, se é que já não o fiz: Nestes onze, não é contado o primeiro filho dos meus pais, de nome Arlindo, (1925), porque ninguém o conheceu. Faleceu de meningite antes de completar um ano. Mas, os demais onze foram crescendo juntos e unidos, cada um com seu temperamento diferente, com sua visão própria da vida, com sua forma particular de analisar os demais manos. Ely Ângela é a segunda, olhando de cima para baixo. Por estar quase na ponta do grupo, tinha a incumbência de ajudar a mãe no cuidado dos demais irmãos, principalmente os mais novos.

No ano 2006, foi feito um churrasco por conta dos meus 72 anos de idade. Ely fora incumbida de dizer umas palavras. Preferiu escrever o texto. Havia 85 pessoas presentes.

Para ter ideia do que ela e os irmãos pensam de mim, deixo-lhe as palavras do seu discursinho:

"Querido Pe. Lauro, queridos familiares e amigos!

Vocês se lembram da madrugada de Sábado para Domingo, dia 29 de julho, considerada a noite mais fria desse inverno? Pois foi nessa madrugada fria e insone que rabisquei essa mensagem para esta noite. Pois bem:

Quem é Pe. Lauro Trevisan, o aniversariante dessa noite?

Em primeiro lugar, Lauro Trevisan é um filho muito querido de Deus, colocado neste mundo para fazer o bem, para realizar grandes feitos. Concedeu-lhe o Bom Deus muitos dons, a começar pela sua inteligência privilegiada, sua capacidade empreendedora, seu otimismo sempre à flor da pele, seu coração generoso sempre aberto a animar as pessoas, a dar-lhes esperança de uma vida melhor.

Em segundo lugar, Lauro Trevisan é o filho de Maria Helena e Cezar Trevisan. É o do meio do time dos onze, o que equilibra a balança, que com seu espírito gozador, sempre divertindo e elevando o astral de todos com suas piadas de bom gosto. Desde sua infância, entretinha-

-nos criando espetáculos no pátio de nossa casa. É também o jogador de futebol que não se cansava nunca, que era preciso um corretivo para que largasse a bola. Ele também foi um filho muito dedicado durante a prolongada doença de mamãe.

Em terceiro lugar, Lauro Trevisan é o padre, meio rebelde às tradicionais rotinas do seu sacerdócio, indiferente às críticas e a não compreensão de suas ideias inovadoras, mas um padre para os nossos tempos, aberto à evolução do mundo. É um padre com suas características próprias, mas um grande padre.

Em quarto lugar, Lauro é um irmão muito querido e muito presente. Basta ter um familiar doente, que ele já está lá, ao lado, dando-lhe a sua bênção, força, apoio e esperança. Não esqueçamos também a assistência religiosa que sempre nos dispensava, rezando a missa na casa da mamãe.

Em quinto lugar, Lauro Trevisan é o escritor internacionalmente conhecido e admirado, incentivando a todos com seus livros de autoajuda e suas mensagens de uma grande riqueza. É também um grande palestrante que com seus arroubos de otimismo, nos cursos que ministra, traz alívio aos sofredores e aflitos.

Em sexto lugar, Lauro Trevisan é um gremista da gema, sempre inflamado quando se fala do seu time.

Enfim, Pe. Lauro é o Padre Lauro. Não precisa dizer mais nada, apenas dizer-lhe, do fundo do nosso coração: Muito obrigado por você ter vindo ao nosso meio, como um dos onze".

Ely Trevisan Ravanello, Santa Maria, 14 de agosto de 2006.

1934-2017
Santa Maria, minha terra natal

Como santa-mariense, dei muito de mim a essa terra maravilhosa, situada no Coração do Rio Grande do Sul.

Estudei Teologia, fui ordenado, trabalhei e estabeleci minha sede nessa cidade. Abri a *Livraria da Mente* no calçadão, para incentivar a cultura, e a *Editora da Mente*, na Rua Tuiuti. Inaugurei o *Teatro Santa Maria,* em 1987, no Palácio da Mente, para oferecer um belo espaço para palestras, cursos, apresentações e solenidades.

Em Itaara, na época distrito de Santa Maria, criei o *Parque Oásis,* em 1982, com a finalidade de propiciar um local para as famílias e o público em geral passarem o domingo, se divertir e desestressar. É uma área de rara beleza natural, com cascatas, arroios, lagos, matas, gramados, rochas e cânion. O Parque Oásis tornou-se famoso durante duas décadas. Milhares de pessoas o frequentavam, passeando de Dindinho, percorrendo o entorno do Lago Azul no trem Expresso Balnesul, viajando no Barco DoisMil, sobrevoando no teleférico, brincando, jogando, fazendo churrasco à sombra dos pínus, enfim se divertindo.

No final da década de noventa e inícios do terceiro milênio, realizei ali o *Mundo Encantado do Natal.* Um mês antes da festa natalina, o Parque abria seu portal, à noite, com cenários deslumbrantes, milhares de luzinhas, espetáculos, desfiles alegóricos no *Lago Azul*, enfim um mundo realmente encantado. Atraía multidões de pessoas, que se emocionavam naquelas noites inesquecíveis.

Navegadores

Ao recolher as velas do meu barco, nesse finalzinho da navegação, peço licença a você, meu amável leitor, minha generosa leitora, para deixar o meu carinho especial pelo menos a algumas pessoas maravilhosas que trabalharam e conviveram comigo ao longo desses anos. Lembro, de modo especial, no tempo em que eu dirigia a Editora e Revista Rainha, da dedicação do padre Julio Dalla Vale, nas máquinas da Gráfica, e do padre Clementino Marcuzzo, na divulgação das revistas, ambos já falecidos. Na Gráfica, também é impossível esquecer o saudoso Atílio Pozzatti, que amanhecia na impressora quando se fazia necessário, sempre com uma boa vontade incrível. Grande pessoa foi o Emídio Milanez, tanto me ajudando na Editora quanto na Livraria da Mente. E surge o brilho da Maria Odete Fleig. Ainda conto com a competência e o trabalho inesgotável de longos anos comigo na Revista Rainha, na Editora, na Livraria da Mente, no Parque Oásis e principalmente me acompanhando por décadas nas viagens pelo Brasil e exterior, com o valioso cargo administrativo das Jornadas que eu realizava e ainda realizo. Maria Odete é um rochedo ou, se quiserem, um anjo na minha caminhada. Como gerente geral de tudo, é mulher de fibra e imensa dedicação. Mesmo no período em que se desenvolvia sua filha Aline, continuou participando, às vezes levando a filhinha junto. A Aline é filha da Maria Odete com o carioca José Ribamar Alencar Mello. Então, fica esclarecido que não é minha filha, como fofoqueiam as más línguas. É minha afilhada, que gosto muito, minha grande amiga e incentivadora, hoje vivendo em Paris. E o Valtencir Moraes, que há mais de trinta anos está comigo como um bravo "faz-tudo"? A esse grande cara só tenho que erguer os braços aos céus agradecendo. Mas, que dizer da Lionara Avilla, que começou na Editora e agora segue ao meu lado me ajudando na parte literária das minhas obras e também como responsável pelos atendimentos de secretária! Cito também meu amigo, colaborador e artista André Carré, que merece um espaço no melhor recanto do meu coração. Quase ia esquecendo o nosso tecnocrata da Internet, amigo especialista que tem uma boa vontade insuperável: o Luciano Almeida. Ainda, um abraço no meu amigo artista Andrey Lamberty, que participou da parte visual de muitos de meus livros e folders, sempre com paciência invencível. Que grupo! Por fim, uma palavrinha ao sujeito que admiro muito, amigo do coração, meu incentivador, churrasqueiro de mão cheia: o Norton Cezar, voz de ouro da radiofonia. Mas, não posso deixar de ser grato ao meu amigo e bom conselheiro Bruno Brondani, que tanto me apoia. Sinto-me compelido a dizer que tenho uma consideração muito especial pelo contabilista Luiz Carlos de Oliveira, amigo dedicado e competente, que atualmente até responde pela administração da Livraria da Mente. Na Casa da Península, cito o Roque, sempre atento a deixar agradável aos olhos todo aquele recanto ao ar livre, que acolhe visitantes e participantes de *Encontros VivaFeliz*. Gostaria de lembrar um amigo que trabalhou muito tempo comigo em várias atividades: o Valdir Lopes. Que homem bom! A essa tribo fantástica, minha palavra é gratidão, e o resto fica por conta do Pagador Oficial Lá de Cima. Mas, puxa vida, sou incapaz de deixar de nomear o Mazoni Amaral, extraordinário companheiro de Editora e Parque Oásis; a Maria Emília, a Vera, a Tânia, o Fábio, o Celso, o Altides, o Antônio, a Maria, e tantos mais na Livraria Cultural da Mente, Editora e Oásis. O Kleiber Rocchi, colaborador tão prestimoso, e a grande incentivadora e amiga do coração Maristela Moura, não podem deixar de receber também meu abraço aqui. Cito, por fim, carinhosamente, com admiração e agradecimentos, o Rafael Petroni, a Noemi e o Luiz, o Cláudio e o Alcides Zappe, o Vicente Paulo Bisogno, o Pe Sílvio da Rádio Medianeira, o Sérgio Capriolli, o Renato Oliveira, o Luiz Carlos Cozer. Também, habitam lugar especial no meu coração a Tânia Zambon e o Michael D'Ávila. Recebam o meu carinho o Waldenar Kümmel, amigo querido, assim como a Solange e o Ricardo F. de Mello, sempre solícitos comigo. Mas, como fecho de ouro, deixo minha admiração e reconhecimento ao Arcebispo Helio Adelar Rubert. Dom Hélio, meu amigo, é o maravilhoso bom pastor da nossa arquidiocese. Você não foi citado? Não se preocupe, eu amo você, pois, se há uma qualidade que brilha na minha alma, esta se chama: gratidão. Não vou continuar a nomear nomes para não virar isto aqui num guia telefônico. Mas, será que posso dizer mais uma palavrinha? É que sinto vontade de contar do prazer da convivência com os colegas da minha Comunidade Padre Caetano. Somos cerca de vinte confrades, todos membros da nossa Província Nossa Senhora Conquistadora, Sociedade do Apostolado Católico, que desfrutamos prazerosamente a vida comum, cada qual procurando tornar agradável a vivência com os demais. Não importa se no grupo há idosos, doentes, cadeirantes, o que importa é que nos damos bem e isso é o melhor presente de Deus nessa etapa da vida. Por sinal, já abordei este assunto, lembra-se?

E agora um muito obrigado a você, amado leitor, querida leitora, que me permitiu esse esvoaçar feliz pelo céu azul do meu coração.

Palavra final

Estamos chegando. Tudo que começa tem fim. Há escritos em que o ponto final tem cara de quero mais e há pontos finais que acontecem tarde demais. Bem, no meu caso, a opção foi sua. Um brinde à sua paciência.

Tentei colocar minha vida, meu pensamento e minhas polêmicas, sem cair da corda bamba amarrada entre a verdade e o respeito devido aos personagens que fazem parte dessa trajetória.

Peço a Deus que esta história contribua para nos tornar melhores e mais felizes.

Madre Tereza de Calcutá dizia que não devemos sair da presença de uma pessoa sem deixá-la melhor e mais feliz. Será que consegui? Boa intenção não faltou. Se houve alguma ideia entortada, lembro a velha frase que aprendi de pequeno: Deus escreve o certo por linhas tortas.

Mas, neste momento, meu coração me impele a dizer a todos os que passaram por mim ao longo desses anos, que os amo sinceramente, agradeço o que aprendi, e aprendi muito, já que tudo é aprendizado em qualquer circunstância da vida.

Descobri que a vida é uma perene escuta respeitosa. Ouvir estrelas – diria o poeta. O universo fala, as flores sussurram, as aves cantam, os corações humanos murmuram sentimentos, os doentes imploram, os raivosos se desafogam em arrancos verbais, e eu procuro estar atento para acolher a linguagem oculta dessa fala. Um grito insano pode conter o último pedido de socorro.

Muitos dizem que falo em felicidade porque tenho uma vida

boa. Vida boa todos recebemos de Deus. Felicidade todos recebemos de Deus. Está no nosso DNA. Não é privilégio meu. É o ponto de partida universal. É o prefácio do livro da vida, com autógrafo divino. Daí para frente, cada um escreve o que quer ou permite que outros escrevam o que bem entenderem. Aqui começa a diferença. A plantação é livre, a colheita é obrigatória.

Toda pessoa pode construir, desconstruir, obstruir, ou reconstruir a vida como e quando o desejar, porque cada dia é uma página em branco à espera da caneta.

Se você sonha com uma vida boa, escreva-a mentalmente no seu coração. Relembre aquela citação do grande pensador Santo Agostinho: "Com o coração se pede, com o coração se procura, com o coração se bate, e é com o coração que a porta se abre".

Há os que adoecem porque não conseguem perdoar. Não perdoam nem a si mesmos, ficam se remoendo por causa de erros e fracassos. Se soubessem a alegria e a paz que nos é concedida pelo perdão, não teriam nenhuma dificuldade.

Eu tive muitos opositores. Alguns, depois de anos, a vida nos colocou juntos e convivemos normalmente sem qualquer resquício do passado. A todos devo agradecimentos, pois uma leitura bem feita dos fatos mostra que tudo encerra ensinamentos positivos e benéficos. Com certeza, todos os que porventura tenham tentado obstruir meu caminho, hoje, passado tanto tempo, é claro que são pessoas diferentes, com pensamentos, sentimentos e visão diferentes, por isso seria equívoco meu permanecer travado nas imagens e fatos do passado. Eu quero bem a todos. De verdade. Não é da boca para fora. Nem pirotecnia. Nem amostra grátis.

Já falei que toda desarmonia interna é caminho de doença e de envelhecimento, uma vez que resulta em estresse e o estresse é causa de mais de oitenta por cento das enfermidades.

Às vezes, eu digo, brincando: "Nós somos condenados a só pensar o bem, a só falar o bem, a só desejar o bem e a só fazer o bem, não há outro caminho". É a única maneira de sermos bem-sucedidos na vida.

É verdade que, vez por outra, nos deparamos com situações repentinas desagradáveis que fazem subir o sangue e o instinto nos impulsiona a uma reação intempestiva. Mas, a partir do impacto, sobra o resto do tempo para relaxar, acalmar a mente, e interpretar positivamente o acontecimento. É bom que saiba que não são os fatos que fazem a vida do indivíduo, mas é, sim, a interpretação dos fatos. E a interpretação depende de cada um.

Dias atrás, eu fiz um casamento e usei o evangelho da tempestade do Mar da Galileia. Na hora dramática do violento temporal que se abateu sobre o mar, os discípulos lutavam contra as ondas revoltas que penetravam no barco, até que, desesperados diante da iminência do naufrágio, apelaram para Jesus que dormia na popa. "Aqui – disse eu – impõe-se uma pergunta: Por que a diferença de atitude entre os discípulos, homens afeitos ao mar, pescadores que eram, e Jesus, que dormia na popa da embarcação? Não era o mesmo barco, a mesma tempestade, a mesma situação ameaçadora? A diferença de atitude está na interpretação dos fatos. Para Jesus, a tempestade nada mais era que um acontecimento simples da natureza, cujos ventos, descendo impetuosamente do desfiladeiro do Monte Hermon, agitavam as ondas, enquanto que, para os discípulos, era o risco iminente de naufrágio e de morte. O barco era o mesmo, a tempestade a mesma, as ondas invadiam a embarcação para os mesmos, mas a interpretação do fato fez a diferença. Assim é a vida. A vida é o que você interpreta e não o que acontece".

Nos dias 11 e 12 de novembro de 2014, reportei-me às tempestades da vida, em mensagem diária que escrevo no facebook. Leia estas duas passagens, que podem ilustrar melhor a minha ideia:

"Já aconteceu ou está acontecendo alguma tempestade na sua vida? Qual é a sua reação: fica desesperado, abatido, inconformado, deprimido e reacionário? Meu amigo, minha amiga, os fatos nada são em si mesmos, eles dependem da sua interpretação. Gibran Khalil Gibran conta que, quando tinha oito anos de idade, caiu violenta tempestade sobre sua cidade e ele saiu a correr feliz em meio à chuva, aos trovões e raios. A mãe, apavorada, gritou para o filho vir para dentro da casa e xingou o garoto. Gibran respondeu: "Mas, mamãe, eu gosto das tempestades, eu gosto!" A tempestade era a mesma, a interpretação da mãe e do garoto totalmente opostas. Encare a tempestade da vida como algo fantástico, que exige sua fé, seu entusiasmo, e a certeza de que é algo positivo, que trará dividendos positivos. Beijos. Bom-dia. Lauro. (11/11/14).

No dia seguinte, escrevi:

"Volto às tempestades. Escreveu uma senhora: "Pena que minhas tempestades não têm fim". Pena por quê? Se você não é como Gibran, entre na sua casa durante o temporal, acenda a lareira, pegue um livro, ligue a música do seu gosto, agradeça a Deus pela vida, e deixe a tempestade rolar, como Jesus, que continuou dormindo na popa do barco. A tempestade forja heróis, retempera o caráter, abre novas perspectivas, estimula a sair da mesmice e prepara-lhe os mais lindos dias de sol e alegria. Jamais entre em depressão e nem se deixe abater. Um episódio não é sua vida. Para os positivos e otimistas é o grande momento da arrancada para o melhor. Beijos. Lauro".

A ciência do Poder da Mente ensina como alcançar esse desiderato.

Nunca é demais repetir que a ignorância é a mãe de todos os males. Xô, para ela!

Para concluir, cito-lhe um exemplo. Em 2014, na véspera do

meu aniversário, recebi esta carta que, com autorização da pessoa, lhe dedico:

"Meu querido Lauro Trevisan,

Gostaria de parabenizá-lo pelo seu aniversário, nesse dia 14 de agosto de 2014. Acredito que nessa caminhada têm ajudado a muitas pessoas indicando um caminho, mostrando uma luz no fim do túnel, ensinando que o amor é direito de todos aqueles que o aceitam, enfim que fazemos parte de um mundo maravilhoso, que é desconhecido por muitos, mas que através de suas obras é revelado a todos de uma forma simples e verdadeira... falo tudo isso por mim e assim lhe conto a minha história.

Era uma vez uma garota tristonha, nervosa e perdida em seus pensamentos, problemas e doenças. Sem vitalidade, sofrendo de depressão e muito fraca, não sabia expressar seus pensamentos e palavras, a indecisão era sua companheira de todas as jornadas e se manter viva custava-lhe sacrifícios, não bastasse uma família conturbada com brigas e pouco dinheiro, ainda assim se enrolava em um relacionamento sob a sombra do alcoolismo, sim essa era euzinha há uns 15 anos atrás. Então lhe pergunto, como pode alguém achar que a vida é tão bela como você descreve em seus livros vivendo num mundo desses? Sim é difícil, mas a esperança sempre lhe sopra ao ouvido: "É por ali, é por ali," e então a minha vida começou, aos poucos, a se transformar.

Apaixonei-me pela sua obra, já não queria mais aquela vida tão sofrida, sabia que eu só precisava programar a minha mente e tudo mudaria, então resolvi comprar alguns CDs seus, mas tive que comprar também um aparelho de som, pois lá em casa não havia, então comprei um pequeno e coloquei no meu quarto e todas as noites antes de eu dormir eu escutava suas mensagens, mas só foi a primeira noite tocar seu CD e meu pai já implicou: o que eu tinha que escutar essas conversas ao invés de dormir, mas eu não desisti e logo arrumei um fone de ouvido que me possibilitou escutar suas mensagens sem que ninguém percebesse.

Eu passei muitas e muitas noites dormindo com seus CDs rodando e programando a minha mente, eu li praticamente todas as suas obras, eu comprei muitos CDs, livros, livretos, baralhos e presenteei muitas pessoas; digo e repito que você foi o caminho que eu encontrei para acordar para a vida...

A minha transformação é tão grande, tão grande, que não cabe escrever nessa carta, mas você já me conhece, eu tive a felicidade de lhe conhecer pessoalmente quando completei meus 33 anos, sim vocês nos receberam com tanto carinho no dia 01/12/2013 que eu jamais esquecerei, eu mentalizei 21 dias antes o nosso encontro, eu tinha tanta coisa pra lhe contar....mas quando cheguei aí fui surpreendida com toda aquela recepção, que fiquei extasiada, deslumbrada com tudo o que vivi.

Lauro Trevisan, você tem um cantinho especial no meu coração, você tem um jeito muito lindo de falar da vida para as pessoas. Aquela garota de 15 anos atrás não existe mais, pois o passado não existe, não é mesmo? Hoje eu....

"Sou perfeita, alegre e forte,
Tenho amor e muita sorte!
Sou feliz e inteligente,
Vivo positivamente!
Tenho paz, sou um sucesso,
Tenho tudo o que eu peço!"

Peço que Deus te ilumine e te dê paz, amor, harmonia e prosperidade em abundância, para sempre.

Acredito firmemente
No poder da minha mente,
Porque é Deus no meu subconsciente!"

!!!!Parabéns, muitos anos de vida, muita paz e muito amor, saúde e vida

longa!!!!

Não posso esquecer de lhe contar que todos os dias o meu celular desperta às 6:00 com a meditação "Mensagem para o amanhecer – voz de Lauro Trevisan", levanto às 7:00 e vou para meu "cantinho zen" onde faço minhas orações e então puxo uma carta do "Baralho Mensageiro da Felicidade", que será meu mantra para o dia e sigo para o meu trabalho; lá tenho um altarzinho onde faço minhas mentalizações, e cada negócio que vou fechar, consulto meu "Baralho dos Negócios". Então, resumindo, você faz parte da minha vida, todos os dias.... MUITO OBRIGADA POR EXISTIR.

Silvia Mazzolini
09/08/2014.

Com esta correspondência, não estou focando os elogios, mas lhe oferecendo o exemplo de uma pessoa que estudou e aplicou as potencialidades da sua mente para sair de situações difíceis e palmilhar os caminhos dos seus sonhos maiores. Pensar é poder. Acreditar é força irresistível. Fazer é chegar à materialização dos sonhos. Persistir é ter certeza do sucesso.

Sílvia, suas palavras, com certeza, serão luz e energia mental e espiritual para tanta gente que se debate na dúvida e na descrença dos próprios valores e da dimensão humano-divina de cada indivíduo. Beijos. Obrigado.

E, para você, que me leu até o fim, um buquê de azaleias, com beijinhos no coração!

Não é canto de cisne

Antes do ponto final, gostaria de lhe dizer que esta obra não é meu canto de cisne. A vida não tem aposentadoria. Tenho mais dois livros em andamento, um deles é um romance, o outro fala da celebração da vida. Sinto em mim a energia da juventude e sigo em frente de fronte erguida, mente positiva e alegria amorosa no coração. Quando me colocarem naquele traje de madeira com alças, me sacudam bastante para ver se realmente parti ou se estou apenas descansando antes de escrever mais um livro. Agradeço ao Criador por ser tão condescendente comigo. Então, meu querido leitor, minha amorosa amiga leitora, espero que nos reencontremos em mais outro livro e em palestras por esse lindo mundo de Deus. Beijos no coração.

***

Fim

Formação, Certificados, Cursos, Homenagens e Méritos

Cursos: Filosofia, com pós-graduação; Teologia; Psicologia; História; Exegese; Ascese; Oratória; Jornalismo; Psicanálise Humanista; Psicorientologia do Silva Mind Control; Administração de Empresas pelo Instituto Chapiro; Os Nove Domínios da Consciência e Treinamento Arica, de Oscar Ichazo; Treinamento Gerencial (pelo CEAG); Psicologia da Escrita, Grafologia, escola italiana, (pela Faculdade de Filosofia Ciências e Letras Imaculada Conceição); Análise Transacional; Sociologia do Desenvolvimento; Psicologia Aplicada; Curso de Psicotrônica (pela IV International Conference On Psychotronic Researc); certificado do 1° Congresso Internacional de Terapias Alternativas; certificado do curso Fenômenos Parapsicológicos de Conhecimento (UFSM); certificado do curso de Bioenergética; Diploma do curso Mind Control Institute Inc; curso de Parapsicologia (Faculdade de Filosofia Ciências e Letras Imaculada Conceição); certificado do Hospital da Brigada Militar de SM, pela palestra "A Autoestima e a Motivação para o Sucesso na Vida".

Títulos, diplomas e homenagens: Cidadão do Estado do Rio de Janeiro; Medalha Tiradentes, (ambos pela Assembleia do Estado do Rio de Janeiro); Cidadão de Juiz de Fora; Mérito Cultural Prado Veppo, (pela Câmara de Vereadores de Santa Maria); Mérito Literário (pela Associação Santa-Mariense de Letras); Medalha de Prata (pela Universidade Federal de Santa Maria); Mérito Empresarial; Mérito Industrial; Mérito, (pela União dos Escoteiros do Brasil); Prêmio Imembuí; Destaque Empreendedor, (pela Prefeitura Municipal de Santa Maria);

Título de Cidadão Itaarense; Diploma de Irmão Honorário da Santa Casa de Misericórdia de Pelotas; Diploma Personalidade do Ano 2013: Conferencista, Escritor e teatrólogo, pela Associação Brasileira de Liderança; diploma Mérito Especial, pelo jornal *A Cidade*; homenagem do Centro de Estudios de La Mente Urbi et Orbi, Paraguai; convite para participar do "Consejo de los Sabios"(Der Rat der Weisen), Espanha; várias medalhas de ouro e de prata.

Academias de Letras: Cofundador da Academia Santa-Mariense de Letras; membro da Academia Rio-Grandense de Letras, e da União Brasileira de Escritores, secção do Rio Grande do Sul.

Premiação. Agraciado com o *Primo Premio Assoluto*, no Concurso promovido pela *Academia Internacional Il Convívio,* da Itália, em 2014, pelo livro de ficção *"O Último Papa"*.

Em julho de 2015, recebeu o *Troféu Sabedoria*, pela master coach Tânia Zambon, fundadora do *Instituto Tânia Zambon*, diante de uma assistência de mais de mil pessoas.

****

Índice

Pois é.....5

1934

Azaleias na janela.....7
Vida.....8
Quatro-vezes-vinte.....9
Os prazeres da vida.....11
Idade.....13
Lugar do nascimento.....15
Noi siam partiti dai nostri paese.....18
Meus pais.....21
*M*eu pai.....23
A saga dos Trevisan.....27
Nascimento.....29
Missão neste planeta.....30
*E*ntão.....33
Para onde vamos?.....34
O lado de Lá.....35
Vivendo o hoje.....37
Minha essência festiva.....40
Naquele tempo.....42
Cachorros.....48
Coisas do dinheiro da época.....53
Religião.....55
Meu pensamento sobre religião.....63
Doenças e morte.....65

Desfrutando a vida....67
Rebelde, eu?....68
A chegada do progresso....71

1945

Indo para o seminário....73
Seminário....75
Ainda no seminário de Vale Vêneto....81
Educação antissexual no seminário menor....82
Sexo ainda....87
Se sexo é bom, celibato é o quê?....90
A história do celibato....91
Batina, um retrocesso?....94
Elucubrações sobre casamentos e divórcios....97

1950

Noviciado....99

1952

Cursos superiores....101
Filosofia....103

1954

Teologia....106

1958

O ano que seria do sacerdócio....112

1959

Quatro meses depois....115

5 de abril de 1959

Enfim padre....125

A base da minha pregação....127

1959

Ainda o primeiro ano de sacerdócio....138

1960

Revista Rainha....143

1978

A saga do Poder da Mente....145

Princípios do poder da mente....149

1977

Atendendo pessoas....161

1977

Noites da Cura....162

1978

Adeus à Revista e Editora Rainha....162

1980

Primeiro livro: *O Poder Infinito da Sua Mente*....164

1980

Viajando pelo mundo....167

1990 - 2000

Nova Era....201

Terceiro Milênio....201

nio..201
Congresso Internacional..201
Festival Festinvita...201
Polêmicas...215

2013

A polêmica do livro “Kiss uma Porta para o céu”................229
*M*as, enfim, do que me acusavam?.......................................237

1960 - 2017

Rádio e Televisão...254

1959 - 2017

Cinquenta e oito anos de críticos e críticas............................258

2000

Concentrando o foco...268

1959-2017

Afinal, sou ou não sou padre?...274
O que penso do padre em si mesmo..281

1945-2017

Prazer de escrever...283

2017

Estarei eu certo ou errado?..314
Jesus e a Igreja..321
Jesus e seus opositores..323
Política..327
Clarividências e futurologia..337

2017

Meu dia a dia atualmente....341
De gústibus et colóribus non disputantur....348
Como meus irmãos me consideram....353

1934-2017

Santa Maria, minha terra natal....356
Navegadores....357
Palavra final....360
Não é canto de cisne....367
Formação, Certificados, Cursos, Homenagens e Méritos....368
Caderno Especial: Fotos Históricas....377

Minha história em fotos
Aceita um cafezinho?
Brinde da edição de lançamento
Fotos históricas

Família Cesar e Maria Helena R. Trevisan

Em cima, da esquerda: Lauro, Irineu, Gentil, Victor, Roque, Ely. Na frente, da esquerda: Lino, Pio, Maria Helena mãe, Irene, Cesar pai, Lourdes, Cezar Domingos. Ano 1949. Lauro: 15 anos.

A mãe lendo a revista que o filho fazia.

A mana Ely saúda Lauro em seu aniversário

Outros tempos

O "domador" de sucuri na Amazônia.

Outros tempos

Futebol no seminário. Na primeira fila, de cócoras, no meio: Lauro. E vários teatros colegiais escritos e dirigidos por Lauro, na década de 50..

O padre
Ordenação. 1959
Primeira Missa (1959)
Jubileu de Prata. 1984.
Jubileu de Ouro. 2009.
50 anos com ELE

A ALEGRIA de transmitir mensagens para uma vida melhor

Jornadas pelo mundo
Jornadas sobre o Poder da Mente, no Brasil e no exterior, durante mais de trinta anos.
Jornada na Alemanha
Essen 1989
Em Lisboa - Portugal
Reiniciando!

Jornadas pelo mundo
Portugal
Celebration
De Tânia Zambon
Falando no Celebration, do Rio, para 7.000 pessoas
Milhões de pessoas ouviram e praticam.

Inúmeras entrevistas
Programa Norton Cezar
PAIVA NETTO
portoalegre
TIM

Autógrafos
Feira do Livro de Porto Alegre 2016.
Autografando: "A Magia das Leis Divinas para uma vida melhor".
Autografando Feira do Livro
Lisboa - Portugal 2016
Feira do Livro - Lisboa
Portugal - Palestra

Autógrafos
Câmara do Livro
GOVERNO DO ESTADO
RIO GRANDE DO SUL
Lauro Trevisan
Viver sem estresse

Autógrafos
"O livro é um mestre silencioso e paciente, sempre à espera de uma boa companhia". Lauro.
52ª feira
Patrocínio:
GERDAU
Zaffari
SAÚDE FUNDAMENTAL
autógra
livro.
ndo por você.
feira do livro
LAURO TREVISAN
FAÇA DA CRISE O SEU SUCESSO

Literatura: Academias de Letras

Discursando na Posse da Academia Rio-Grandense de Letras de Porto Alegre

Posse na Academia Rio-Grandense de Letras

Acadêmico da Academia Santa-Mariense de Letras

Empreendimentos culturais

Inauguração do Palácio da Mente, Teatro Santa Maria e Editora da Mente. Diante do prédio, orquestra sinfônica e muito público. 1987.

Parque Oásis, criado em 1982, funcionou durante 22 anos para alegria do povo.

CASA DA PENÍNSULA - lugar encantador, à beira de um cânion, com lagos, gramados, cascatas, belezas naturais.

Troféu Santa Maria, entregue anualmente, a pessoas e entidades de destaque em Santa Maria.

Artigos e entrevistas em Revistas e jornais do Brasil e exterior

Reportagem com padre Lauro

Mais algumas entrevistas e artigos em revistas e jornais brasileiros e estrangeiros

Jornal Popular, Asunpción, Paraguay

Durante quinze anos dirigindo e redigindo a Revista Rainha e criando mais outras três.

Semeando livros. Até meados 2017: 92 obras.

Realizando
Congressos
internacionais
Festivais
Festinvita
I CONGRESSO INTERNACIONAL
PODER DA MENTE
A NOVA ERA CHEGOU
17-18-19-20 JANEIRO 1991
Em Santa Maria - RS
Brasil
O NOVO MILÊNIO CHEGOU
MADRUGADORES D
UM NOVO AMANH
O SER HUMANO
EM COMUNHÃO
CONSIGO MESMO
CONHECE-TE
A TI MESMO
LAURO TREVISAN
II CONGRESSO
INTERNACIONAL
PODER
DA
MENT
A NOVA ERA CHEG
"Aquárius
é a comunhão
universal."
Pe. Lauro Trevisan
II FESTIVAL
Festinvita
Santa Maria - RS
VIII CONGRESSO INTERNACIONAL DO
PODER DA
MENTE
FESTIVAL FESTINVITA
VIVA A VIDA
UM ENCONTRO
INESQUECÍVEL COM
VOCÊ MESMO
PARA SUA TOTAL
SAÚDE
JESUS
PRECURSOR DA
NOVA ERA
28 A 31 DE JAN/93
SANTA MARIA-RS
BRASIL
III FESTIVAL
FESTINVIT
Ser como
III CONGRESSO INTERNACIO
PODER DA M
A NOVA ERA CHEGO
FESTIVAL
Festinvi
TEMA: "SER COMO AS CRIANÇ
O REINO DOS

Amizades em torno da mesa

As lindas e mimosas criaturas de Deus

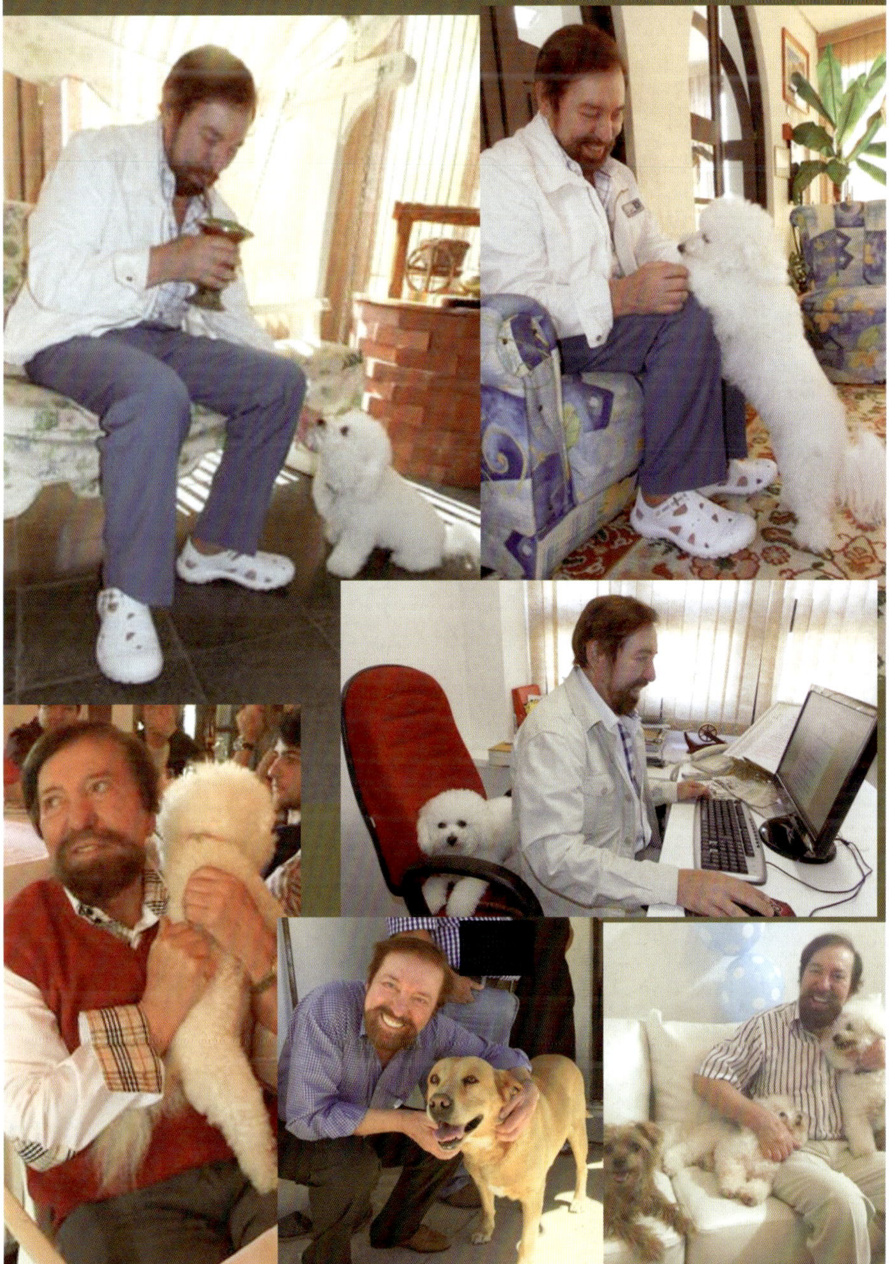

Viajar é aprender

Na capela das aparições: Mariana Venâncio, Maria de Lourdes Branco, Pe. Lauro, João Branco e Maria Odete Fleig

Viajando e aprendendo
Pelo mundo

Conhecendo o mundo e aprendendo
Pelo mundo
MOULIN ROUGE
Diante do Moulin Rouge: Maria Odete, Pe Lauro, João Valbom.
Paris
HOTEL BUDAPEST
Maria Odete, Pe. Lauro e a amiga Paula Fortes, coordenadora nas Jornadas no Porto, Pt.

Lembranças de viagens

Em Barcelona, a igreja da Sagrada Família ao fundo, com o amigo João Valbom.

Viajando pelo mundo

Belém, local do nascimento de Jesus

Em Munique, na residência do escritor e conferencista Erhard Freitag, do Instituto Joseph Murphy.

Alemanha, casa onde nasceu Sissi, Imperatriz da Áustria

Viajando

Em Santiago de Compostela, 1993

No " Tren de las Nubes"
Argentina

Nas montanhas de Bariloche

Bariloche

Diplomas, troféus

Da minha janela
Muito obrigado! Um beijo no seu coração.
E um ramalhete de azaleias para você.
Lauro